KB015280

첫사랑은 다시 돌아온다

프로이트와 라캉의 사랑론

첫사랑은 다시 돌아온다
프로이트와 라캉의 사랑론

초판 1쇄 인쇄 2016년 3월 15일
초판 1쇄 발행 2016년 3월 25일

‒

지은이 강응섭
펴낸이 이방원
편　집 윤원진·이윤석·김명희·안효희·강윤경·김민균
디자인 손경화·박선옥　**마케팅** 최성수

‒

펴낸곳 세창출판사
신고번호 제300-1990-63호
주소 03735 서울시 서대문구 경기대로 88 냉천빌딩 4층
전화 02-723-8660　**팩스** 02-720-4579
이메일 sc1992@empal.com　**홈페이지** http://www.sechangpub.co.kr

‒

ISBN 978-89-8411-607-8 03100

ⓒ 강응섭, 2016

_ 이 책에 실린 글의 무단 전재와 복제를 금합니다.
_ 책 값은 뒤표지에 있습니다.

이 도서의 국립중앙도서관 출판시도서목록(CIP)은 서지정보유통지원시스템 홈페이지(http://seoji.nl.go.kr)와
국가자료공동목록시스템(http://www.nl.go.kr/kolisnet)에서 이용하실 수 있습니다.
(CIP제어번호: CIP2016006474)

프 로 이 트 와   라 캉 의   사 랑 론

첫사랑은 다시 돌아온다

강응섭 지음

세창출판사

첫사랑은 다시
돌아오는가?

사람들은 '첫사랑의 관계'를 어느 시기에 누구와 이루었을까? 우리의 유아기적 일이 마치 원시시대의 일처럼 잊히거나 단순히 가정되는 것만은 아니다. 임상에 근거한 정신분석은 기억되지 않던 부분을 회복시킨다. 그리하여 유아기적 이야기와 그 의미를 밝힌다. 이런 관계에서 필자가 찾는 공식은 '되돌아오는 관계, 되돌아가는 관계'이다. 즉 유아기적 첫사랑의 관계는 오늘의 우리에게도 상호적으로 이어지고 있다. 첫사랑의 대상에는 변화가 있을 수 있지만, 우리의 첫사랑은 지금도 계속되고 있다.

이런 담론은 오늘날 우리가 아는 정신분석의 관심에서 약간 밀려나 있는 듯하다. 이는 정신분석의 큰 담론인 '무의식은 언어활동처럼 구조화되어 있다'거나 '성관계는 없다' 그리고 '욕망은 타자의 욕망이다' 등에 밀려난 결과가 아닌가 싶다. 이 글에서 우리는 프로이트(Sigmund Freud, 1856-1939)와 라캉(Jacques Lacan, 1901-1981)의 담론에서 '첫사랑은 다시 돌아온다'는 말의 의미를 찾아볼 것이다.

나는 종교적 정체성의 혼란기에, 이와 아울러 사랑의 열병을 앓았던 시기에, 프로이트와 라캉의 정신분석 이론을 접하게 되었다. 이들이 보여 주는 복잡한 이론에 처음에는 큰 혼란에 빠지기도 했지만, 점차 나의 문제를 바로 볼 수 있게 되었다. 그리하여 '첫사랑은 다시 돌아온다'는 의미를 정신분석적으로 이해하게 되었다.

「개구리가 들려주는 답장」은 고등학교 2학년 무렵, 내가 열 살 때 작고하신 아버지를 생각하면서 쓴 시(詩)다. 이 시는 당시 동화 같은 그림과 함께 판넬에 담겨, 그리고 학교 교지에 실려 지금껏 나의 공간에서 함께하고 있다. 아버지는 내가 초등학교 3학년을 마칠 무렵, 설날 열흘 뒤 하늘나라로 가셨다. 시뻘겋게 그을린 몇 조각의 뼈만 남긴 채. 화장 후 철판 위에 남겨진 유해가 내가 기억하는 아버지의 마지막 모습이 되었다.

땅거미가 내리는 저녁 무렵이면 개구리 소리가 온 들판을 수놓는다. 그것이 울음소리인지 노랫소리인지에 대해 또래 아이들과 옥신각신 하던 때가 있었다. 그때 들었던 '청개구리 이야기'가 어렴풋하게 나의 기억에 남아 있다. 그 이야기에 따르면, 어느 청개구리가 평소에는 부모의 말과는 반대로 행동하여 무척이나 속을 썩였다. 그러던 중 죽음에 임박한 부모는 본래 의도와는 반대로 자신들이 죽거든 강가에 묻어달라고 유언을 남긴다. 그런데 청개구리는 부모의 유언까지 거절할 수 없어서 그대로 실행한다. 그러고는 모내기를 앞둔 늦봄부터 어설픈 소리를 내기 시작하여 장마철이 되면 세상을

개구리가 들려주는 답장

- 아버님의 영전에

읽는 이가 없어 외로운
나의 편지는
우중(雨中) 개구리 울음 전설 속으로
달려간다.

하루살이 밤이
못내 아쉬워
풀잎에서 너의 이름을 기억한다.

다정다감한 봄 햇살이
가난한 마음을 덮어 준다.

풀잎의 언어를 따다
바구니에 담고
가슴 앓는 너에게 띄운다.

읽는 이가 없어도
외로움을 감할 수 있는 나의 편지 …

그대는 보이지 않는다.
허나 개구리가 들려주는 교향악에
유월의 답을 받는다.

떠나보낼 듯 요란하게 소리를 질러댄다.

청개구리 이야기는 부모와 자식 사이의 복합적인 관계를 보여 주는데 그 의미가 우리의 세시풍습인 '시묘살이'에 담긴 뜻과도 닮아 있다. 즉 그 의례(儀禮)에는 부모와 자식의 관계가 잘 담겨 있다. 하나의 의례는 길게는 역사적인 기록을 포함하고, 짧게는 유아기적인 흔적을 담는다. 프로이트는 이런 생각을 자신의 생애 마지막 저서인 『인간 모세와 유일신교』에 남기고 있다.[1] 그는, 어느 시점까지는 사람들이 과거의 복고(restaurations du passe)와 망각된 것의 회귀(retours de l'oubli), 즉 과거에 망각했던 것이 지금 재현되는 것에 주목하지 않았을 뿐 아니라 이해하지도 못했다고 말한다. 하지만 정신분석을 창시한 프로이트는 그것의 참뜻에 주목하고 그 가치를 평가하여 우리에게 전해 준다.

오늘날 우리가 하는 모든 것은 일종의 의례이며, 과거에 망각했던 것이 현재에 다시 나타나는 것이다. 지금 재현되고 있는 의례가 무슨 뜻을 내포하고 있는지 관찰하여 그것의 진의가 무엇인지를 되새긴다면 과거의 이야기를 회복할 뿐 아니라 현재의 이야기도 이해하게 되므로 보다 연속적인 이야기를 구성할 수 있게 된다. 이는 나에게도 해당되는데, 앞서 소개한 빛바랜 시 한 편을 되새기면서 그 당시의 필자 자신도 일종의 의례를 하고 있었음을 알게 된다. 그 당시 나의 의례를 담고 있는 이 시 한 편은 그 이전의 나와 그때의 나, 그리고 그 이후의 나를 구성하는 데 적잖은 도움을 준다.

1   Sigmund Freud, *L'homme Moïse et la religion monothéiste*, Paris, Gallimard, 1986, p.175 참조. 프로이트, 이윤기 옮김, "인간 모세와 유일신교," 『종교의 기원』, 서울, 열린책들, 1997, p.118.

프로이트는 로마로 여행하던 중 그 전해에 작고하신 아버지를 추억하면서 트라시멘 호숫가를 산책하다가 오이디푸스 콤플렉스 이론의 실마리를 얻게 되었다. 그는 로마에 들어가지 않고 곧장 집으로 돌아와서는 베를린에 있는 친구에게 편지를 썼다. 그 편지는 오이디푸스 콤플렉스의 탄생을 알리는 기념비적인 기록물로 남아 있다. 아들과 아버지의 죽음 사이에는 어떤 연관이 있을까?

정신분석에 따르면 남자아이는 유년기에 아버지와 경쟁 구도에 서게 되고, 급기야는 아버지를 상징적으로 죽이게 된다고 한다. 아버지를 극복하는 길이 곧 자신의 남성성을 고양하는 일이 된다. 사랑의 대상이어야 할 아버지가 경쟁 상대로 전환되는 것이다. 어떤 이유 때문일까?

나의 유년기를 기억해 보면, 병마와 싸우시던 아버지의 모습이 단편적으로 떠오른다. 그때 나는 아버지의 아픔을 위로해 드리거나 이해해 본 적이 없는 것 같다. 그래서인지 나는 사춘기 때 다시 찾아온 아버지라는 존재 앞에서 우화 속에 나오는 청개구리마냥 슬프게 울고만 있었다. 그때 나는 아버지를 향해 어떤 마음을 갖고 있었던 것일까? 한 아들의 사랑이었을까, 증오였을까?

나는 프로이트가 말하는 사랑과 라캉이 말하는 사랑을 완벽하게 이해하지는 못했지만, 그들이 말하고자 한 사랑의 구조는 밝혀 보고자 하였다. 이 책을 통해 '첫사랑'을 체득한 모든 분들과 함께 정신분석이 들려주는 사랑 방식에 대하여 함께 담론하는 기회가 생기길 바라는 마음이다. 다소 딱딱한 면이 있다. 그런 점을 줄이려고 짧은 식견으로 단편적인 예화들을 일상생활의 사건이나 매체로 방송된 사례에서, 문학서나 성서, 영화 등에서 찾아서 풀어 보기도 하였다. 이런 것들이 프로이트와 라캉의 정신분석이 말하는 사랑의 담론을 이해하는 데 도움이 되길 바라며, 또한 자신을 돌아보며 자신의 첫사랑과 다시 만나는 기회를 가졌으면 하는 바람이다.

프로이트와 라캉이 보는 사랑

정신분석은 환자와 의사의 담론이다. 담론의 내용은 주로 마음의 아픔에 관계된다. 특히 사랑의 아픔에 관한 것이다. 왜 의사를 찾는 사람들은 기쁨과 행복을 말하지 않는가? 그런 말을 할 줄 아는 사람이 있기나 한 것일까? 왜 사람들은 그토록 아픈 말만 하러 의사를 찾아오는가?

이 책의 주제는 사랑이다. 필자가 경험한 사랑을 이야기하는 것이 아니다. 정신분석의 창시자 지그문트 프로이트와 '프로이트에게로 돌아가자'는 슬로건을 내건 정신분석가 자크 라캉이 말하는 사랑을 다룬다. 이들이 만난 사람들은 대부분 '사랑과 실연'이라는 일상사로 고통을 받고 있었다. 프로이트와 라캉은 그런 사람들의 이야기를 그냥 흘려보내지 않았다. 그들의 말을 듣는 법에서부터 말하는 법, 조언하는 방식 등에 대해 학문적으로 정리하려고 노력하였다. 그 결실을 담은 것이 바로 '정체화' 개념이다. 프로이트가 세 유형의 정체화를 말했고 라캉은 이를 이어받아 심화시켰다. 정체화의 구조를 이해만 하면, 그다음부터는 각각의 사례를 쉽게 구분하고 설명할 수 있게 될 것이다. 그러니 제1부의 1절과 2절, 제2부의 1절과 2절은 인내를 가지고 읽어 볼 것을 권한다.

프로이트가 보는 사랑에 관해

우선 제1부를 채울 지그문트 프로이트는 1921년 『군중심리와 자아분석』, 제7장 '정체화'에서 짧지만 독립적으로 정체화 개념을 언급하고 있다. 그리고 제2부의 주인공인 자크 라캉은 1961-1962년에 있었던 아홉 번째 세미나에서 이 주제를 길고 깊게 강연하였다.[2]

사실 프로이트가 '정체화'라는 주제를 염두에 둔 것은 이미 오래 전 일이다. 1895년 저술된 『초고』에서 그는 외부에서 인간의 몸으로 유입된 에너지의 운명에 주의를 기울인다. 그리고 『꿈의 해석』(1900) 제7장에서 그 에너지의 이동 경로에 대해 상세하게 설명한다. 또한 『성에 관한 세 편의 에세이』(1905)와 『어린아이의 성 이론에 관하여』(1908), 『나르시시즘 서론』(1914)에서 그 에너지의 경로를 '리비도'라는 단어로 설명한다. 리비도 이론은 오이디푸스 콤플렉스 이론에 활기를 불어넣는 일종의 신경선에 해당한다. 오이디푸스 콤플렉스 이론은 1897년 프로이트가 로마로 가던 중 트라시멘 호숫가에서 착안한 것이다. 그는 1896년 80세로 죽은 아버지와 자신의 관계를 소포클레스의 비극 『오이디푸스 왕』에 나오는 아버지 라이오스와 아들 오이디푸스의 관계에 비교했고, 그 결과 자신의 정체성이 오이디푸스의 정체성과 유사하다는 것을 발견한다.

오이디푸스 콤플렉스 이론은 정체화의 외형적 틀 역할을, 리비도

---

2   강응섭, 『자크 라캉의 「세미나」 읽기』, 서울, 세창미디어, 2015, pp.233-279 제8장 참조.

이론은 정체화의 내면적 신경 통로 역할을 하게 된다. 그렇지만 심리의 복합성 때문에 오이디푸스 콤플렉스와 리비도는 한 인간의 정체성 형성 과정 모두를 담아내지 못한다. 그래서 프로이트는 보다 큰 틀로 심리 과정을 설명하는데 그것이 정체화 과정이다. 그가 남긴 미발표 단편들에도 '정체화' 형식에 관한 내용들이 포함되어 있는데, 그가 이 이론을 만들고자 노력한 증거로 볼 수 있다. 프로이트는 정체화 이론을 세 형식으로 표현하는데, 이것을 첫사랑과의 관계에서 보면 아래와 같이 표현할 수 있다.

① 정체화 I: ~이 되다(됨의 첫사랑)
② 정체화 II: ~을 가지다(가짐의 첫사랑)
③ 정체화 III: 서로 사이에 ~하다(상호적 첫사랑)

이를 좀 쉽게 풀어 보면, 정체화 I은 '나는 너(A)의 손이다,' 정체화 II는 '나는 너(A)의 손을 가진다,' 그리고 정체화 III은 'B의 손에서 너(A)의 손을 느낀다'로 표현할 수 있다. 여기서 A를 어머니라고 할 때, 정체화 I은 '나는 어머니의 손이다,' 정체화 II는 '나는 어머니의 손을 가진다,' 정체화 III은 'B의 손에서 어머니의 손을 느낀다'로 부연할 수 있다. 여기서 B를 할머니, 할아버지, 아버지, 이모, 삼촌, 아내, 남편 등이라고 한다면, 정체화 III은 '할머니의 손에서 어머니의 손을 느낀다,' '할아버지의 손에서 어머니의 손을 느낀다,' '아버지의 손에서 어머니의 손을 느낀다' 등으로 응용할 수 있다. 참고로 여기서 '손'은 아이가 어머니에게서 양분을 섭취하는 '젖가슴'이 될 수도 있고, 따뜻한 손으로 아이를 안고 자신의 젖가슴을 물리면서 들려준 어머니의 '목소리'가 될 수도 있고, 그 외에 여러 대상으로 대체될 수 있다.

비록 프로이트가 이 이론을 정리해 영향력 있는 연구서로 출간하지는 못했지만, 이 틀은 그가 생각해 왔던 인간의 정체화 과정을 보여 준다. 또한 그가 정체화 이론을 설명하기 위해 제시한 몇 개의 사례들은 '사랑'이라는 테마로 묶을 수 있다. 프로이트는 1918년 『세 가지 사랑의 심리』를 출판한다. 사랑의 첫 번째 심리는 1910년 발표한 『사랑의 대상 선택에 나타나는 특별한 유형』이 근원이고, 두 번째 심리는 1912년 발표한 『사랑이 타락해 가는 일반 경향 또는 불륜을 꿈꾸는 심리』이며, 세 번째 심리는 1917년 발표한 『처녀성의 금기』이다. 프로이트는 대상과 관계 맺는 리비도를 설명하면서 리비도가 대상에 머물다가 다시 나에게로 돌아온다고 표현한다. 단편적으로 볼 때 이를 퇴행이라고 하여 부정적으로 보는 경향이 있지만, 퇴행과 투사 등을 거치면서 정체화 과정은 진전된다. 우리는 프로이트의 사랑 담론을 정체화라는 틀 가운데서 살펴보면서 대상과의 관계 속에서 기뻐하기도 하고 슬퍼하기도 하는 인간을 볼 것이다. 정체화의 틀 안에서 본 첫사랑은 됨의 첫사랑, 가짐의 첫사랑, 상호적 첫사랑으로 부를 수 있을 것이다.

라캉이 보는 사랑에 관해

자크 라캉은 자신의 의학박사논문(1932년 파리의과대학)에서 '에메'(Aimée)라는 여인의 사례를 다룬다. '에메'는 '사랑한다'는 뜻의 프랑스어 동사(aimer)의 여성형 과거분사이다. 이 형태는 '~로부터 사랑받는 여인' 또는 '~를 사랑한 여인'이라는 두 방식으로 이해될 수 있다. '에메'는 라캉으로 하여금 프로이트로 돌아가자는 슬로건을 걸도록 안내한 장본인이라 할 수 있다. '안나 O' 덕분에 프로이트가 정신분석의 영역을 열 수 있었듯이 '에메' 덕분에 라캉은 '사랑'을 찾아서는 용감한 사내로 거듭난다.

그는 1953년부터 공식적으로 프로이트 주석가로서 활동한다. 그가 다룬 '정체화' 이론은 1961-1962년에 행한 아홉 번째 대중 세미나의 제목이기도 하다. 그가 정체화 이론을 강연한다는 것은, 좁게 보면 프로이트 저서에 대한 주석가로서 활동한다는 것과 같은 의미이다. 그러나 그렇게만 볼 수 없는 이유는, 프로이트가 이 주제로 단행본을 쓰거나 오랜 기간 동안 강연을 하지 못했던 것과는 달리, 라캉은 이 이론을 다룰 수 있는 장치를 완비했기 때문이다.

라캉은 1960-1961년에 행한 여덟 번째 대중 세미나에서 '전이' (transfert)를 다룬다. 이 세미나에서 그는 많은 저서를 주석하는데, 특히 플라톤의 『향연』을 다루면서 정신분석 개념을 생산하기에 이른다. 그중 대표적인 것이 희랍어 아토포스(atopos) 또는 아갈마(agalma)라는 단어로부터 얻은 알파벳 첫 문자 'a'이다. 그는 이 'a'를 '오브제 아'(objet *a*, 대상 *a*)라고 부른다. 이 개념은 라캉에 의해 점차 실재계를 표상하는 존재론적 개념으로 발전한다. 이 개념은 프로이트가 『억압』(1915)에서 말한 새싹, 생명이 없는 것처럼 보이면서도 꿋꿋하게 굳은 땅을 밀고 올라오는 생명력, 즉 삶에의 애착에 비유할 수 있다.

1953년 이후 라캉은 '거울 단계' 이론을 수정하면서 세 위상학을 설명한다. 그것은 Imaginaire, Symbolique, Réel이라는 정신의 삼위체인데, 이는 '사랑의 관계'를 설명하는 주요한 틀이 된다. 국내에서 이 용어를 번역하는 데는 다소 이견이 있지만, 대체로 상상계, 상징계, 실재계 또는 상상적인 것, 상징적인 것, 실재적인 것 등으로 통용된다. 다르게 표현하자면 상상계(Imaginaire)란 직관을 통해 감각된 표상 A를 받아들이는 능력인 '감성'에, 상징계(Symbolique)란 수용된 표상 A′를 통해 대상을 인식하는 능력인 '오성'에, 실재계(Réel)란 받아들인 표상 A′, A″, A‴ 등을 결합하는 능력인 '종합'에 비교할 수 있겠지만 라캉은 '종합'되지 않고 서술되지 않는 표상들이 있다는 것 또한 강조한다. 이를 '나머지,' '잉여'라고 부르며 점차 결여된 종합에 주안점을 두게 된다. 다시 말해 라캉은 깨어진 항아리에 담긴 물을 강조하기보다 항아리를 빠져나가는 물에 관해 더 깊이 연구한다.

라캉은 세미나 1권에서부터 8권에 이르기까지 정신의 삼위체에 필요한 개념을 수집하여 정리한 후, 아홉 번째 세미나에서 그 개념들을 총체적으로 설명한다. 그는 이 세미나에서 코기토(Cogito)에서 유래하는 모든 철학을 거부한다고 선언한다. 그리하여 성숙된 그의 사유는 이곳에서 비로소 '정체화된다'. '정체화됨'을 뜻하는 프랑스어 'id-entité'는 'id(그것)+entité(본질)'로 구성된다. 다시 말해 정체화란 '본질 그것,' '본질 자체에 관한 이론'이 되는 것이다. 이런 의미에서 필자는 Identification을 동일시, 동일화로 번역하지 않고 정체화로 번역한다.[3] 이렇듯 라캉은 정체화를 프로이트처럼 세 부분으로

---

3   이 용어 번역에 관해 필자가 쓴 『자크 라캉과 성서 해석-정신분석학으로 성서 읽기』(새물결플러스, 2014)의 제2부 1장을 참고하기 바란다.

구조화한다. 이 구조는 그가 고안한 도식 L에서 설명되는데, 이것을 첫사랑과의 관계에서 이해하면 다음과 같이 정리할 수 있다(제2부 2장의 '도식 L'을 참조하기 바란다).[4]

① 정체화 제1장르: a→m(상상계의 첫사랑)
② 정체화 제2장르: A→S(상징계의 첫사랑)
③ 정체화 제3장르: S◇*a*(실재계의 첫사랑)

이를 좀 쉽게 풀어 보면, 정체화 제1장르는 소타자(autre)가 자아(moi)와 관계를 맺는 것이다. 이 관계를 통해 상징화된 대타자(Autre)가 주체(Sujet)와 관계를 맺는 것이 정체화 제2장르이다. 정체화 제3장르는 이 주체(Sujet)와 환상화된 대상인 오브제 아(*a*)가 상호적 관계를 맺는 것이다.

여기서 우리는 라캉의 것과 프로이트 것 간의 차이를 느끼게 된다. 라캉은 외부의 것이 내부로 들어오는 관계, 그다음 내부와 외부가 서로 맺는 관계를 말한다. 반면 프로이트는 자체 생산되는 리비도가 내부에 머무르는 관계, 그다음 내부에서 외부로 향하는 관계,

---

4 도식 L의 형태는 아래와 같다. 도식 L은 S와 a의 관계를 '→'로 표시하고 있지만, 우리는 분열된 무의식의 주체 S가 실재의 대상 a를 만나는 것이 아니라 환상의 대상 *a*를 만난다는 의미에서 S와 a의 관계를 환상의 방정식 공식인 S◇*a*로 표기한다.

또한 외부로 향하던 리비도가 다시 내부로 돌아오는 관계 등을 말한다. 라캉의 것이 부모가 아이를 향하는 관점에서 이해된 것이라면, 프로이트의 것은 아이가 부모를 향하는 관점에서 이해된 것으로 볼 수 있다.

이렇게 프로이트와 라캉이 보는 사랑은 첫사랑과 다시 돌아올 첫사랑에 관해 무어라고 말하는가? 이제 그것을 찾아서 떠나 보도록 하자.

| 차 례 |

제2부　라캉이 본 사랑

제1부

프로이트가 본 사랑

프로이트가 제시하는 구도는 '~이 되다,' '~을 가지다,' '서로 사이에 ~하다' 등이다.

　우선 사랑의 유형 I의 '~이 되다, 됨의 첫사랑'은 자기에 대한 사랑 또는 짝사랑이라 부를 수 있는 사랑의 유형을 포괄한다. 인간이 사랑을 배우는 공간은 주로 가정이다. 가정은 사랑을 위한 기본 구도를 제시하는데, 아이-어머니-아버지가 그 기본 구도이다. 특히 이 구도에서 아이와 어머니는 더 근본적인 양자 관계이다. 정신분석에서는 아이와 어머니의 관계를 전(前)-오이디푸스적 관계라고 말한다. 여기서 아버지의 위치는 아이만 모를 뿐 이미 제3자로 내정되어 있다.

　사랑의 유형 II의 '~을 가지다, 가짐의 첫사랑'은 짝사랑의 수준을 넘어서서 사랑을 하게 되는 단계이다. 정신분석은 사랑의 기본 구도를 가정에서 찾고 있는데, 이는 해묵은 해법에 불과한 것인가! 여기서 주의해야 할 점이 있다. 정신분석의 오이디푸스 콤플렉스에서 말하는 가정이란, 우리가 알고 있는 상징적인 가정을 말하기도 하지만 그 차원을 뛰어넘기도 한다. 오이디푸스 콤플렉스에서 말하는 어머니, 아버지는 상징적인 개념이다. 어느 누구라도 이를 대체할 수 있다. 그렇게 본다면 가정의 형태는 문제가 되지 않는다. 오히려 오이디푸스 콤플렉스의 단계를 어떻게 살아 내느냐가 중요해진다.

사랑의 유형 III의 '서로 사이에 ~하다, 상호적 첫사랑'은 '그럼에도 불구하고' 이루어지는 사랑이다. 상징계의 틀을 벗어나는 사랑의 관계는 상징계를 위협한다. 이러한 위협 속에서 모습을 드러내는 것은 실재이다. 이러한 실재의 모습은 오이디푸스 콤플렉스에 담겨 있다. 이에 따르면 딸은 아버지를 사랑하고 아들은 어머니를 사랑한다. 어린아이들이 이 말을 하면 귀엽게 보일지 모르나 성인이 한다면 참 이상하게 들릴 것이고, 이런 관계는 이루어져서는 안 되는 관계라고 강요받게 될 것이다. 아이-어머니-아버지 간의 관계에서 비롯되는 사랑은 증상으로 들어가는 문이 되기도 한다.

프로이트와
사랑

프로이트는 대상과 관계 맺는 리비도를 설명하면서 리비도가 대상에 가닿기도 하고 머물기도 하지만 결국 다시 자신에게로 돌아온다고 표현한다. 이러한 리비도의 움직임이 프로이트가 말하는 사랑의 시작이다. 그러므로 리비도의 이동 경로에 따라 사랑의 방식이 결정된다. 전자파가 우리의 눈에 보이지 않아도 그 기능을 수행하듯이, 리비도 또한 눈에 보이지 않지만 사람에게 그 흔적을 남긴다. 즉 프로이트는 사람의 정신 속에서 그 흔적을 찾는 탐사꾼이라 할 수 있다.

"정신분석에는 유년기가 없다"는 말이 통용된다. 이 말은 과거로의 시간적 퇴행은 없다는 뜻이다. 정신분석에서 말하는 과거란 '현재 재현되는 이전의 사건'일 뿐이다. 가령 옛 애인과 함께 갔던 식당이 지금은 없어졌지만, 그 식당이 있던 터에 가 보고 싶은 마음을 가진 한 남자를 생각할 수 있다. 옛 식당은 없어졌지만 그곳에만 가면

옛 애인을 만날 것만 같은 마음이 드는 것이다. 생각 속의 과거사를 현재 재현할 때, 리비도가 퇴행한다고 이야기한다. 즉 리비도가 거꾸로 흐른다는 것이다. 리비도가 거꾸로 흐른다고 해도 그 리비도는 현재 움직이는 리비도지 과거의 리비도는 아니다. 옛 식당이 없어지고 그 터에 다른 건물이 들어서 있지만, 그 남자의 마음속에 그 식당은 영원히 남아 있는 것처럼 말이다. 그래서 자꾸만 존재하지 않는 그 식당이 있던 터로 발길이 향하게 된다. 정신분석 치료는 이런 리비도의 흐름에 편승한다. 리비도의 움직임 속에서 환자의 정신적 상황을 보는 것이다.[1]

리비도를 따라 환자의 정신세계에 접근해 보면 환자가 사랑한 대상이 나온다. 환자의 정신세계에 있는 자료들은 과거의 것이지만, 현재에 영향을 미친다. 이렇게 리비도는 과거의 사랑과 현재의 사랑을 연결하고 있다. 그러나 어디까지가 과거의 사랑이고 어디까지가 현재의 사랑인지 그 구분이 모호하다. 그래서 프로이트는 엉킨 리비도의 실타래를 푸는 방식에 대해 고민한다. 이 고민을 푸는 방식이 바로 정신분석 기술이다.

퇴행이 발견되는 곳은 정신분석이 실천되는 곳이다. 정신분석 실천이란 분석가(analyste)와 분석가를 찾아온 사람(analysant, 분석수행자) 사이에서 일어난다. 보통 상담은 의사와 환자가 마주 앉아 대화하는 식으로 진행된다. 그러나 프로이트가 정신분석적 방법을 고안할 때부터 고집한 치료 방법은 따로 있다. 프로이트에 따르면 "나는 환

---

1   지그문트 프로이트, 이덕하 옮김, "전이의 역동에 대하여," 『끝낼 수 있는 분석과 끝낼 수 없는 분석』, 서울, 도서출판 b, 2004, pp.34-35. 미셸 푸코도 "퇴행은 과거로의 자연적 추락이 아니다. 퇴행은 현재 밖으로의 의도적인 도피다. 회귀라기보다 차라리 의지인 것이다"(미셸 푸코, 박혜영 옮김, 『정신병과 심리학』, 서울, 문학동네, 2002, p.60)라고 말한다.

자를 소파에 눕게 하고, 의사는 그가 볼 수 없는 그의 뒤쪽에 자리를 잡아 앉는 방식을 고수한다"[2]고 말한다. 이 경우, 어찌 보면 의사를 보지 못하고 이야기해야 하는 환자 쪽에서는 불안할 것이다. 환자는 속성상 의사와 눈을 마주치면서 이야기하기를 선호하기 때문이다. 하지만 프로이트는 그렇게 하지 않는다. 그 이유는 정신분석 기법이 최면법에서 비롯된다는 점에 있다. 아울러 하루 종일 환자를 마주해야 하는 의사의 고충을 덜어 주기 위해서이고, 매번의 진료에 집중하게 하기 위함이기도 하다.[3]

최면법에서는 저항이 제거되지 않고 단지 회피될 뿐이다. 그래서 그로부터 얻은 결과는 일시적이며 불충분하다. 반면 정신분석적 방법에서는 환자의 억압된 본성이 해방되어 완전히 발현되도록 한다. 즉 정신분석은 "환자에게 억압된 정신적인 것을 그가 의식하도록 하는 작업"[4]이다. 정신분석에서는 신경증 환자처럼 갈기갈기 찢기고 저항에 의해 균열이 간 정신을 환자 스스로가 의식하는 것이 중요하다. 이런 의식화 과정의 시작은 우선 기억하는 것이다. 기억한다는 것은 의식을 갖고 말하는 것뿐 아니라 무의식중에 하는 말 또한 포함된다.

가령 의사에게 반항적이거나 부끄럼을 느낀다거나 대화의 비밀

---

2 지그문트 프로이트, 이덕하 옮김, "치료의 개시에 대하여," 「끝낼 수 있는 분석과 끝낼 수 없는 분석」, 서울, 도서출판 b, 2004, p.86.

3 같은 곳. "이런 방식에는 역사적인 의미가 있다. 이것은 정신분석이 거기서 발전해 나온 최면 치료의 유물이다. 우선은 개인적인 동기 때문이긴 하지만 다른 사람들도 나와 마찬가지일 것이다. 나는 다른 사람이 나를 하루에 8시간 (또는 그 이상) 동안 응시하는 것을 견딜 수 없다. 환자의 말을 경청하면서 나도 나 자신을 나의 무의식적 사고의 흐름에 맡겨 버리는데 나의 표정이 환자에게 해석할 소재를 제공하거나 환자가 이야기하는 내용에 영향을 주는 것을 나는 바라지 않는다."

4 같은 책, p.271.

을 요구하는 것 또한 무의식적 기억이다. 프로이트는 이를 행동화 (Agieren; acting out), 또는 되풀이라고 표현한다. 이런 되풀이 과정 중에 저항이 발생하는데, 의사는 환자 스스로 저항을 극복하고 무의식적인 억압 요인들을 의식화하도록 안내한다. 이때 환자의 이런 노력-활동을 저항훈습하기(Durcharbeiten; working through)로 본다.[5]

프로이트는 환자의 말을 경청하는 의사의 태도를 "부유하는(유보적인) 주의력"(Gleichschwebende Aufmerksamkeit)[6]이라고 부른다. 이 용어는 "부동하는 주의"[7] 또는 "집중하지 않는 주목"[8]으로 번역되기도 한다.

이렇게 정신분석의 장치는 첫출발부터 좀 독특했다. 의사와 환자 간의 관계는 환자와 그 주변 사람들과의 관계 이상으로 중요하다. 환자는 의사의 태도나 말투에 민감하다. 그래서 정신분석을 시작할 때부터 의사는 환자에게 몇 가지 다짐을 받아야 한다. 정신분석 기법은 의사가 행하는 것이기도 하지만, 환자가 지켜야 하는 규칙이기도 하다. 그러므로 환자는 의사에게 할 말을 미리 준비해 오거나 말을 조리 있게 할 필요가 없다.

프로이트는 환자에게 이렇게 당부한다. "당신은 당신이 이야기하는 중에 다양한 생각들이 떠오를 텐데, 이때 어떤 비판적인 이의 제기 때문에 그것들을 물리치고 싶어 하는 당신을 관찰하게 될 것입니다. 당신은 스스로에게 '이것 또는 저것은 지금 다루는 것과는 관계가 없다 또는 이건 전혀 중요하지 않다 또는 이건 말도 안 된다 그러므로 이것을 이야기할 필요는 없다'라고 말하고 싶은 유혹에 빠질

5   기억하기, 행동화-되풀이하기, 저항훈습하기에 관하여, 같은 책, pp.105-121.
6   같은 책, p.49.
7   옥타브 마노니, 변지현 옮김, 『프로이트』, 서울, 백의, 1996, p.75.
8   조엘 도르, 홍준기·강응섭 옮김, 『라캉 세미나·에크리 독해 I』, 서울, 아난케, 2009, p.192.

것입니다. 이런 비판에 절대 굴복하지 마십시오. 그런 비판에도 불구하고 그것에 대해 말해야 합니다. 사실 그것을 말하려고 하는 것에 대해 꺼림칙하게 느껴진다는 바로 그 이유 때문에 당신은 그것을 말해야만 하는 것입니다. 이러한 규칙 —사실 당신이 지켜야 할 유일한 규칙입니다— 의 이유에 대해서는 나중에 경험을 통해 이해할 수 있을 것입니다."[9]

환자는 의사에게 감추고 싶은 것도 숨김없이 이야기해야 한다. 이 둘의 관계는 마치 사랑하는 사람의 관계와 같은 신뢰의 관계이다. 좋은 내용이나 나쁜 내용이나, 행복한 내용이나 슬픈 내용이나, 즐거운 내용이나 고통스러운 내용이나 모두 이야기해야 한다. 의사와 환자 간의 이런 관계는 사랑의 관계 그 이상이 아닌가!

프로이트는 임상에서 정신분석적 기술을 이용하여 자신의 인식론을 습득한다. 기술적 분석 경험을 통하여 정신분석 이론을 연역하고[10] 그의 인간학을 구성하는 사랑의 원리를 전개한다. 필자는 그 원리를 세 구조로 이해할 것이다. 앞으로 다루게 될 프로이트의 사랑 이야기를 세 가지로 요약해 보자.

① '사랑의 유형 I: 됨의 첫사랑'
— 나르시스적 대상에 정체화된 인간
이 첫 유형에서 아이는 아버지처럼 되려고 욕망한다. 즉 우울증 환자의 경우처럼 나르시스적이고 전지전능한 대상을 사랑한다.

9　같은 책. p.88.
10　Sigmund Freud, *Le mot d'esprit et sa relation à l'inconscient*, Paris, Editions Gallimard, 1988 참조. 프로이트는 이 책에서 우선 '분석의 장,' 이후에 '이론의 장'을 전개한다. 즉 이 책의 목차는 정신분석의 실천이 우선되고 그 이후에 이론이 정립된다는 것을 보여 준다.

② '사랑의 유형 II: 가짐의 첫사랑'

— 무의식적 인간이기 때문에 무의식의 표상에 정체화된 인간

두 번째 유형에서는 법과 초자아 아래 억압된 인간, 즉 남편의 '오고 감'을 재생산하는 '서른 살의 여인'과 부모의 사랑 행위를 방해할 목적으로 취침 의례를 행하는 '열아홉 살의 아름다운 소녀'가 거세되고 상징적인 것으로서 대상을 사랑하는 모습을 보여 준다.

③ '사랑의 유형 III: 상호적 첫사랑'

— '사랑의 유형 I'과 '사랑의 유형 II' 간의 메울 수 없는 실존의 간격 때문에 욕망하는 인간

세 번째 유형은 어떤 사람도 주의 깊게 보지 않았던 것이다. 욕구되는 대상과 욕망하는 대상 간의, 즉 환상화된 커플 간의 새로운 관계를 발견한다.

앞으로 전개될 프로이트에 따른 사랑의 세 구조는 이런 사례들을 자세하게 살펴보는 것으로 진행될 것이다.

정신분석의 창시자 프로이트가 '무의식-전의식-의식'으로 인간의 정신을 설명하던 1900년 전후의 시기를 '제1차 위상'이라고 말하는데, 이 시기에 프로이트는 '사랑의 유형 I과 II'를 중점적으로 다뤘다. '이드(id)-자아-초자아'로 인간의 정신을 설명하던 1920년 이후의 시기는 '제2차 위상'이라고 불리는데, 이 시기에 프로이트는 '사

랑의 유형 Ⅲ'을 새롭게 탐구한다. 이 단계에서 프로이트는 더 이상 개인이 아니라 사회 안에서 발생하는 사랑의 관계를 그린다. 이런 면에서 볼 때 그의 마지막 유작 『인간 모세와 유일신교』는 인류 공동체를 사랑의 담론으로 들여다보면서 해석하고 전망한 작품으로 볼 수 있다.[11] 프로이트는 신경증에 걸린 집단의 '사랑과 미움의 방식'을 유대인 학살 사건에서 직시한다. 신경증에 감염된 사회에서의 유대인 학살 문제는 정신분석적 관점에서 분석되고 치료되어야 하는 것이라고 그는 주장한다. '사랑의 유형 Ⅲ'을 제시한 1920년대에만 해도 프로이트가 이 이론을 통해 동족의 아픔을 조명하게 되리라고는 생각지 못했을 것이다. '사랑의 유형 Ⅲ'은 유럽에서 발생한 종족과 종교 간의 대규모 갈등 문제를 조망하고 사회적인 시스템을 들여다보는 데까지 확장된다. 결국 '사랑의 유형 Ⅲ'은 더 이상 유물론적인 것으로는 해결의 기미가 보이지 않던 곳에 자리매김하게 된 것이다. 이것은 지금 우리의 실정에도 절실하다고 본다. 프로이트가 제시한 '사랑의 유형 Ⅲ'은 짧고 단순한 것이었지만, 그것을 더 연구하고 발전시켜 현재 우리의 문제를 해결하기 위한 근본적인 사색으로 삼아도 손색이 없다는 것이다.

---

11 Sigmund Freud, *L'homme Moïse et la religion monothéiste*, Paris, Gallimard, 1986, p.175 참조. 프로이트, 이윤기 옮김, "인간 모세와 유일신교," 『종교의 기원』, 서울, 열린책들, 1997, pp.184-185.

프로이트에 따른
사랑의 세 구조

사랑에는 유형이 있다

프로이트는 다양한 저서에서 사랑에 빠진 사람들의 사례를 소개한다. 사례에 등장하는 인물은 사랑 때문에 고통을 받고 있다. 어떤 이는 자기 자신을 짝사랑하기도 하고, 어떤 이는 첫날밤 일을 잘 치르지 못한 신랑을 위해 뜨거운 열정을 바치기도 한다. 그러나 이런 것을 진정한 사랑이라 부를 수는 없을 것이다. 왜냐하면 우리가 상식적으로 생각하는 사랑은 쌍방적인 것이기 때문이다.

실제로 프로이트는 앞서 정리한 사랑의 세 유형처럼 사랑이라는 주제를 개념화하지도, 사랑이라는 단어를 많이 사용하지도 않았다. 오히려 '성'(性)이라는 말을 더 자주 사용하고 개념화했다. 그래서 세인으로부터 범성론자라고 평가되어 비난받기도 하고 동료를 잃기도 한다. 그러나 일생을 '성'이라는 주제로 고민하고 비난받았던 그가 이제는 세인들로부터 사랑을 받는 위치에 올라야 하지 않을까?

프로이트가 정신의학에서 정신분석으로 발길을 돌리게 된 사연은 '성'에 관계된 사람들을 만나면서부터 시작된다. 즉 『히스테리 연구』에서 그는 '성'적인 이유로 육체의 아픔을 겪는 사람들을 관찰한다.[12] 그러니까 그가 정신분석의 길에 들어선 것은 환자의 애정 생활을 통해 무의식의 세계로 들어서면서부터다.

프로이트는 마흔 살에 '정신분석'(1896)이라는 용어를 사용하고 이듬해에 '오이디푸스 콤플렉스'(1897) 구조를 발견한다. 십 년이 지나서야 비로소 이 구조를 '리비도'(1905) 개념과 연관시킨다. 또한 예순 중반이 되어서 '정체화'(Identification, 1921)라는 구조를 이끌어 낸다. 그러니까 그가 오이디푸스 콤플렉스 구조에서 정체화 구조로 이동하면서 사랑 담론에 구조적 변화를 일으킨 것은 환갑이 넘어서다.

오이디푸스 콤플렉스는 정신의 구조를 무의식-전의식-의식으로 보던 제1차 위상 때의 이론이다. 반면 정체화는 정신의 구조를 이드-자아-초자아로 보던 제2차 위상 때의 이론이다. 이 시기의 프로이트는 인간을 설명하는 방식에서 구조적인 변화를 일으킨다. 그가 말하는 정체화의 기본은 '타자와 유사한 자아'에 있다. 이렇게 무의식적인 과정에 놓인 자아가 타자와 유사해지는 것은 이미 자아와 타자 간에 사랑의 관계가 이루어지고 있음을 보여 준다.

정신분석에서 '정체화된다'는 것은 자아가 대상에 의해 수동적으로 침투당한다는 데 역점을 둔 것이다. 즉 자아는 의지가 없는 순수한 백지 상태의 의식을 지닌 존재가 아니라, 불가항력적으로 밀려오

12　강응섭, 『프로이트』, 서울, 한길사, 2010, 제1장 참고.

는 것들을 거부할 수 없어 침투당하는 무의식적 존재로 표현된다. 가령 프로이트의 나르시시즘 이론도 이런 맥락에서 이해할 수 있다. 아이가 한 대상을 사랑하는 데 있어서 대상에 대한 개인의 의지도 중요하지만, 아이는 그 대상이 자신에게 보여 준 사랑의 모델을 뼛속 깊은 곳에 ―무의식의 근간에― 새기고 이를 근거로 자신도 이와 유사한 사랑의 모델을 찾는다. 후자의 입장을 강조한 이가 바로 라캉이다. 프로이트가 말하는 정체화의 형식은 아래 문장에서 비롯된다.

아버지에 대한 정체화와 대상으로서의 아버지를 선택하는 것 간의 차이를 하나의 공식으로서 정의하고 설명하는 것은 간단하다. 첫 번째 경우의 정체화에서, 아버지는 사람들이 되고자 하는 것이고, 두 번째 경우에서는 갖고자 하는 것이다. 따라서 차이를 만드는 것은 그 관계가 주체 위에 머무느냐, 아니면 자아의 대상 위에 머무느냐 하는 데 있다.[13]

친밀한 공동체 안에서 생겨난 군중 개개인들 간의 상호적 관계가 정체화와 동일한 본성을 가졌음은 소개한 바 있다. 그리고 우리는 이미 이 공동체가 주동자에게 애착을 느끼는 관계 안에서 머문다고 가정하기도 했다.[14]

13 Sigmund Freud, "L'identification," in *Essais de psychanalyse*, Paris, Payot, 1993, p.168.
14 같은 책, p.171.

아이에게 있어서의 '가지다'와 '되다': '되다'라는 표현은 정체화를 통해 대상에게 리비도를 방출했음을 자연스럽게 표현한 것이다. 예를 들면, "나는 곧 대상이다." 그러나 '가지다'는 더 나중에 전개된다. 리비도는 대상을 상실한 이후 그 존재에게 다시 돌아온다. 예를 들면, "가슴은 자아의 한 부분인데, 나는 바로 가슴이다." 좀 더 지나면 이렇게 말한다. "단지 나는 그것을 가졌을 뿐이다. 즉 나는 그것이 아니다."[15]

이러한 프로이트의 예문은 앞서 제시한 사랑의 세 유형, 프로이트가 말하는 사랑의 세 가지 틀을 알려 준다.

①'~이 되다'(사랑의 유형 I)
②'~을 가지다'(사랑의 유형 II)
③'서로 사이에 ~하다'(사랑의 유형 III)

풀어서 말하면, 사랑의 유형 I은 앞서 보았듯이 '나는 A의 손이다,' 사랑의 유형 II는 '나는 A의 손을 가진다,' 그리고 사랑의 유형 III은 '나는 B에게서 A의 손을 느낀다'로 표현될 수 있다. 그러니까 첫 번째 유형은 대상과의 나르시스적 정체화, 됨의 첫사랑이고 두 번째 유형은 대상으로서 손을 갖는 것이다. 아이는 우선적으로 대상과 정체화되고, 그다음 정체화된 그 대상을 자신의 대상으로 취하게

---

15 프로이트 사후에 발견된 이 문장은 각주 형식으로 되어 있고, 프로이트가 마지막으로 남긴 원고에 속한다. 이 글은 미발표된 Sigmund Freud, *Gesammelte Werke*, XVII(단편 12), p.151에 수록되어 있다.

된다. 이런 일련의 무의식적 과정을 구분하여 사랑의 유형 I, 사랑의 유형 II, 사랑의 유형 III으로 표현한 것이다.

사랑의 원동력
― 리비도와 나르시시즘

리비도 개념은 프로이트의 사랑 담론을 전개함에 있어서 동력원에 해당한다고 볼 수 있다. 어린이의 성생활을 연구하면서 프로이트는 리비도 개념을 명확하게 확인한다. 그는 유아가 배고파하는 것이 유아의 섭취 본능이라면, 유아가 내보내는 리비도는 그의 '성욕동'이라고 말한다. 즉 유아는 처음에는 배고프기 때문에 본능적으로 먹고자 하지만, 나중에는 배고프지 않은데도 무엇인가를 먹고자 한다. 이는 유아로부터 리비도 에너지가 방출되고 있다는 증거이다.[16] 프로이트는 「나르시시즘 서론」에서 욕동을 두 가지로 나누어 설명한다. 유아가 배고플 때 먹고자 하는 것을 자아욕동, 배고프지 않은데도 먹고자 하는 것을 성욕동이라고 말한다. 이런 두 가지의 욕동을 제1차 위상 때의 프로이트와 제2차 위상 때의 프로이트는 다르게 설명한다.

우선 제1차 위상 때 프로이트가 주장한 욕동의 이원성을 설명하는 도표를 보자.[17] 욕동(峪動)이란 독일어로 Trieb, 프랑스어로 Pulsion, 영어로 Drive로 표기되는데, 이는 곧 에너지의 움직임을 의

---

16 같은 책, pp.292-293 참조. "일반적으로 배고픔과 연관 지어 생각할 때, 리비도는 힘을 의미한다. 배고픔이 음식 섭취 본능을 나타내는 것이라면, 리비도는 성충동(성욕동)을 드러내는 힘을 의미한다."

17 이 도표에 대한 자세한 설명은 강응섭, 「프로이트」, 서울, 한길사, 2010, p.127을 참조.

[제1차 위상 때의 욕동의 이원성]

구분 \ 분화	욕동		
욕동	자아욕동(자기성애)	성욕동(=리비도)	
리비도	(리비도 無)	자아 리비도	대상 리비도
나르시시즘		제1차 나르시시즘 (근원적 나르시시즘)	제2차 나르시시즘 (부차적 나르시시즘)

미한다. 우리는 프로이트가 욕동을 설명하는 방식에서 변화의 과정이 있음을 발견한다.

우선 무의식-전의식-의식으로 정신을 구분하던 제1차 위상 때의 시기이다. 이때 프로이트는 일차적으로 '자아욕동'을 말하고, 그 후 리비도가 진전되면서 '성욕동'이 생긴다고 말한다.

'자아욕동'은 자기발정(autoérotism)이라고도 불리며 출생 시부터 존재한다. 여기서는 아직 리비도가 존재하지 않는다. 프로이트는 유아가 먹기 위해 하는 '젖 빨기' 행위가 이 단계에 속한다고 말한다. 아이가 먹고 살기에 급급한 단계를 일컫는 이 시기에는 아직 오이디푸스 콤플렉스가 작동하지 않는다. 그래서 프로이트는 이 시기를 전성기기(前性器期)에 해당한다고 본다.

'성욕동'에는 '자아욕동'에서와는 달리 리비도가 작용한다. 프로이트는 성욕동을 자아 리비도와 대상 리비도로 구분한다. '자아 리비도'는 자아에서부터 시작되는 리비도이고, '대상 리비도'는 대상에 가닿는 리비도이다. 자아 리비도는 자아 안에서 시작되어 자아 내부에 머물고 대상과 관계를 맺지 못한다. 리비도가 자아 내부에 머물게 될 때, 대상과 관계 맺기를 실패할 때를 제1차 나르시시즘이라 부른다. 반면 대상 리비도는 리비도가 대상과 관계 맺기를 성공할 때를 일컬으며, 이때부터 비로소 대상과의 관계가 성립되기 시작된다. 자기중심적 사랑에서 벗어나 대상과 밀고 당기는 사랑이 시작된다. 대상 리비도는 대상에 도달하는 리비도이다. 이때 리비도는 대상과 관계를 맺고, 이 대상 리비도는 제2차 나르시시즘의 범주를 구성한다.

이렇게 프로이트는 자아욕동과 성욕동으로 구분되는 욕동의 이원성을 주장한다. 프로이트는 이런 면에서 욕동의 일원성을 주장한 융(Karl Gustav Jung)과는 다른 입장을 취한다. 욕동의 일원성이란 아이가 태어나면서부터 리비도가 작동되며 일생 동안 그 에너지가 지속된다는 것을 의미한다. 반면 욕동의 이원성이란, 처음에는 리비도라는 에너지가 존재하지 않다가 점차적으로 리비도 에너지가 발생되는데, 이것이 자기 내부에 머물다가 나중에 외부 대상과 관계를 맺고 중요한 역할을 한다는 것을 의미한다. 즉 리비도는 처음부터 있지 않았다는 것, 사랑의 원동력인 리비도가 선천적인 에너지가 아니라는 말이다. 그러니까 인간은 태어나면서부터 사랑을 할 수 없는 존재라는 것이다. 사랑은 태어난 후 성장 과정에서 배우게 되는 것이다. 이와는 정반대로, 리비도는 타고나는 것이라며 욕동의 일원성을 내세운 융은 인간은 태어나면서부터 사랑을 할 수 있는 존재라고 말한다.

좀 더 부연해 보자. 자아욕동은 육체가 살아남기 위한 활동인 빨기를 부추기며 육체의 생존을 위해 꼭 필요한 것이다. 반복되는 '빨기'는 성욕동을 생성한다.[18] 자아욕동과 성욕동은 단절된 것이지만 연속되는 것이기도 하다. 이렇게 생성된 성욕동은 제1차 나르시시즘을 구성한다. 이 시기에는 리비도가 자신과 관계를 맺는데, 이 단계를 제2차 나르시시즘을 향한 통로로 볼 수 있다. 이처럼 리비도는 자아욕동에서 제1차 나르시시즘으로 전개되면서 그 강도가 거세어진다. 이것이 리비도의 운명이다. 이상이 제1차 위상 때의 욕동의 이원성에 관한 설명이다. 이 단계에서 우리는 프로이트가 생각하는 근본적인 인간관을 볼 수 있다. 즉 인간은 근본적으로 타인을 사랑할 수 있는 존재가 아니라는 것이다. 처음에 인간은 먹는 본능에 충실한 동물적 존재일 뿐이다. 그러다가 어떤 대상을 매개로 하여 자기 자신 안에 생성된 사랑의 에너지를 감지하게 된다. 여기서 어떤 대상이란 자신의 동물성을 유지하는 데 도움을 주는 도구들, 가령 먹이를 주는 기관이나 몸을 돌보는 손길 등이 될 것이다. 처음에는 이런 기관들이 자신의 것인 줄 알지만 차츰 그것들이 타인의 것임을 깨닫게 되고, 그것을 가질 방법을 궁리하게 된다. 이렇게 자기 이외의 다른 대상과 반복적으로 교감하면서 인간은 사랑의 관계를 형성하게 된다. 인생의 첫 시기에 접한 대상들은 일생 동안 주체가 어떤 사랑을 하게 될 것인가를 결정짓게 된다. 제1차 나르시시즘에 이어 제2차 나르시시즘이 전개됨에 따라 인간은 사랑의 활동에 안착하게 된다.

그러면 이제 제2차 위상 때의 욕동의 이원성을 살펴보자.[19] 제1차 위상이 정신을 무의식-전의식-의식으로 나누던 시기를 가리킨다

---

18 Paul Dessuant, *Le narcissisme*, Paris, P.U.F., "Que sais-je?" N° 2058, 1983, p.28.
19 이 도표에 대한 자세한 설명은 강응섭, 『프로이트』, 서울, 한길사, 2010, p.195를 참조.

[제2차 위상 때의 욕동의 이원성]

구분 분화	욕 동			
욕 동	죽음욕동 ↙	생명욕동(=리비도의 저장소인 자아) ↘		
리비도	(리비도 無) ↓	자아보존욕동 ↙ (자아보존욕동 리비도)	자아리비도 ↓	대상리비도 ↘ ↓
나르시시즘			제1차 나르시시즘	제2차 나르시시즘

면, 제2차 위상은 정신을 이드-자아-초자아로 나누던 시기를 일컫는다. 이때는 욕동 설명에 변화가 일어난다. 우선 프로이트는 욕동을 자아욕동과 성욕동 대신 죽음욕동과 생명욕동으로 나누고 리비도가 생성되기 이전의 상태를 죽음욕동이라 표현한다. 반면 자아욕동은 자아보존욕동이라는 용어로 변형하여 생명욕동에 포함한다. 제1차 위상 때는 리비도가 없는 것으로 간주했던 자아(보존)욕동을 제2차 위상 때는 리비도가 있는 것으로 간주한 것이다. 이때가 프로이트에게는 큰 변화의 시기다.

왜 프로이트는 자아욕동에 리비도가 있다고 말하게 된 것일까? 이 시기의 프로이트에게 죽음과 생명은 예민한 주제였다. 그 이유는 자신의 딸과 측근이 죽음에 직면하게 된 사건 때문이다.[20] 그가

20 이 당시 프로이트는 자신의 딸 소피아(Sophie Halberstadt)의 죽음, 안톤 폰 프로인트(Anton von Freund)의 죽음, 프로이트가 분석하기도 하고 자신의 그룹에 속한 빅토르 타우스크(Viktor Tausk)의 자살 등에 직면하게 된다. 이 주제에 관해서는 『정신분석대사전』(백의, 2005)의 「쾌락의 원칙을 넘어서」 항목을 참고하길 바란다. 이런 내용은 『프로이트의 죽음』(Editions Gallimard, 1975)을 저술한 프로이트의 전기 작가 막스 슈어(Max Schur)가 증언하는 내용이기도 하다.

제1차 위상 때 리비도의 유무를 자아욕동과 성욕동이라는 구도에서 다루었다면, 제2차 위상 때 리비도의 유무는 죽음욕동과 생명욕동이라는 구도에서 다루어진다. 즉 죽음욕동에는 리비도가 없다는 것이다. 죽어 가는 것, 죽은 것에는 리비도가 없다. 리비도는 오직 살아 있는 것, 산 것에만 있다.

그렇다면 살려고 발버둥치는 갓난아이는 어떠한가? 한편으로 아이는 죽으려고 욕동하기도 하고, 다른 한편으로 살려고 욕동하기도 한다. 인생을 두 대목으로 나누면 결국 태어나고 죽는 것이다. 태어나는 것은 죽음에 이르는 과정이니 태어나자마자 죽고자 한다는 것이다. 그런데 이런 죽음 일변도의 생각에 생명욕동이 개입하여 죽음을 무화시키게 된다. 즉 생명욕동은 죽음을 생명으로 돌려놓는다. 리비도는 생명욕동을 유지하게 하는 에너지이고, 생명을 살린다는 입장에서 사랑의 에너지이다.

프로이트는 사랑의 전개 과정에 두 단계를 설정한다. 자아욕동에서 제1차 나르시시즘으로 이동하는 단계는 제2차 나르시시즘으로 이행하는 데 꼭 필요한 징검다리가 된다. 자아욕동(자아발정)이나 제1차 나르시시즘은 어쩌면 인간 이외의 생물체에게서도 발견될 수 있을 것이다. 그러나 인간만의 독특한 사랑 방식이 나타나려면 제2차 나르시시즘이 등장해야 한다. 자신만을 사랑하는 것에서 타인을 사랑하는 것으로 진전하기 위해서는 이런 단계를 거쳐야 한다. 물론 짐승에게서도 어미가 새끼에게 주는 사랑을 볼 수 있다. 하지만 그 사랑을 성욕동의 단계에 둘 수 있을지는 의문이다. 물론 짐승에게서 쌍방적인 사랑을 관찰하는 경우가 있기는 하지만, 이를 인간 간의 상호적 사랑과 비교할 수 있을지, 이에 대한 상세한 연구는 행동주의 심리학 연구를 더 참고해야 할 것이다.

잠시 뒤에 다루게 될 오이디푸스 콤플렉스의 전개 과정이 사랑의 구조를 표현한다면, 리비도 개념은 사랑의 동력을 상징한다. 달리 말해 오이디푸스 콤플렉스가 살과 피로 된 사람의 신체에 비유된다면, 리비도 개념은 온 신체를 향해 혈액을 내뿜는 심장에 해당한다. 그러므로 프로이트의 사랑 담론에서 중요한 것은 리비도가 대상에게 도달하는지의 여부와 도달 방식이다.

프로이트는 「덧없음」[21]에서 리비도의 운명을 잘 표현한다. 리비도는 자아와 대상 사이를 왕복하는 '셔틀버스'에 비유될 수 있는데, 자아에 밀착해 있다가 대상으로 향하기 때문이다. 그런데 가령 자아가 대상과 관계를 맺고 있던 중 그 대상을 상실했다고 하자. 그런 다음 다른 대상이 나타나서 그 상실된 대상을 대체하였다고 하자. 이렇게 대상이 바뀔 경우, 리비도는 대상을 식별할 수 있을까? 이때 리비도는 자아가 상실한 대상을 포기하지 못하고 계속해서 원(原)대상과 관계하기를 원한다. 그러나 점차 원대상이 아닌 상실된 대상과 관계를 맺는 데 성공한다. 이렇게 되돌아오는 운동을 반복하면서 일단 리비도가 자아에서 대체 대상으로 나가게 되면, 결국 그 대상과 관계를 맺게 된다. 즉 그 대상이 이미 없어진 경우에도 리비도는 그것과 유사한 대상과 지속적으로 관계를 맺는다는 것이다. 그러나 상실된 대상 그 자체가 아니면 안 되는 경우도 발생할 것이다. 우리

21 M. Bonaparte(tr.), "Deux penseurs devant l'abime, fugitivité," in *Revue française de psychanalyse*, 1956/3, pp.307-315. J. Altounian(tr.), "Ephémère," in *Résultats, idées, problèmes I* (1890-1920), Paris, P.U.F., 1984, pp.233-238.

는 자아가 상실한 대상과 유사한 짝퉁 대상을 받아들이는 경우도 볼
수 있지만 그렇지 못한 경우도 보게 된다. 그렇다면 첫사랑은 원대
상과 어떤 관계가 있고, 상실한 대상과 유사한 짝퉁 대상과 어떤 관
계가 있을까? 이에 대해 다음 장 '사랑의 유형 I'을 살펴보자.

사랑의 유형 I:
됨의 첫사랑

이 장에서는 내적 자아와 외적 자아의 형성과 기능에 대해서 알아볼 것이다. 내적 자아(제1차 나르시시즘)는 처음에는 자기중심적이지만, 리비도가 점차 외부로 향하면서 대상과 관계를 맺기 시작하고 이런 과정을 통해 외적 자아(제2차 나르시시즘)가 구성된다. 이제부터는 자기중심적인 사랑과 그다음 단계인 이타적인 사랑으로 옮겨 가는 과도기적 상황을 살펴볼 것이다. 이런 이행 과정은 순조로이 진행될 수 있지만, 그렇지 못한 경우 정신증적 증상을 형성하게 될 것이다.

오이디푸스 콤플렉스는
사랑의 근본 틀이다

프로이트는 오이디푸스 콤플

렉스라는 용어로 복잡한 심리를 간단하게 구조화하였다.

1897년 여름, 휴가 차 로마로 향하던 프로이트는 트라시멘 호숫가를 산책하던 중, 카르타고의 명장 한니발과 그의 아버지 하밀카를 떠올린다. 그리고 그 전해에 여든 살로 작고한 자신의 아버지 야코프를 생각한다. 그는 자신과 아버지와의 관계가 마치 한편으로는 한니발과 그의 아버지와의 관계처럼, 다른 한편으로는 소포클레스가 쓴 『오이디푸스 왕』(B.C. 429년경)에 나오는 아버지 라이오스 왕과 아들 오이디푸스의 관계처럼 복잡하고 미묘했음을 깨닫게 된다.

『오이디푸스 왕』에 나오는 왕비 이오카스테는 라이오스의 아내이자 자신의 아들인 오이디푸스의 아내이지만 정작 그 사실을 알지 못한다. 그런 상황에서 그녀는 이렇게 말한다.

"어머니와의 결혼! 그건 걱정하지 마세요. 어머니와 동침하는 꿈은 이미 많은 사람들이 꾸어 온 것이니까!"

마찬가지로 자신의 출생 비밀에 대해 알지 못하는 상황에서 오이디푸스 또한 "내 출생의 비밀을 밝혀내지 않고 그냥 내버려둘 수는 없다"라고 고집한다. 그러나 오이디푸스 출생의 비밀을 알게 된 이오카스테는 "제발 당신 목숨을 소중히 여기시거든 그렇게 출생의 비밀을 들춰내는 일은 그만두세요!"라고 부탁한다. 왜냐하면 바로 이 시점에서 그녀는 오이디푸스가 자신의 아들임을 알았기 때문이다. 이로써 결국 이오카스테는 자살하고 이어서 오이디푸스 또한

자신의 눈을 바늘로 찌르고 장님이 된다.[22]

아버지 라이오스와 아들 오이디푸스 사이에 얽히고설킨 감정처럼, 프로이트는 왜 아버지와 아들 사이에 그런 복합적인 마음의 그림자가 생기게 되었는지, 그 복잡성과 마주하면서 더 이상 여행을 계속할 수 없게 된다. 발길을 돌려 집으로 돌아온 그는 친구 플리스 (Wilhelm Fliess)에게 자신의 심경을 담은 편지를 보낸다.[23] 아이는 아버지를 자신의 관점에서 이해하고 자랑스러워하거나 오해하고 미워한다. 아이의 자기중심적인 태도는 오이디푸스 콤플렉스가 보여주는 진실이다. 아이가 이 진실을 깨달을 즈음, 아이는 성숙하여 더 이상 자신의 처지를 용납할 수 없는 지경에 이르고 만다. 그러나 이 진실은 보통 감추어진다. 여기서 우리는 진실 없는 사회에 사는 사람들이 겪게 되는 혼동을 볼 수 있다.

이렇게 자신의 사생활에서 심적 복합성을 발견한 프로이트는 다른 사람들에게서도 이런 콤플렉스가 발견되는지, 그래서 자신이 느끼는 콤플렉스가 보편성을 획득할 수 있는지를 질문한다. 프로이트는 이 콤플렉스를 오이디푸스 콤플렉스라고 부른다. 아이와 어머니의 관계가 오이디푸스 콤플렉스의 근본 구조이고 여기에 아버지가 덧붙여진다. 실제로 오이디푸스 콤플렉스는 이런 구도에서 설명된다. 즉 우선적으로는 아이와 어머니의 관계에서 시작한다. 젖을 주는 어머니와 아이는 떼려야 뗄 수 없는 사이다. 처음에는 아이가 '영

---

22 소포클레스. 이근삼 옮김. "오이디푸스 王." 『희랍비극 1』. 서울. 현암사. 1993. pp.163-206. 내용을 간단하게 요약한 것은 필자이다.

23 프로이트. 임진수 옮김. 『정신분석의 탄생』. 서울. 열린책들. 2009. pp.157-159. 편지 69는 "나는 더 이상 나의 신경증 이론(Neurotica)을 믿지 않는다. 그것은 아마 설명 없이 이해될 수 없을 것이다"라는 유명한 문구로 시작된다.

양을 공급하는 젖'에 집중하지만 시간이 흐르면서 영양 공급원으로서의 젖가슴이 아닌 젖가슴 자체에 관심을 둔다. 아이의 입과 어머니의 신체 한 부분 간의 만남은 아이에게 마치 그것이 자신의 전부와 어머니의 전부의 만남인 양 착각하게 만들 뿐 아니라 어머니의 것을 자신의 것이라고 착각하게 만든다. 이런 착각 가운데 아이와 어머니의 관계는 매우 깊어진다. 이 관계는 아이에게 사랑의 근본 토대를 마련해 준다. 그러나 이 사랑은 영원히 지속될 수 없다. 왜냐하면 어머니는 아이에게만 예속된 존재가 아니기 때문이다. 어머니는 아이의 필요를 채워 주는 기능도 하지만, 동시에 아버지의 요구에 부응할 의무를 지녔다. 그래서 어느 정도 아이에게 소홀할 수밖에 없는 처지에 있다. 아이는 이런 관계를 인정하려 들지 않는다. 젖먹이 아이는 어머니와의 친밀한 관계를 와해하는 부차적 요소들을 경계하기 시작한다. 여기서 부차적인 요소는 우선적으로 아버지이고, 이차적으로는 어머니를 둘러싼 외부 요인이 된다. 가령 젖먹이 아이가 형일 경우 그 요인은 동생이 되고, 반대의 경우도 가능할 것이다.

이런 관계를 토대로 프로이트는 아이의 마음을 관찰한다. 실례로 부모의 죽음이나 가족의 죽음을 꿈꾼 아이에 대해 프로이트는 호기심을 갖고 접근한다.

아이가 자기와 경쟁적인 관계에 있는 형제와 자매의 죽음을 원한다는 것은 아이의 이기주의로 설명할 수 있다. 그러나 아이가 자신에게 애정을 아끼지 않고 자기의 필요를 충족시켜 주는 부모의 죽음을 소망한다는 것은 어떻게 이해할 것인가?[24]

　자신을 가장 아끼고 사랑해 주는 부모가 죽기를 바라는 아이의 꿈
에는 어떤 감정이 내포되어 있을까? 우리는 이런 아이의 꿈을 한국
의 고유 문화유산 가운데 하나인 '시묘살이'에서 찾을 수 있다. '시묘
살이'는 부모님이 돌아가시면 자식이 탈상을 할 때까지 3년 동안 묘
소 근처에 움막을 짓고 산소를 돌보며 공양을 드리는 일을 일컫는
다. 이 행위가 부모에 대한 자식의 효심에서 비롯된 것일까? 아니면
불효자식의 회한에서 비롯된 것일까? 3년이라는 시묘살이 기간 동
안 자식은 인간의 생사와 희로애락에 대해 깊이 생각한다. 특히 부
모의 죽음을 계기로 이 일을 하는 만큼 죽음에 대해 깊이 생각할 것
이다. 어찌 보면 연로한 부모의 죽음은 예견된 것이다. 예견된 일을
기다리는 자식의 모습을 한번 생각해 보라! 노부모를 향해 극진한
사랑을 베푸는 자식도 있겠지만, 때에 따라서는 부모의 죽음을 원하
는 경우도 있을 것이다. 부모가 죽고 고아 신세가 된 후, 이전에 한
번이라도 부모의 죽음을 바랐던 자신의 모습을 깨닫는 자식의 마음
은 어떠할까? 고해와 회한의 마음뿐일 것이다.

　이런 점에서 '시묘살이'는 부모를 향한 자식의 효성 어린 행위라
기보다 부모의 죽음을 소망한 자식의 죄책감에서 비롯되었다고 본
조용헌의 견해[25]가 부모의 죽음을 꿈꾼 아이를 예로 든 프로이트의
견해와 유사하다고 볼 수 있다.

　프로이트는 부모의 죽음에 관한 아이의 꿈에서 하나의 논리를 찾

24　Sigmund Freud, *L'interprétation des rêves*, Paris, P.U.F., 1980, p.233.
25　2011년 2월 4일(금) KBS 1TV에서 방영된 설날특집 방송 〈조용헌의 이야기-세시풍속〉 참조.

는다. 만약 아들이 아버지의 죽음을, 딸은 어머니의 죽음을 꿈꾼다면, 그들에게는 편애의 대상이 문제시된다는 논리이다. 그러므로 우리의 관심은 오이디푸스가 가졌던 심적 복합성이라는 수수께끼로 향하게 된다. 이러한 구조는 사랑의 관계에 일종의 규칙이 있다는 것을 보여 준다. 오이디푸스 콤플렉스 구조는 아이의 첫사랑이 어떻게 형성되는지를 잘 보여 준다. 프로이트는 오이디푸스 콤플렉스 구조에서 불변하는 첫사랑의 상수 두 개를 발견한다.

① 어머니, 아이, 그리고 아버지 셋이 함께하는 부부 생활
② 아이의 타고난 양성[26]

우선 첫 번째 요소를 다루어 보자. 이 주제는 프로이트의 「연애 심리학에 공헌. I. 남자에게서 대상 선택의 특별한 형태」라는 논문에서 잘 설명되고 있다. 그는 신경증 환자들의 애정 생활 사례를 수집하여 연구한다. 그리고 이를 통해 완벽한 오이디푸스 콤플렉스의 실존을 관찰한다.[27] 프로이트는 이 글에서 사랑을 결정짓는 다음의 네 가지 조건을 제시한다.

a. 방해하는 제3자
b. 창녀에 대한 사랑

26   Sigmund Freud, "Le moi et le Ça," in *Essais de psychanalyse*, Paris, Payot, 1993, p.244.
27   같은 책, p.246 참조.

c. 최고로 높은 가치

d. 애인을 구원하려는 의협심

사랑을 결정짓는 '첫 번째 조건'(방해하는 제3자)[28]이 성립되려면 아무에게도 속하지 못했다는 이유로 찬밥 신세가 된 '한 여인'과 이 찬밥 신세의 여인을 사랑의 대상으로 선택하는 '어떤 주체'(아이)가 있어야 한다. 후자는 자신이 이 여인을 구원해 주어야 한다고 생각한다. 그래서 그는 자발적으로 이 여인의 애인이 된다.

이 구도를 가정이라는 울타리 안에서 이해해 보자. 여기서 한 여인은 어머니, 주체는 아이로 생각할 수 있다. 아이는 어머니를 자신의 첫사랑으로 생각한다. 아이가 생각하길, 어머니는 늘 아이 자신만을 위해 대기하고 있는 길들여진 종과도 같다. 마치 아이에게 무슨 일이 생기면 당장이라도 달려오는 '짱가'처럼 말이다. 어머니가 자신에게 그토록 목을 매는 이유는 아이 자신에게 특별한 것이 있다고 생각하기 때문이다. 주인과 종처럼 아이와 어머니의 관계는 주종적이다. 아이는 어머니만 보면 든든한 기사가 된 기분을 느끼지만, 이 관계는 오래 지속될 수 없다. 그 이유는 이 관계가 주종적이기 때문이 아니라 근친상간적이기 때문이다. 근친상간적인 향락(Jouissance)[29]에 빠진 어머니-아이의 관계는 지속될 수 없다. 이 관계

---

28 Sigmund Freud, *La vie sexuelle*, Paris, P.U.F., 1977, p.48. "그것(방해하는 제3자라는 조건)이 요구하는 것은 주체가 자유로운 여인을 사랑의 대상으로 선택하는 것이 아니라, 다른 남자에 속한 여인을 선택하는 것이다. 남편, 약혼자 또는 친구가 있는 여자일수록 더욱 값어치가 있다. 이 조건은 너무도 엄격하여 한 여인이 아무 남자에게도 속해 있지 않다는 이유로 오랫동안 관심 밖에 두거나 무시해 버리다가도 그녀가 다른 남자와 관계를 갖게 되면 그 여자는 곧바로 그의 정열의 대상으로 변하게 된다."

29 이 용어는 국내에서 '향유, 쾌'라는 말도도 사용되고 있다. 근친상간에 대한 절대쾌를 추구하

를 위협하는 제3의 요소가 나타난다. 이 때문에 긴장감이 생긴다. 이 긴장은 어머니를 좋아하는 제3자의 등장에서 비롯된다. 아이가 어머니를 사랑하고 있는데, 어머니를 사랑하는 제3자가 등장한다는 것은 안정적인 사랑의 구도를 깨는 일이다. 그럼에도 불구하고 아이는 엄마와의 관계를 지속하고자 한다. 왜 아이는 이미 한 남자에게 속한 여인을 선택해야만 하는가? '방해하는 제3자'는 누구인가? '방해하는 제3자'는 근친상간에 대한 금기법을 제시하는 아버지를 지칭 또는 상징한다.[30]

이렇게 하여 아이-어머니-아버지라는 삼각 구도가 만들어진다. 이것은 아이가 겪는 현실적인 사랑의 구도이다. 아이는 이런 구도가 형성되면서부터 자연스럽게 현실의 세계에 발을 들여놓는다. 즉 아이가 어머니(또는 유모, 우유를 주는 사람 등)의 젖으로 양분을 섭취하는 한, 아버지(어머니와 다른 성을 가진 인물)에게 속한 사랑의 대상으로서의 어머니 또는 그 대리물을 선택해야 할 운명에 처한다.

앞서 보았듯이, 아이는 배고픔을 채우는 과정에서 자기 입술을 통해 만족을 경험한다. 그러나 배가 부름에도 불구하고 빨기를 계속하면서 이전에 경험하지 못한 것을 느끼기도 한다. 이때부터 아이에게 젖을 주는 대상은 근친상간적 대상이 된다. 다시 말해, 아이

는 '향락'(Jouissance)과 근친상간 금기를 이루기 위해 작동하는 '불쾌-쾌락의 원칙'(Principe de déplaisir-plaisir)이 서로 호응하는 원리이기 때문에, 필자는 '락'으로 통일되는 '향락-쾌락'으로 번역해서 사용하고자 한다. 즉 내용상 통일을 이루기 위함이 아니라 형식상 통일을 이루기 위함이다. 이 원리에 대립되는 것은 '현실의 원칙'(Principe de réalité)이다.

30 Sigmund Freud, *La vie sexuelle*, Paris, P.U.F., 1977, p.51. "한 가정 안에서 아이는, 비록 어머니가 아버지에게 속해 있지만, 자신이 모성애의 대상이 된다는 것을 이해하고 있다. 그리고 여기서 제3의 방해꾼이 아버지가 아닌 다른 이가 될 수 없음을 즉시 이해할 수 있을 것이다."

가 구강 감각을 만족하기 위해 반복적으로 젖을 빠는 것은 양분 섭취를 하기 위해 젖을 빠는 것과는 다른 행동이다. 아이는 점차 어머니에게 리비도를 방출해 나간다. 하지만 아이는 가끔, 그리고 점차 어머니가 자기를 등한시한다고 생각한다. 그리고 그 이유가 다름 아닌 아버지나 자신의 형제자매 때문인 것을 확인한다. 그래서 아이는 엄마의 가치를 평가절하한다. 마치 자신이 양다리를 걸치는 여자를 사랑하고 있다고 생각한다. 이런 맥락에서 프로이트는 아이가 어머니를 사랑하는 관계를 '창녀에 대한 사랑'이라고 표현한다. 그에 따르면 이것이 바로 사랑을 결정짓는 두 번째 조건[31]이다.

나쁜 평판을 받고 있는 어머니를 사랑하는 아이 입장에서 보면,[32] 현실적인 사랑을 위해 감내해야 할 것이 많다. 아이는 상당한 심리적 에너지를 소모시키면서도 그 관계를 유지해야 한다. 또, 이 애정 관계를 유지함으로써 자신이 얻을 수 있는 이익을 잃게 된다. 왜냐하면 아이에게 어머니는 "최고로 높은 가치"[33]이기 때문이다. 이것

---

[31] Sigmund Freud, *La vie sexuelle*, Paris, P.U.F., 1977, p.48에는 다음과 같은 내용이 나온다. "둘째 조건은, 순결하고 의심의 여지가 없는 여인은 사랑의 대상 범주에서 매력을 불러일으키지 않는다는 것이다. 오히려 그를 움직이는 건 어느 모로 보아도 성적인 면에서 나쁜 평판을 가진 여인, 신실하다거나 믿음이 갈 만한 구석이라고는 없다고 의심받는 여인이다. 물론, 후자의 특성은 넓은 범위에서 다양하게 나타날 수 있다. 연애 같은 유희를 싫어하지 않는 기혼 여인에게 그림자처럼 가볍게 드리우는 좋지 못한 평판에서부터, 화류계의 여인 또는 사랑의 예술가라 불리는 명백한 일부다처제 행위에 이르기까지, 매력을 불러오는 특성은 광범위하게 나타난다. 우리는 이 조건을 아주 노골적인 용어로 '창녀에 대한 사랑'이라 부른다."

[32] 같은 책, p.52를 보면 다음과 같은 내용이 나온다. "남자아이가 어머니에게 마음의 문을 연다는 것은 어머니를 욕망하기 시작한다는 것을, 새로이 나타난 아버지를 자신의 욕망을 가로막는 경쟁자로서 증오하기 시작한다는 것을 의미한다. 앞서 말했듯이, 그는 오이디푸스 통치기에 놓이게 된다. 그는 자신의 어머니를 용서하지 않으며, 자기가 아닌 아버지에게 속해 있다는 이유로 그녀에 대하여 불신감을 갖는다."

[33] 같은 책, p.49.

이 사랑을 결정짓는 세 번째 조건이다.

그렇기에 아이는 이 여인이 타락하지 않고 도덕성을 유지하기 위해서 자신이 꼭 필요한 존재라고 생각한다. 아이는 궁정식 사랑을 하는 기사처럼 이 여인을 위해서 갖은 용맹을 떨친다. 그래서 "아이는 애인을 구원하려는 의협심"[34]을 드러낸다. 이것이 사랑을 결정짓는 프로이트의 네 번째 조건이다.

이상 네 가지가 오이디푸스 콤플렉스 구조에서 변하지 않는 사랑의 상수 두 가지 가운데 첫 번째 요소인 어머니, 아이, 그리고 아버지 셋이 함께하는 부부 생활이다.

그리고 오이디푸스 콤플렉스 구조에서 변하지 않는 사랑의 두 번째 상수는 '타고난 양성(兩性)'(bisexualité congénitale)이다. 타고난 양성이란 인간이 태어났을 때 남성과 여성을 공유하는 성질을 말한다. 이 점은 좀 낯설게 들릴 것이다. 왜냐하면 우리는 태어나면서 남자와 여자가 구분된다고 생각하기 때문이다. 그러나 프로이트에 의하면 남자아이가 남자로 성장하는 데는 생물학적 요소만 작용하는 것이 아니다. 양성적인 특성을 가진 남자아이는 생물학적, 사회문화적인 요인에 의해 일반적으로 우리가 말하는 '남자'로 성장하게 된다. 타고난 양성은 양가(Ambivalence)적 감정을 말할 수 있는 근거가 된다.[35] 한편으로 남자아이는 남자로서의 아버지를 좋아한다는 동

---

34 같은 곳.
35 프로이트는 『성에 대한 3가지 기고』에서 도치에 대해 다루면서 우리에게 양성의 역할을 보인다. 여기서 그가 설명하길 각 개인들의 성 기관을 해부학적 관점에서 볼 때, 각각 남성이고 여성이지만, 예외적인 경우 두 성의 성 기관은 양성구유(兩性具有)에서처럼 이것과 저것이 상호 공존한다. 우파니샤드(Upanishads) 신화에서 확인할 수 있듯이 세계는 양성인 아트만(자신 또는 자아)에서 시작된다. Sigmund Freud, "Au-delà du principe de plaisir," in *Essais de psychanalyse*, Paris, Payot, 1993, p.107과 Sigmund Freud, *Trois essais sur*

성애적 표현을 하며, 여자아이 또한 여자로서의 어머니를 좋아한다
는 동성애적 표현을 한다. 다른 한편으로 남자아이는 여자로서의
어머니를 좋아한다는 이성애적 표현을 하며, 여자아이 또한 남자로
서의 아버지를 좋아한다는 이성애적 표현을 한다.

　남자아이가 남자로 커 가기 위해 거쳐야 하는 오이디푸스 콤플렉
스 과정이 있는데, 이것을 긍정적 오이디푸스 콤플렉스라고 부른
다. 반면 남자아이가 여자로 커 가도록 하는 오이디푸스 콤플렉스
과정도 있는데, 이것을 부정적 오이디푸스 콤플렉스라고 부른다.[36]

　'긍정적 오이디푸스 콤플렉스'의 과정을 보자. 이는 남자아이가 아
버지에게 반항적으로 행동하고, 어머니에게는 호의적으로 행동할
때를 일컫는다. 반대로 여자아이는 아버지에게 호의적이며, 어머니
에게 반항적인 태도를 취한다. 일상생활에서 우리는 남자아이가 어
머니에게 지나치게 애정을 표하는 반면 아버지에게는 냉랭하게 대
하는 태도를 볼 수 있다. 그리고 여자아이는 아버지에게 다정다감하
고 살가운 반응을 보이는 반면, 어머니에게는 신경질적으로 대한다.
이는 아이가 자신과 다른 성의 부모를 사랑한다는 것을 보여 준다.
이렇게 긍정적 오이디푸스 콤플렉스는 남성과 여성, 여성과 남성 간
의 사랑 관계를 보여 준다. 프로이트는 이런 사랑의 관계를 정상적
인 관계로 보았기에 '긍정적' 오이디푸스 콤플렉스라고 말한다.

　반면 '부정적 오이디푸스 콤플렉스'의 과정을 보자. 이는 '긍정적'
오이디푸스 콤플렉스와는 반대의 오이디푸스 콤플렉스이다. 즉 남

---

la théorie de la séxualité, Paris, Gallimard(essais), 1985, p.29 참조.

[36] Sigmund Freud, "Le moi et le Ça," in Essais de psychanalyse, Paris, Payot, 1993,
p.245. "남자아이는 아버지에 대해서는 친근한 여성적 성향을 표하면서 딸처럼 행동한다. 반
면 어머니에 대해서는 질투 섞인 적대감을 드러낸다."

자아이는 아버지에게 다정하며 오히려 어머니에게 적대적으로 대하고, 여자아이는 어머니에게 다정하며 아버지에게 적대적으로 대한다. 현실에서 우리는 남자아이가 아버지에게 지나친 애정 표현을 하며, 어머니에게는 무관심한 태도를 보이는 경우를 볼 수 있다. 또는 여자아이가 어머니에게는 깊은 애착을 보이지만, 아버지에게는 그렇지 않은 경우를 확인한다. 여기서 우리는 자신과 동성인 부모를 사랑하는 아이를 볼 수 있다. 즉 남성이 남성을, 여성이 여성을 사랑하는 사랑 관계를 볼 수 있다. 우리가 보통 레즈비언이나 게이 등 동성애라고 부르는 것이 바로 부정적 오이디푸스 콤플렉스에 속한다. 성 도착(倒錯)은 여기서 유래된다. 부정적 오이디푸스 콤플렉스의 과정을 거친 아이는 성 도착과 동성애를 추구하게 될 가능성이 높다.

이런 구분에 이의를 제기할 수도 있을 것이다. 현실에서는 칼로 잘린듯이 명확한 긍정적 오이디푸스 콤플렉스와 부정적 오이디푸스 콤플렉스의 모습을 찾을 수 없을 때도 있다. 그리고 어쩌면 남자아이가 부모 모두에게 다정한 경우도 있을 것이고, 그 반대의 경우도 있을 것이다. 여자아이의 경우도 마찬가지이다. 그런데 프로이트는 이 다양한 경우 중에서 일부분만 성립된다고 말한다. 프로이트는 여자가 아니었기에 여자아이의 심리를 정확하게 알 수는 없었을 것이다. 그렇다고 그가 남자로서 남자의 심리를 잘 알아서 남자의 관점에서 그렇게 구분한 것도 아닐 것이다.

우리는 여기서 프로이트가 정말 무엇을 말하고자 했는가를 보아야 한다. 그것은 이 두 구조(긍정적 오이디푸스 콤플렉스와 부정적 오이디푸스 콤플렉스)가 하나의 성을 가진 사람에게서 동시에 나타난다는 것이다. 즉 하나의 성을 가진 모든 사람은 일관된 방식으로 관계를 맺는 것이 아니라, '양가감정' 방식으로 관계를 맺는다.

이로써 프로이트는 '타고난 양성'을 오이디푸스 콤플렉스의 두 번째 요소로 자리 매기는 동시에 사랑의 기본 구도 가운데 하나로 보는 것이다. 이는 프로이트의 사랑론을 말할 때 매우 중요하다. 만약 프로이트가 이성애적 사랑을 말하는 긍정적 오이디푸스 콤플렉스만이 정상이고, 동성애적 사랑을 말하는 부정적 오이디푸스 콤플렉스는 비정상이라서, 치료의 목적이 부정적 오이디푸스 콤플렉스에서 긍정적인 오이디푸스 콤플렉스로 이행하는 것이라 말하였다면, 문제는 달라질 것이다. 그러나 프로이트는 그렇게 말하지 않는다. 그는 동성애적 성향을 가진 환자가 이성애적 성향이 되도록 하기보다는 양성애적 성향이 되도록 도와주는 것이 정신분석 치료의 목적이라고 말한다.[37] 정신분석 치료를 받는 환자가 동성애를 선택할지, 이성애를 선택할지는 환자의 몫으로 남겨 둔다. 치료의 방향은 우선적으로 양성애적 성향을 회복시키는 데 있다.

양성애에 대한 고전적인 견해를 잠시 살펴보자. 『향연』, 『잔치』 등의 제목으로 번역되고 있는 플라톤의 *Symposium*은 동성애에 대한 그리스인들의 견해를 보여 준다. 플라톤은 젊은 비극 작가 아가톤(agathon)의 우승 축하연이 있었던 그다음 날, 아가톤의 집에서 열린 뒤풀이 잔치를 무대로 설정했다. 이날 잔치에서 여섯 명(파이드로스, 파우사니아스, 에뤽시마코스, 아리스토파네스, 아가톤, 소크라테스)은 사

---

37 조세핀 도노번, 김익두·이월영 옮김, 「페미니즘 이론」, 서울, 문예출판사, 1993, p.172. 도노번은 이 이야기를 다음의 문헌에서 인용한다. "Interview with Jonathan Katz," in *Gay American History*, 1974, p.247.

랑에 관해 이야기를 나눈다. 이들 가운데 네 번째 연사 아리스토파 네스의 이야기가 우리의 주목을 끈다. 아리스토파네스는 사람의 본 래 상태와 변화한 상태를 각각 설명한다.

『향연』에 따르면, 본래 인간의 상태는 여-어(la terre, 土), 남-남(le soleil, 日), 그리고 서로 다른 두 성으로 합성된 제3의 성, 여-남(la lune, 月)으로 구성되었다. 즉 인간의 처음 상태는 여자+여자, 남자+남자, 여자+남자로 되어 있었다. 이렇게 둘이 합쳐진 인간의 모습은 둥근 꼴의 몸통에 서로 뒤통수를 붙이고 두 얼굴에 두 쌍의 손과 발이 있었다. 이 둘은 너무나 사이가 좋아 이를 질투한 제우스가 인간을 절반으로 잘라 버렸다. 그래서 두 개의 뒤통수와 두 개의 얼굴로, 두 쌍의 손과 발은 반으로 나뉘었다. 그 결과 둘로 갈라진 양쪽은 모두 다른 반쪽을 그리워하고 다시 한 몸이 되고자 했다. 여자 중에서도 여자의 반쪽은 여자에게 더욱 마음이 끌리게 되고, 남자에게는 전혀 마음이 끌리지 않게 되었다. 남자의 경우도 역시 이와 같았다. 이를 동성애라고 부른다. 남자의 반쪽이 여자의 반쪽에게 끌리는 경우를 이성애라고 부른다.

존 카메론 미첼 감독은 플라톤의 『향연』을 현대화하였다. 영화 〈헤드윅〉(Hedwig And The Angry Inch, 2000)이 바로 그것이다. 이 작품의 하이라이트는 OST에 삽입된 'The origin of love'(사랑의 기원)이란 곡에 담긴다. 그 내용은 아리스토파네스가 설명한 인간의 기원, 바로 그것을 노래한 것이다. 그 가사는 "아주 오랜 옛날, 구름은 불을 뿜고 하늘 넘어 높이 솟은 산, 오랜 옛날 두 쌍의 팔과 두 쌍의 다리를 가진 사람, 하나로 된 머리 안에 두 개의 얼굴 가진 사람"으로 시작된다. 이렇게 두 사람이 하나로 붙어 있기에 "한 번에 세상을 보고, 한 번에 읽고 말하고, 한없이 큰 이 세상 굴러다니며 아무것도 몰랐던 시절, 사랑 그 이전"을 보낸다고 말한다. 이 시기는 인간이 아직 사랑을 몰랐던 시절이다. 이 노래는 다시 한 번 사랑이 시작되기 이전의 인간의 모습을 이렇게 묘사한다.

> "그 옛날 세 종류의 사람 중 등이 붙어 하나 된 두 소년, 그래서 해님의 아이, 같은 듯 다른 모습 중 돌돌 말려 하나 된 두 소녀, 그들은 땅님의 아이, 소년과 소녀가 하나 된 마지막 달님의 아이들, 그들은 해님 땅님 달님의 아이."

그러나 인간에게 불행이 닥쳐온다. 이런 행복한 인간의 모습을 신들이 질투한 것이다. 행복했던 시절의 인간은 사랑을 알지 못했다. '함께함'의 충족 상태에서 분리, 헤어짐이란 걸 알지 못했기 때문에 지고한 행복의 상태가 파괴되자 그들은 절규하기 시작한다. "이제 불안해진 신들은 아이들의 저항이 두려워 말하길, 너희들을 망치로 쳐 죽이리라, 거인족처럼!" 그때 제우스는 "됐어! 내게 맡겨! 그들을 번개 가위로 자르리라. 저항하다 다리 잘린 고래들처럼"이라고 말한다. 그리곤 벼락을 꽉 잡고, 크게 웃어 대며 "너희 모두 반쪽으로 갈려 못 만나리, 영원토록"이라고 단언해 버린다. "검은 먹구름 몰려들어 거대한 불꽃 되고 타오른 불꽃, 벼락 되어 내리치며 번뜩이는 칼날 되어 함께 붙은 몸 가운데를 잘라 내 버렸지."

이런 상태에서 인간의 애절한 소원은 "한쪽 다리와 눈만은 제발 남겨 주시길!"이었다. 이렇게 인간은 하나의 얼굴, 두 손과 두 발을 가진 반달 모양의 존재가 되었다. 이전까지 인간은 자신의 모습을 볼 수 없었지만 이제 나머지 반쪽의 모습을 보게 되었다. 그러나 그 모습을 보고도 그것이 자신의 분신인지 아닌지를 알지 못했다. 왜 냐하면 분리되기 이전의 자기 모습이 어떠했는지를 알지 못하기 때문이다. 이 분리된 끔찍한 모습을 이 노래에서는 이렇게 표현하고 있다. "나는 기억해. 두 개로 갈라진 후, 너는 나를 보고, 나는 너를 봤어. 널 알 것 같은 그 모습, 왜 기억할 수 없을까! 피 묻은 얼굴 때문에, 아니면 다른 이유일까!"

바로 이 지점에서 서로를 향한 관심은 시작된다. 그 관심은 상대에 대한 슬픔이었고 이 슬픔은 곧 외로움이었다. 이것이 바로 사랑의 기원이다. 『향연』을 현대화한 〈헤드윅〉은 신들이 내린 잔인한 운명 때문에 인간은 사랑을 하게 되었다고 말한다. 사랑은 둘이서 하나 된 시절로 돌아가려는 인간의 원초적인 고뇌이다. 즉 인간의 사랑이 란 사랑이 없던 시절, 둘로 나뉘기 이전의 시절로 되돌아가고자 하는 욕망이다. 플라톤의 이야기는 프로이트가 말하는 '타고난 양성'을 종합적으로 보여 준다. 플라톤은 이 양성을 자연계(해-땅-달)를 통해 설명했지만, 프로이트는 가정(아이-어머니-아버지)을 통해 설명했다. 이렇게 프로이트는 사랑의 근본 토대를 가정에서 찾게 된 것이다.

이제까지 우리가 살펴본 두 요소(셋의 부부 생활, 타고난 양성)는 오이디푸스 콤플렉스의 두 축을 이룬다. 그래서 '오이디푸스 콤플렉스의 두 구조'는 한 주체가 사랑을 배울 때 요청되는 첫사랑의 구조이자, 이를 지탱하는 버팀목이라 말할 수 있다. 두 번째 요소는 특히 중요하다. 보통 오이디푸스 콤플렉스를 말할 때 첫 번째 요소만을 언급한다. 그러나 두 번째 요소, 즉 한 주체가 양성적인 모습으로 태어난다는 것은 사람의 심리를 연구함에 있어 아무리 강조해도 지나치지 않을 것이다. 이는 극단적인 단성 논쟁(이성애냐 동성애냐)을 조절하는 기능을 할 것이다. 최근 여러 나라에서 동성애를 합법적으로 인정하는 것에 관해 논란이 일고 있다. 찬성과 반대라는 두 가지 대립된 주장이 칼날을 세우고 그 의견이 좁혀지기보다는 대립되는 경향이다.

이런 흐름에서 볼 때, 프로이트가 창안한 정신분석은 양성의 문제를 사회학적 관점이나 생물학적 관점에서가 아니라 타고난 인간 본성에서 찾는다. 이성애와 동성애의 역사적 대결을 연구한 탱은 "사실 이성애를 토대로 사회를 건설한 동물은 정확히 인간밖에 없다. 게다가 모든 인간 사회가 이성애적인 것은 아니다"[38]라고 말한다. 즉 탱에 의하면 인류 역사에서 볼 때, 오늘날의 문명은 동성애에 기반한 문명이 이성애 문화로 바뀐 역사의 한 단면이다. 인간 본성 자체가 양성이라고 주장한 프로이트의 오이디푸스 콤플렉스 이론은 이런 시대적인 논란에 대하여 어떤 역할을 할 수 있을까?

아버지, 아이를 어머니에게서 분리시키다

사랑의 기본 구조인 오이디푸스 콤플렉스 초기 단계에서 아이는 금기(법)를 제시하는 존재자인

---

38 루이-조르주 탱, 이규현 옮김, 『사랑의 역사-이성애와 동성애, 그 대결의 기록』, 서울, 문학과 지성사, 2010, pp.7-8.

'방해하는 제3자'를 염두에 두지 않는다. 아이는 단지 자기 자신에게만 집중적으로 리비도를 방출하다가(제1차 나르시시즘), 점차 어머니에게 리비도를 방출하기 시작한다(제2차 나르시시즘). 아직 아이는 자신을 억압하는 존재인 아버지를 염두에 두지 않고 그에게 리비도를 방출하지 못한다(제1차 나르시시즘). 이러한 초기의 리비도 방출은 어머니에게 향한 것이지, 아직 아버지에게 향한 것은 아니다.[39] 그러다가 아이는 아버지라는 존재를 인식하게 되고, 그에게로도 리비도를 방출하게 된다(제2차 나르시시즘).

아버지를 향한 사랑의 논리적 근거는 초기 신화에서 찾을 수 있다.[40] 아버지를 사랑하게 되는 과정은 아이로 하여금 양가감정 메커니즘을 작동하게 한다. 신화가 우리에게 보여 주는 것은 토템 죽이기를 금한다는 것이다. 토템은 아버지를 대체하는 것이다. 아버지를 죽인 자손들은 양심에 가책을 받아서 아버지를 대체하는 대상을 신성하게 여기고는 그를 보호한다. 한편으로는 아버지를 죽이고 다른 한편으로는 영원토록 살게 하는 것이다. 이것이 바로 토템 사상이다. 여기에는 아버지에 대한 양가감정이 들어 있다.

그런데 왜 아버지를 죽였는가? 제3자로서 아버지가 '어머니-아이'라는 양자 관계를 방해했기 때문이다. 그래서 아이는 아버지를 제거하고자 한다. 하지만 실제로 아이는 그럴 힘이 없다. 그럼에

---

39 Sigmund Freud, "Psychologie des foules et analyse du moi," in *Essais de psychanalyse*, Paris, Payot, 1993, p.167에는 다음과 같이 적혀 있다. "아버지에 정체화되는 것과 동시에, 아니 아마도 그 이전에, 남자아이는 가령 어머니라는 확실한 대상에 리비도를 방출하기 시작한다."

40 Sigmund Freud, *Totem et Tabou*, Paris, Payot, 1989, p.221에서 "토템 자체는 아버지의 대리적 표현일 뿐이다"라고 프로이트는 말한다.

도 아이는 이미 아버지를 제거했다. 아이가 어머니를 차지했음을 안 아버지는 아이를 방해하기 시작한다. 아이는 이내 이를 인식하게 되는데 이것이 바로 아이가 아버지를 제거했다는 의미이다. 그러나 상상적인 방법으로 아버지를 제거한 것일 뿐 실제로 아버지를 제거한 것은 아니다. 실제 아버지를 제거하지는 않았지만, 아이가 제거한 아버지는 상징적으로 죽은 존재가 된다. 이러한 이유로 아이는 양심의 가책을 느낀다. 그래서 그는 아버지와 허심탄회한 관계를 맺지 못한다. 그 대신 아이는 아버지를 대체할 대상을 구한다. 양심의 가책을 극복하기 위해 그 대상을 극진하게 대하고 존중한다. 이것이 바로 토템, 법이다. 이것은 아버지를 대신한다. 토템은 아들과 어머니 간, 또는 아들과 누이 간의 근친상간을 금지하는 법이다.[41]

이런 과정을 통해 아이는 아버지에게 절대권을 부여하게 된다. 상징적인 아버지는 전지전능한 모습으로 아이 앞에 나타난다. 아이의 이런 모습은 백성이 왕에게 전지전능을 부여하는 것에서도 볼 수 있다. 다시 말해, 왕에 대한 백성의 태도는 아버지를 대하는 아이의 유아적 행동과 일맥상통한다. 평민이나 귀족들에게 왕이 되고 싶은 마음이 있듯이, 아이 역시 아버지의 자리를 탈취하고픈 마음이 있는 것이다. 이런 마음은 오이디푸스 과정에서 생겨난다. 아이의 사회성은 여기에 근거해 있다.

왕의 취임식에 참여하는 사람들은 한편으로는 그들의 왕을 존경

---

41 같은 책, p.17에서 프로이트는 토템적 체계의 한 요소인 족외 결혼을 이렇게 정의한다. "그것(족외 결혼)은, 남자가 그 단체에 속한 어떠한 여인과 성적으로 접촉하는 것을 금지하는 것이다. 다시 말해 어떠한 혈연적 관계도 결부되지 않은 여인들과의 성적 결합만을 허용한다는 것이다."

하고 그의 안전을 기원하지만, 다른 한편으로는 왕의 자리를 탐하는 마음을 품는다. 이런 양가적 태도가 개인에게서도 발견된다. 그런데 일반적으로는 왕에 대한 증오보다 애정이 우위에 있게 된다. 그래서 왕의 취임식은 무사히 마무리된다.[42]

'아버지에 정체화되기'라는 말은 아이(특히 남자아이)가 아버지를 자기가 앞으로 '되어야 할 것'이라고 인식하는 것을 말한다. 처음에 아이는 아버지를 증오의 대상으로 생각하지 않는다. 그래서 가능하면 아버지를 모방하려고 노력한다. 아이는 아버지가 되면 어머니를 소유할 수 있고, 자신이 원하는 모든 것을 할 수 있으리라 생각한다. 아이의 시각에서 볼 때, 이 시점에서 아버지는 아직 아이와 어머니의 관계를 방해하는 제3자로 여겨지지 않는다. 이렇게 인식된 아버지는 아이의 '이상적 자아'(moi idéal, Ideal-Ich)를 구성하는 요소가 된다. 이때 생성된 아이의 자아는 제1차 나르시시즘에 해당하는 자아이다. 아이는 이 아버지를 이해함에 있어서 억압하는 존재도 아니고 무서운 존재도 아닌, 자신이 앞으로 되어야 할 모범으로서의 아버지로 받아들인다. 결국 아이는 아버지에게 열등감을 갖게 되는데, 이러한 반응은 아이가 아버지를 사랑하게 되었음을 의미한다.

그러나 시간이 흐름에 따라 아이에게 아버지는 점차 방해자가 되기 시작하여 더 이상 자신이 되어야 할 모범이 아니게 된다. 아이는 아버지와 경쟁 구도에 서게 되며, 이 둘 사이에는 알력이 작용한다.

---

42 같은 책, p.83에서 프로이트는 "그러므로 왕실의 금기 의식은 겉보기에는 가장 엄격하게 존중되는 표현이고, 가장 완벽한 안전을 왕에게 보장하는 방도이다. 그러나 실제적으로 왕실의 금기 의식은 왕실의 고양된 감정에 가하는 채찍질이고, 왕의 명예를 탐하는 백성들의 불타는 복수이다"라고 말한다.

이것은 아이가 아버지를 더 이상 사랑하지 않는다는 의미가 아니다. 아버지를 사랑하는 방식에 변화가 생겼다는 말이다. 아이가 아버지를 자신이 되어야 할 모범으로 생각할 때는 아버지를 무조건적으로 좋아했지만, 아버지와 알력이 생기면서부터는 조심스러운 사랑을 하게 되는 것이다. 여기에 아버지의 기능이 있다. 아이가 아버지의 기능을 깨달았다기보다는 아버지가 아이로 하여금 자신의 기능을 알게 한 것이다. 새가 알을 품은 후 부화된 알에 부리로 흠집을 내듯이, 아버지라는 대상은 아이를 또 다른 차원의 사랑으로 이끌기 위해 외부에서 충격을 가하는 것이다. 외부에서 가하는 충격의 영향을 받지 않는다면, 리비도는 외부로 유출되지 못하고 내부에 머문 채 정체될 것이다. 아버지라는 대상은 아이에게 머무는 성 에너지(리비도)를 외부로 유출되게끔 한다. 이렇게 아버지는 아이가 대상과 관계를 맺도록 이끈다. 아이가 어머니와 양자 관계를 이루고 있을 때, 이 관계를 허물고 새로운 삼각관계를 구성하는 것이 바로 아버지의 역할이다. 이렇게 아이는 우선적으로 어머니에 정체화되고, 그 후 아버지에 정체화된다. 이런 과정을 거치면서 아이의 리비도는 점차 새로운 대상을 찾아 나서게 된다.

우울증 환자의
나르시스적 사랑 이야기

크리스티앙 보뱅(Christian Bobin)
은 『사랑은 죽음처럼 강하다』에서 어느 날 갑자기 뇌동맥 출혈로 죽은 지인을 애도하며 죽음을 이렇게 표현한다.

우리의 신체 중에서, 영혼에 가장 가까운 것이 목소리와 눈이라고 한다. 그것이 사실인지는 모르겠다. 그러나 그것이 사실이라면, 죽음은 부랑자가 보석을 손에 넣듯, 탐욕스럽게 눈 깜짝할 사이에 달려들어, 눈은 금세 텅 비어 버리고, 목소리도 꺼지고, 끝이 난다. 끝, 끝, 끝.[43]

보뱅은 누가 자신에게 영혼의 상태를 보이라고 하면 눈빛과 목소리에 스며든 욕망에 대해 말할 것이다. 살아 있을 때는 꽉 찬 눈빛과 게걸스러운 목소리에 욕망이 잔뜩 스며들어 있다. 하지만 갑작스럽게 찾아온 죽음은 영혼에서 욕망을 벗겨 내어 껍데기 같은 눈과 파장 없는 소리만 남긴다. 이런 방식으로 보뱅은 애도를 표한다.

아무리 내 눈이 어둠에 익숙해지고, 눈부신 죽음의 강도가 덜해지더라도, 그리고 내가 보고 이해하게 되더라도, 일 밀리미터의 공기, 빛, 유리의 두께를 없앨 수는 없으리라는 것을 나는 잘 알고 있다. 하지만 그대, 그대는 이 두께를 찰나에 뛰어넘지 않았는가.[44]

보뱅은 죽음을 일 밀리미터의 공기, 빛, 유리의 두께를 뛰어넘는 행위라고 말한다. 살아 있는 자신이 이 두께를 초월하기 위해 아무리 응시를 해도 삶의 공간이 죽음의 차원으로 갈 수는 없다. 보뱅은 자신의 슬픔을 이런 글쓰기를 통해 아주 깊이 표현하고 있다. 견딜

43 크리스티앙 보뱅, 허정아 옮김, 「사랑은 죽음처럼 강하다」, 서울, 솔, 1997, p.28.
44 같은 책, p.15.

수 없는 심정을 애써 감추면서 유리로 가로막힌 저쪽을 응시한다. 지금 보뱅은 우울증 상태에 있다.

프로이트는 이 같은 우울증으로 인해 유발된 세 가지 상황을 제시한다. 첫째는 대상 상실, 둘째는 양가감정적 알력, 셋째는 자아 내부로의 리비도 퇴행이다. 프로이트는 우울증과 애도를 비교하면서 이런 조건을 끌어냈다. 우울증과 애도 사이의 가장 두드러진 차이는 자존감에 있다. 우울증 환자는 스스로를 가치 없고, 비난받을 만한 무용지물로 느낀다. 프로이트는 다음과 같이 쓰고 있다.

> 그(우울증 환자)는 허점을 만들고, 욕설을 퍼붓고, 추방과 처벌을 기다린다. 그는 사람들 앞에서 천하게 굴고, 자신의 인격과 결부된 무가치한 것들에 대해 슬퍼한다.[45]

여기서 우리는 한 가지 질문을 던질 수 있다. 왜 우울증 환자는 자신의 상황을 바꾸지 못하고, 자신이 선택한 대상에 고착해 있으면서 닫힌 상황 속에 머무는가?

이에 대한 답을 얻으려면 우리는 우울증 환자에게서 나타나는 리비도의 흐름에 유의해야 한다. 즉 우울증 환자는 리비도를 대상에 방출하지만, 그 리비도는 다시 그들에게로 돌아간다. 리비도가 이렇게 되돌아가는 이유는 대상 선택 때문이다. 프로이트의 말처럼 우울증 환자는 현실에서는 이미 상실했으나 아직 자신의 내부에 남아 있는 대상을 취한다. 또한 그는 실제로는 그렇지 않을지라도 자

---

45 Sigmund Freud, "Deuil et mélancolie," in *Œuvres complètes*, t. XIII, Paris, P.U.F., 1988, p.264.

신이 판단하여 보잘것없는 사람이라고 규정한 대상과 관계를 맺는
다. 이에 대한 근거로 프로이트는 이렇게 말한다.

우울증 환자들이 행하는 냉혹한 비난이 현실에서 자신들이 잃어버렸
거나 실수로 가치를 하락시킨 인물과 성적 대상물에게 적용된다는 것
을 확인했다. 만약 우울증 환자가 자신의 리비도를 대상에서 퇴각시
켰다면, 리비도는 이 대상에서 떨어져서 자아에게로 돌아온다. 우리는
이 과정에 나르시스적 정체화라는 이름을 붙여 줄 수 있다.[46]

인용문에서 말한 "잃어버렸거나 실수로 가치를 하락시킨" 대상은
현실(실재)에 있는 대상이 아니라 우울증 환자에 의해 해석된 대상
이다. 프로이트는 이렇게 해석된 대상과 관계 맺는 사랑 방식을 '나
르시스적 사랑'이라고 명명한다. 자신에게 만족을 주었던 대상을 사
랑하는 것은 누구나 할 수 있다. 그러나 그런 대상이 사라졌을 때 어
떻게 대응하느냐가 중요하다. 우울증 환자는 없어진 대상 때문에
불안해서 견딜 수 없어 한다. 이는 자기만의 방식으로 사랑하는 데
익숙해진 결과이다. 한 번도 자신을 거부하지 않았던 대상을 상실
한다는 것은 그에게 충격을 가져다준다. 이 대상은 너무 나약한 사
랑의 대상이다. 우리는 사랑하는 과정에서 그 대상을 가졌다가 놓
기도 하는 시행착오를 거치면서 단단한 사랑의 대상을 갖게 된다.
이런 면에서 볼 때 우울증 환자가 사랑하는 대상은 너무 곱고 상처
없는 순진한 모습을 하고 있다. 이 연약한 대상 때문에 우울증 환자

46　Sigmund Freud, *Introduction à la psychanalyse*, Paris, Payot, 1990, p.404.

의 슬픔은 더 깊어진다.

이때 우리는 우울증 환자에게서 모순을 발견하게 된다. 우울증 환자는 나르시스적 실제 대상에 강력하게 고착되어 있지만, 그 대상을 상실할 경우 그 대상으로부터 퇴행하는 리비도에 대해서는 매우 수동적으로 저항한다. 다시 말해, 우울증 환자가 하나의 대상을 선택할 때, 그 대상은 자기 자신과 닮은 것이며, 그는 그런 특정한 대상에 대해 리비도를 방출한다. 그러므로 그는 나르시스적 토대에 바탕을 둔 대상에 정체화된다. 프로이트는 "나르시스적 정체화는 대체된 사랑의 대상에게 리비도를 방출한다. … 사랑의 관계는 포기되지 않는다"[47]라고 명확하게 말한다.

만약 대상이 상실되면, 그는 사랑의 대상으로서 '자기 자신'을 취한다. 왜냐하면 '자기 자신'은 상실된 그 대상의 그림자를 갖고 있기 때문이다. 나르시스적 실제 대상으로부터 리비도가 물러나는 과정은 정상적이지 않다. 그 리비도가 특정 대상에게서 물러날 때, 그것은 나르시스적이지 않은 새로운 대상에게로 전이되어야 하지만, 반대로 자아에게 되돌아온다. 여기서 자아는 자신의 대체 대상이 된다. 프로이트에 따르면 전이는 "저항의 요구와 탐색 작업의 요구 사이의 타협물로 나타나는 지역에 도달하게 된다. 경험에 의하면 바로 여기가 전이가 등장하는 곳이다."[48] 즉 타협물이 제시되는 곳은 제3의 지역이다. 회복을 원하는 제1지역과 여기에 반항하는 제2지역 사이에서 제3의 대안으로 등장한 것이 타협물인데, 바로 이 지점

---

47 같은 책, p.268.
48 지그문트 프로이트, 이덕하 옮김, "전이의 역동에 대하여," 『끝낼 수 있는 분석과 끝낼 수 없는 분석』, 서울, 도서출판 b, 2004, p.36.

에서 전이가 등장하고 "싸움이 벌어지는 사태"[49]가 발생한다. 한편에서는 무의식의 진리를 말하며, 다른 한편에서는 이를 저지하고자 한다. 그래서 우리의 마음은 진실을 속이기 위한 미끼로 타협물을 제시하는 것이다. 이 타협물은 한 번의 분석 치료 중에도 수없이 등장한다.

아이돌 그룹 빅뱅의 멤버가 출연하여 더 많은 관심을 모으기도 했던 영화 〈포화 속으로〉(71: Into the Fire, 2010)는 정신분석 치료에서 말하는 '타협물'이 무엇인지 잘 보여 준다. 이 영화는 한국전쟁 당시 국군이 아닌 포항 지역의 학도병이 중학교를 사수하기 위해 싸우는 내용을 담고 있다. 여기서 건물로서의 학교는 한편으로 북한군이 남하를 위해 확보해야 할 거점이고, 다른 한편으로는 국군이 더 이상 내줄 수 없는 교두보이다. 즉 이 영화에서 건물로서의 학교는 북한군 입장에서 보면 계속되는 남침을 수월하게 하기 위해 차지해야 할 곳이고, 국군의 입장에서 보면 더 이상 양보해서는 안 될 최후의 마지노선(저항선)이다. 이곳에서 북한군과 71명의 학도병이 전투를 벌인다. 양측 모두 건물을 사수하기 위해 싸움을 피하고자 하지만, 피치 못할 사정으로 치열한 전투를 벌이게 된다. 결국 학교 건물은 산산이 조각나 북한군과 학도병 모두에게 무용지물이 된다. 싸움의 목표는 거점을 마련하는 데 있었으나 당장 필요한 목적을 위해 싸우는 와중에 학교라는 거점이 파괴되고 양측 모두 이득을 얻을 수 없게 된 것이다. 건물로서의 '학교'는 분석 치료 때 전이가 등장하는 곳에 던져진 '타협물'과도 같다. 마치 물고기가 바다에

널린 먹이를 먹지 않고 낚시 바늘의 '미끼'를 무느라 온 힘을 모으는 것과도 같다.

분석가와 환자는 치료라는 큰 틀에서 밀려나, 당장 눈앞의 타협물을 작살내느라 기진맥진하게 된다. 비단 포항에서만 이런 싸움이 일어난 것은 아닐 것이다. 각 지역마다 자신에게 유리한 지점을 설정하고는 그것을 쟁취하기 위해 온갖 힘을 쏟았을 것이다. 물론 땅은 쟁취할 수 있을 것이다. 그러나 학교라는 건물이 서 있지 않은 땅은 도처에 널려 있다. 이들이 학교를 목표로 정한 데는 나름 목적이 있었지만, 결국 이들의 싸움은 서로에게 황폐된 건물 잔해만 남기게 된다. 이처럼 분석 치료마다 환자가 제시한 타협물과 싸우느라 의사와 환자는 시간과 정력을 소비한다. 이는 '무'(無)를 위한 싸움으로, 분석에서 전이를 잘못 다룬 결과 발생하는 손실이 될 것이다.

프로이트는 "분석 치료에서 전이는 항상 저항의 가장 강력한 무기일 뿐인 것으로 보이며 우리는 전이의 강렬함과 완고함이 저항의 작용이자 표현이라고 결론 내릴 수 있을 것이다"[50]라고 말한다. 프로이트는 결국 이렇게 전이에 대해 결론짓는다.

결국 이 싸움터에서 승리를 얻어야 한다. 그래야만 신경증으로부터 영구히 회복될 수 있다. 전이 현상을 제압하는 것이 정신분석가에게 가장 어렵다는 것에는 이론의 여지가 없다. 하지만 그것(전이 현상을 제압하는 것)이 환자의 숨겨지고 잊힌 사랑 충동을 활성화하고 드러나게 하는 데 더없이 유용하다는 사실을 잊지 말아야 한다.[51]

---

50 같은 곳.
51 같은 책, p.44. 괄호 속은 필자가 덧붙인 것이다.

프로이트는 더 세밀하게 전이와 저항에 있어서 리비도의 움직임을 관찰한다.

자아로부터 대상에게 리비도가 방출될 때 저항이 약화될 것이라는 게 명확해졌고, 그 저항은 제거되었다. 그러나 여분의 리비도는 다른 대상으로 전이되지 않았고, 자아 안으로 옮겨졌다. 바로 그곳에서, 여분의 리비도는 어떠한 용도도 찾지 못하고, 포기된 대상에 자아가 정체화되는 일에 기여했다. 그러므로 대상의 그림자는 대상, 즉 버림받은 대상처럼 특별한 순간에 의해 판정될 수 있었던 자아에 드리운다.[52]

우울증 환자 또는 나르시스적 자아가 대상을 상실한다 할지라도, 그는 대상에 대한 사랑을 포기하지 않는다. 그 환자의 리비도는 특정한 나르시스적 대상 위에 방출되며, 이 대상에 강하게 고착된다. 설령 그 환자의 리비도가 이 대상에게서 물러난다고 해도, 비(非)나르시스적인 새로운 대상에게 전이되지는 않는다. 나르시스적 대상은 자아 밖에 있는 것이 아니라, 자아 내부 또는 자기 자신 안에 있다. 그러므로 우울증 환자가 나르시스적 대상을 상실한다고 해도 그 상실은 실재적인 것이 아니다. 이때의 사랑은 실재 대상이 없어도 가능한 사랑이다. 우울증 환자의 대상에 대한 나르시스적 사랑은 자아가 특정한 대상에 리비도를 발산하자마자 대상이 포기되었음을 의미한다. 그러나 자아는 대상에 대한 사랑만은 간직하게 되는데, 이는 자아가 초기부터 나르시스적 대상을 내재화하기 때문이

---

52 Sigmund Freud, "Deuil et mélancolie," in Œuvres complètes, t. XIII, Paris, P.U.F., 1988, pp.267-268.

다. 대체된 대상에 대한 증오는 자아가 리비도를 나르시스적 대상에서 걷어 냄을 의미한다. 그리하여 자아는 대체 대상이 된다. 자아는 대체 대상을 모욕하면서, 또 비하하면서 가학적 만족을 구한다. 다시 말해 우울증 환자의 자아가 사랑과 미움의 대체 대상이 되는 것이다. 프로이트의 표현을 빌리면,

> 만약 대상 자체는 포기되는 반면 포기될 수 없는 대상을 위한 사랑이 나르시스적 정체화 안으로 숨게 되면, (우울증 환자의) 증오는 대상(대체 대상인 자기 자신)을 모욕하고, 자존심을 짓밟고, 고통을 주게 된다. 또한 이 고통에서 가학적 만족의 이익을 끌어내면서 대리적 대상(자기 자신)에게 자신이 품은 증오의 힘을 발산하게 된다.[53]

이미 설명했듯이, 우울증 환자는 근본적으로 나르시시즘의 구조를 따른다. 우울증 환자에게는 대상에 대한 리비도 방출이 존재하지 않는다. 대상에 대한 사랑보다 대상에 대한 증오가 우위에 있기 때문이다. 이런 양가감정적 알력 때문에, 자아는 양가적 특성을 지닌 대상에 의해 짓밟힌다. 이러한 맥락에서 프로이트는 자살 시도에 대해 이렇게 말한다.

> 한편으로 자신을 하나의 대상으로 대할 때만, 또 다른 한편으로 하나의 대상을 겨냥하고 외계의 대상에 대해 자아의 근원적 반응을 표현하여 그 자신에 대항해서 적의를 품을 때만 죽을 수 있다.[54]

---

53 같은 책, p.270. 괄호 속은 필자가 덧붙인 것이다.
54 같은 책, p.271.

우울증 환자에게서 대상에 대한 사랑은 바로 자기 자신에 대한 사랑이다. 그러나 그 사랑은 위험하다. 왜냐하면 그가 나르시스적 대상을 애증하면 할수록, 그 대체 대상을 애증하게 되기 때문이다. 결국 그가 나르시스적 대상을 상실할 때, 대체 대상으로서 자기 자신이 상처받고 상실되기를 바란다. 이렇게 대상의 상실을 받아들이지 못하고 스스로 아파하며 괴로워하는 모습은 전형적인 나르시스적 사랑의 유형이라 볼 수 있다.

우리가 우울증에 관한 기사를 접할 때 꼭 등장하는 것이 자살이다. 2009년 우리나라의 자살률 통계에 따르면, 경제협력개발기구(OECD) 회원국 중 여성 자살률, 노인 자살률 등 통합 자살률이 1위이다. 남성의 자살률이 여성보다 2배나 높다. 1990년 초반 이후 자살률이 증가하다가 1998년을 기점으로 감소하고, 2000년 이후 다시 증가 추세를 보이고 있다. 우리나라에서 하루에 42명의 사람이 자살하고 있다. 이는 34분에 1명, 10만 명당 31명에 해당하는 수치이다. 하루 평균 677명이 사망한다는 점을 볼 때 100명당 6.2명이 자살로 죽는다. 여전히 이 수치는 줄지 않았다. 자살 원인은 다양하지만 지금까지 본 '사랑의 유형 I: 됨의 첫사랑'에 비추어 보면 그 원인을 가늠할 수 있을 것이다.

정신분석가가 우울증 환자를 만나 정신분석을 할 때 의사는 어느 정도까지 개입할 수 있을까? 프로이트는 '적극성'(Aktivät)이란 단어로 말한다. 어느 정도까지가 '적극적인지' 제한하기는 어렵지만 프로이트가 긋는 한계선은 분명하다. 이 선은 융을 대표로 하는 스위스 학파의 것과는 사뭇 다르다.

여러분이 기억하다시피 벌써 한 번은 분석에서 적극성의 다른 측면이 우리와 스위스 학파 사이에서 논쟁점이 되었습니다. 우리는 도움을 구하고자 우리의 손에 자신을 맡긴 환자를 우리의 소유물로 만들거나, 그의 운명을 대신 결정해 주거나, 우리의 이상을 그에게 강요하거나, 조물주의 오만함으로 우리의 형상에 따라 ―즉 우리의 마음에 들도록― 그를 빚어내는 것을 단호하게 거부했습니다.[55]

프로이트가 분석에서 의사의 적극적인 자세를 말하기는 하지만, 위의 인용문에서 보듯이 스위스 학파에서 말하는 정도의 적극성은 거부한다. 더군다나 미국의 퍼트넘(J. J. Putnum) 또한 "정신분석이 특정한 철학적 세계관에 봉사하며 환자를 교화하기 위해 환자에게도 그 세계관을 역설해야 한다"[56]고 말하는데, 프로이트는 이런 그의 입장을 두고 "폭력일 뿐이라고 말하고 싶습니다"[57]라고 한다. 오히려 프로이트는 때때로 분석 중에 환자에게 조언하거나 교육적인 말을 할 때가 있다고 하면서도 "환자를 우리와 닮도록 교육하지 말고 환자 자신의 본성이 해방되어 완전히 발현되도록 교육해야"[58] 한다고 말한다. 정신분석의 목적은 환자로 하여금 의사의 자아를 닮도록 하는 데 있지 않다. 환자가 의지해야 할 것은 모델로서의 의사가 아니다. 환자는 환자 스스로의 문제로부터 벗어나는 것을 목표로 해야 한다. 따라서 의사가 환자에게 본이 될 수 있는 완벽한 존

55 지그문트 프로이트, 이덕하 옮김, "정신분석 요법이 나아갈 길," 「끝낼 수 있는 분석과 끝낼 수 없는 분석」, 서울, 도서출판 b, 2004, pp.279-280.
56 같은 책, p.281.
57 같은 곳.
58 같은 책, p.280.

재일 필요는 없다.

사랑의 유형 I은
제1차 나르시시즘에 근거한다

　　　　　　　　　　　프로이트의 '사랑의 유형 I: 됨
의 첫사랑'을 검토하면서 우리는 방출된 리비도의 운명이 중요하다
는 것을 확인한다. 특히 '자아 리비도'가 중요하다는 사실을 알게 된
다. 프로이트에 따르면 '자아욕동'에는 리비도가 존재하지 않는다.
이 욕동은 '성욕동'의 토대를 구축한다. '성욕동'은 다시 '자아에서 출
발하는 리비도'(자아 리비도)와 '대상에 도달하는 리비도'(대상 리비도)
로 구분된다. 자아에서 출발하는 리비도에서는 제1차 나르시시즘이
파생된다. 리비도가 자아 내부에만 머물 때를 제1차 나르시시즘, 리
비도가 자아에서 출발하여 외부 대상과 관계를 맺을 때를 제2차 나
르시시즘이라 부르는데, '사랑의 유형 I: 됨의 첫사랑'은 제1차 나르
시시즘에 국한된다.

　'사랑의 유형 I: 됨의 첫사랑'에 따르면, 자아는 자기 내부에 감금
된다. 여기서는 내부 세계만이 존재한다. 다시 말해 우선 내부 세계
안에 자아가 존재하고, 그 후에야 외부 세계와의 관계 속에서 자아
가 정의되는 것이다.

　리비도 방출은 첫째 '어머니, 아이, 그리고 아버지 셋의 부부 생활'
에 기초한 오이디푸스 콤플렉스, 둘째 '타고난 양성'에 의해 잘 표현
된다. 전자의 경우, 셋의 부부 생활은 네 가지 조건(방해하는 제3자, 창

녀에 대한 사랑, 최고로 높은 가치, 애인을 구원하려는 의협심)을 연대기적으로 따른다. 후자의 경우를 통해서는 긍정적 오이디푸스 콤플렉스(이성적 사랑)와 부정적 오이디푸스 콤플렉스(동성적 사랑)를 동시적으로 추구하는 양가감정(양성적 사랑) 문제가 등장한다. 이를 다시 정리해 보자.

a. 긍정적 오이디푸스 콤플렉스: 남자아이는 어머니에게 상냥하게 굴고 아버지에게 험악하게 대하며, 여자아이는 아버지에게 친절하게 대하고 어머니에게 못된 행동을 한다.

b. 부정적 오이디푸스 콤플렉스: 남자아이는 어머니에게 시기심을 표하고 아버지에게 다정하며, 여자아이는 아버지를 시샘하고 어머니에게 살갑게 대한다.

c. 양가감정적 오이디푸스 콤플렉스: 정상적인 콤플렉스와 도치된 콤플렉스를 동시에 생각할 때, 우리는 양가감정 앞에 놓인다. 적대감과 다정함이 한꺼번에 나타나는 것을 양가감정이라 부른다. 정상적 오이디푸스 알력에서 남자아이는 아버지를 점령하려 한다. 그러다가 그에게 정체화되면서 적대감이 아버지처럼 되려는 욕망으로 바뀌게 된다. 이렇게 해서 남자아이에게는 남성다움이, 여자아이에게는 여성다움이 점차 확고하게 형성된다.

또한 우리는 우울증에서 예견되는 세 가지 조건(대상의 상실, 양가감정적 알력, 자아의 리비도 상실)을 살펴보았다. 실제로 우울증 환자는 나르시스적 대상에게 강한 고착 반응을 보인다. 대상에게 방출된 리비도는 약한 저항만을 할 뿐이며 그 리비도는 자아에게로 되돌아온다.

우리는 우울증 환자에게서 사랑과 증오 간에 벌어지는 긴장 상태를 관찰한 바 있다. 극대화된 긴장의 종국은 자살로 끝난다. 이처럼 우울증 환자에게 있어서 자아는 특정 장소와 시간에 밀착되어 있다. 현실에서 그 환자가 새로운 대상을 만나 사랑을 할 때도 그는 되돌아가서 만날 수 있는 대상을 염두에 두고 사랑하게 되고, 그래서 첫사랑이 다시 현실로 돌아온 것이라고 생각하게 된다. 하지만 다시 돌아온 첫사랑은 현실의 새로운 대상이 아닌 상실한 대상에 대한 것이다. 이는 현실 세계로 진입하지 못하고 현실을 받아들이지 못한 데서 비롯된다. '사랑의 유형 I: 됨의 첫사랑'의 과정은 제1차 나르시시즘에 국한된다. 대상에 대한 사랑과 미움을 경험한 '사랑의 유형 I'의 구성 위에, 제2차 나르시시즘이라는 메커니즘에 따라 진행되는 '사랑의 유형 II: 가짐의 첫사랑'의 과정이 이어진다.

사랑의 유형 Ⅱ: 가짐의 첫사랑

　　　　　　　　　　　　자아 속에 리비도가 머문다는 것, 제1차 나르시시즘은 '사랑의 유형 I: 됨의 첫사랑'의 핵심이다. 이와 달리 대상에 도달하는 리비도의 방출은 '사랑의 유형 Ⅱ: 가짐의 첫사랑'이라는 말을 설명해 준다. 이 유형은 리비도가 외부 대상과 어떻게 관계 맺는지를 우리에게 보여 줄 것이다. 다시 말해서 이 유형의 사랑은, 설사 리비도의 만족이 현실의 조건들에 의해 거부될지라도, 자아가 어떻게 현실의 길을 걷게 되는지를 증명해 보일 것이다. 우선 꿈과 신경증 증상들을 분석함으로써 '사랑의 유형 Ⅱ: 가짐의 첫사랑'의 틀에 접근해 보기로 하자.

꿈의 본질은 사랑이다

　　　　　　　　　　　　라디오를 듣다가 한 청취자가

보낸 글이 인상적이어서 메모를 해 두었다. 그 내용인즉 "보통 사람의 꿈은 잠든 후에 이루어지지만, 성공한 사람의 꿈은 잠들기 전에 이루어진다"[59]는 것이다. 맞는 말이라 생각된다. 여기서 말하는 전자의 꿈과 후자의 꿈은 분명 다른 의미를 지닌다. 글을 써 보낸 청취자의 의도로 볼 때, 전자의 꿈은 한낱 잠에서 얻는 정신적인 활동의 산물인 반면, 후자의 꿈은 현실에서 성실하게 땀 흘려 얻은 산물을 일컫는 듯하다. 꿈에 대한 일반적인 태도라 볼 수 있다.

이런 견해에 대해 프로이트는 꿈에 대한 상식을 바꾼다. 그 청취자가 프로이트가 말하는 꿈에 관심을 둔다면 이렇게 말하지 않을까? "프로이트는 잠든 후의 꿈을 분석하여 성공적으로 정신분석을 창안했구나." 정신분석은 넓게 보아서, 그러나 배타적이지 않은 범위에서 꿈 분석에 기반을 두고 있다. 프로이트는 꿈을 분석하면서 무의식-전의식-의식 체계를 구축한다. 그래서 꿈 분석을 무의식의 세계에 이르는 배꼽 또는 왕도라고 표현한다. 꿈은 한편으로 수면 중에 유아기 이래의 기억이 상기되는 무의식적 욕망을 실현하고, 또 다른 한편으로 깨어난 후 사고의 맥락을 제공해 준다. 잠자는 동안 우리는 다양하고도 긴 꿈을 꾸지만, 깨어나서는 몇 개의 파편으로 이루어진 짧은 이야기만을 기억한다. 그 이야기의 주제는 다양할 수 있지만 주로 일상생활에서 겪은 사람들 간의 이야기들이다. 그 이야기들은 사랑하고 미워하는 일, 만나고 헤어지는 일, 기쁘고 슬픈 일, 소망하거나 거부하는 일 등 마음을 동요시킬 만큼의 희로애락에 관련된다고 볼 수 있다. 이런 일련의 활동을 성(性)적인 것으

59 KBS 제1라디오. '성공예감 김방희입니다'(2011년 1월 6일).

로 보거나 성적인 것과 연관시키는 것이 꿈에 대한 프로이트의 견해다. 성이라는 것은 사랑에 관한 것이고 사랑은 정동(情動)에 관한 것이다. 이런 것을 종합해서 프로이트는 '소망 충족,' '욕망 충족'이라고 표현했다.

사랑을 주제로 글을 전개하는 우리에게는 꿈 자체가 중요하다기보다는 그 꿈을 어떻게 볼 것인가가 중요하다. 꿈을 분석하는 방식에 대해 살펴본다면 꿈과 사랑이라는 주제를 연결하는 데 용이할 것이다.

꿈을 분석하는 데 가장 중요한 도구는 전치(轉致, déplacement)와 압축(壓縮, condensation)이다. 일반적으로 꿈에 나타나는 무의식적 욕망은 의식적 삶에서 배제되고 억압된 것이다. 그러므로 꿈꾼 내용과 꿈에서 깬 다음 기억하는 내용이 달라진다. 프로이트는 꿈꾸고 있을 때의 꿈을 '꿈의 사고'라고 표현하고, 꿈에서 깬 후의 꿈을 '꿈의 내용'이라고 표현한다. 이렇게 꿈의 사고와 꿈의 내용이 다른 이유는 전치 작업과 압축 작업 때문이다. 꿈의 사고는 이 두 과정을 거치면서 변하고 과장되고 일그러진다. 우선 꿈 왜곡의 주요 수단인 전치 작업을 살펴보기 위해 프로이트가 제시하는 꿈 사례를 보자.

그녀는, 상자 속에 풍뎅이 두 마리가 들어 있는데, 그대로 놔두면 숨이 막혀 죽을 것이기 때문에 풀어 주어야겠다고 생각한다. 아니나 다를까 상자를 열고 보니 풍뎅이들이 축 늘어져 있다. 한 마리는 열린 창문을 통해 밖으로 날아갔다. 하지만 나머지 한 마리는 그녀가 창문을 닫는 순간 창문 틈에 끼여 죽었다. 누군가 그녀에게 창문을 닫으라고 요구

한 것 같다.[60]

프로이트가 꿈을 분석한 결과, 이 꿈은 전날 밤에 생긴 두 가지 일에서 기인한다. 하나는 여인의 딸아이 물컵에 나방이 빠진 일이다. 또 하나는 저녁에 읽은 책의 내용인데, 등장인물이 끓는 물에 고양이를 집어넣은 일이다. 이 둘은 동물에 대한 인간의 잔인한 행동을 담고 있다. 이 꿈을 꿀 당시 여인의 남편은 여행 중이었다. 그녀는 일전에 남편에게 "목을 매달아요!"라고 말한 적이 있다. 그녀는 책에서 남자가 목을 맬 때 성기가 아주 강하게 발기한다는 것을 읽은 적이 있다. 또한 풍뎅이는 효력이 강한 미약(媚藥) 또는 최음제(催淫劑)의 재료라는 지식을 갖추고 있었다. 이 꿈에는 남편의 부재와 잔인하게 죽은 동물의 약효가 서로 연결되어 있다. 프로이트에 따르면 잔인성을 내포하는 꿈은 성적인 것과 관련이 있다고 한다. 꿈의 내용은 동물에 대한 잔인성이지만 원래 이 꿈의 사고는 전혀 다른 것, 즉 성적인 것과 관련이 있다고 한다.

이 꿈이 성적인 것을 전혀 환기하지 않는데도 프로이트가 이 꿈에서 성적인 요소를 언급하는 이유는 무엇일까? 바로 전치라는 수단을 이용했기 때문이다. 풍뎅이 꿈을 꾼 여인의 딸은 어릴 때부터, 채집한 곤충을 잔인하게 죽이곤 했다. 당시에는 풍뎅이들이 많아 지역 사회에 해를 끼쳤다고 한다. 마치 최근에 우리나라에 중국매미, 일명 꽃매미가 날아와 농작물에 피해를 주는 것처럼 말이다. 우리가 그것들을 짓밟아 죽이듯이 여인의 딸도 그렇게 했다. 아이에게

60 Sigmund Freud, *L'interprétation des rêves*, Paris, P.U.F., 1980, p.251.

이런 행동은 자연스러운 것처럼 보였을 것이다.

프로이트가 꿈에 나타난 풍뎅이를 성적인 요소에 비유했으나, 모든 풍뎅이가 성적 요소를 지닌다고 말할 수는 없다. 사람들은 프로이트가 성적인 것만 강조한다고 비난하기도 하지만 이는 프로이트가 무턱대고 지어낸 이야기가 아니다. 그는 단지 꿈에 담긴 사람의 심리를 푸는 과정에서 꿈꾼 사람과 꿈의 매개가 되는 대상이 사랑(성)이라는 주제로 연결되어 있음을 밝힌 것뿐이다.

꿈꾼 여인의 딸이 성숙한 후에는 더 이상 동물에게 잔인한 행동을 하지 않는다. 어머니는 아이의 이런 양가적 행동을 유념하고 또한 자신의 양가적 행동을 바라본다. 즉 한편으로는 성에 대해 무기력한 자신의 반응을 보며 낙담하지만, 다른 한편으로는 정숙한 모습을 보이기 위해 애쓴다. 꿈의 사고는 풍뎅이와 관련된 최음제나 성적 욕망 등을 드러내지만, 꿈의 내용은 최음제나 성적 욕망 등을 완전하게 배제하고, 해방된 풍뎅이와 잔인하게 죽은 풍뎅이만 보여 준다. 이렇게 꿈의 사고와 꿈의 내용이 완전히 다르게 표현되는 것은 전치의 작용 때문이다. '성적인 요소로서 풍뎅이'(꿈의 사고)에서 '잔인성을 떠올리게 하는 풍뎅이'(꿈의 내용)로 이동하는 것, 성(性)에서 잔인함으로 이동하는 것, 이것이 바로 'dis+placement,' '전(轉)+치(致),' 즉 움직여서 되돌려 보내는 것이다. 프로이트는 이렇게 말한다.

꿈 사고의 여러 요소 중 단 하나만이 부당하게 확대되어 꿈 내용에 이른 것처럼 보인다. 잔인함과 성의 관계를 주제로 하는 풍뎅이 꿈도 이와 유사하다. 정확하게 말하면 잔인함의 요인이 꿈 내용에 나타나지만, 성적인 것에 대한 언급 없이 다른 식으로 결합되어 있다. 즉 관계에서 이탈되어 낯선 것으로 변형된 것이다.[61]

우리는 "꿈은 현실과 정반대다"라고 하여 어떤 꿈은 '개꿈'이라고 말한다. 그런데 프로이트는 이 말을 농담조로 받아들이지 않고 문자 그대로 믿는다. "현실과 정반대다, 개꿈이다"라는 말을 달리 표현하면 '전치'다. 이는 꿈 작업의 핵심 요소이다.

한낱 벌레에 불과한 풍뎅이 꿈을 분석한 결과, 프로이트는 이 꿈에 남편과 아내의 사랑이 담겨 있다고 말한다. 이 꿈은, 남편이 집을 떠나 먼 곳에 머무는 동안 아내가 남편을 향해 품은 마음을 보여 준다. 남편이 부재하는 상황에서 꾼 꿈은 남편을 향한 욕망을 감추고(꿈의 사고), 이와는 전혀 다른 풍뎅이의 도망과 죽음만을 내용으로 삼는다(꿈의 내용). 공간에서의 움직임을 설명하는 개념인 전치는 이동되는 표상의 본질적인 모습을 찾는 방법이다. 프로이트에 의하면 이 전치된 표상은 "여러 심리적 층위들 중의 하나를 실행하는 검열 작업이다."[62] 이 검열 작업은 무의식 체계를 위해 매우 중요하다. 심리적 능력은 한편으로 "압축되고 가치 있는 심리적 요소들을 제거한다. 또 다른 한편으로, 여러 심리적 층위들 덕분에 심리적 능력은 덜 중요한 요소들에 더 큰 가치를 부여한다. 그 결과 이 요소들은 꿈에 나타날 수 있다."[63]

61 같은 책, p.266.
62 같은 곳.
63 같은 곳.

이러한 심리적 활동으로 우리는 꿈의 사고와 내용 간에 존재하는 차이점을 이해할 수 있다.[64] 꿈의 내용은 꿈꾸는 자의 무의식 안에 존재하는 것, 즉 꿈의 사고의 대체 표상이나 뒤틀림이다.

전치와 함께 꿈을 분석하는 데 가장 중요한 또 하나의 도구는 '압축'이다. 꿈의 압축을 보여 주는 예화를 살펴보자.

다음은 아버지에게 강력하게 고착되어 있었으며 분석 중에 말하는 것을 힘들어했던 어떤 소녀의 꿈 중 일부다. 그녀는 기모노만 입고 여자 친구와 함께 방안에 앉아 있었다. 그때 어떤 아저씨가 들어왔고 그녀는 부끄러웠다. 하지만 그 아저씨는 이렇게 말했다. "이 소녀는 우리가 언젠가 아주 예쁘게 차려입은 것을 보았던 그 소녀로군." 그 아저씨는 나(프로이트)이며, 더 소급해 들어가면 그녀의 아버지이다. 우리가 그 아저씨의 말에서 가장 중요한 요소를 반대되는 것으로 대체하려 하지 않는다면 이 꿈에 대한 어떤 해명도 불가능하다. "이 소녀는 내가 언젠가 벌거벗은 모습이 아주 예쁜 것을 보았던 그 소녀로군." 그녀는 어렸을 적에, 세 살에서 네 살까지 한동안 아버지와 같은 방에서 잤으며 모든 징후가 당시 그녀가 아버지의 마음에 들기 위해 이불을 걷어차곤 했다는 것을 가리키고 있다. 그녀의 노출증적 쾌락에 대한 그때부터의 억압이 오늘날 치료에서의 그녀의 폐쇄성, 즉 자신을 드러내 보이는 것에 대한 불쾌감의 동기가 되었다.[65]

---

64 무의식적 표상과 의식적 표상 간의 다름에 대해서는 Sigmund Freud, "L'inconscient. Ⅶ. la reconnaissance de l'inconscient," in *Métapsychologie*, Paris, Gallimard, 1990, pp.115-121와 "Inconscient," in *Métapsychologie*, Paris, Gallimard, 1990, pp.239-242 참고.

65 지그문트 프로이트, 이덕하 옮김, "꿈해석의 이론과 실천에 대한 소견," 『끝낼 수 있는 분석과

지금 본 예화(기모노 꿈)는 앞서 본 예화(풍뎅이 꿈)처럼 성적인 것을 드러내는 것이라고 프로이트는 주장한다. 여기서 '아저씨'는 '프로이트'이고, 더 나아가서는 '아버지'이다. 이것은 '압축'에 관한 내용이다. 프로이트는 분석 과정에서 꾸는 꿈은 매일 내용이 바뀌더라도 동일한 것에 대한 꿈이라고 말한다. 그리고 이렇게 계속되는 꿈은 의사의 암시에 의한 것이다.[66] 이런 꿈은 치료를 앞서가면서 길 안내자 역할을 하는데,[67] 압축된 대상을 해석하면서 꿈꾼 주체가 어떤 대상과 어떤 사랑의 관계를 맺고 있는지를 풀 수 있게 해 준다.

신부, 강박 행위에
부부간의 사랑을 담다

'사랑의 유형 I: 됨의 첫사랑'에서 확인했듯이, 아이가 리비도를 자기 자신에게 방출하고 대상을 향해 방출한다고 해도 그것은 자신에게 되돌아오기 때문에 제1차 나르시시즘에 갇혀 있다고 평가했다. '사랑의 유형 II: 가짐의 첫사랑'에서는 리비도 방출이 성공적으로 대상을 향하고, 이런 식으로 아이

끝낼 수 없는 분석』, 서울, 도서출판 b, 2004, pp.306-307.

66 같은 책, pp.21-22를 보면 이런 내용이 나온다. "우리는 완전히 해석된 꿈의 훌륭한 사례로부터 하나의 꿈속에 있는 연속되는 장면들이 같은 내용을 가질 수 있음을 알게 되었다. 그 내용은 대체로 점점 더 뚜렷하게 표현된다. 우리는 또한 하룻밤에 꾸는 여러 꿈들이 같은 내용을 여러 가지 방식으로 표현하려는 시도와 같을 수 있다는 것을 배웠다. 우리는 아주 일반적으로, 오늘 꿈을 만든 모든 소원 충동은 그것이 이해되어서 무의식의 지배로부터 벗어나지 않는 한 다른 꿈으로 되돌아온다는 것을 확신할 수 있다. 따라서 종종 하나의 꿈에 대한 해석을 완성하는 최선의 길은 그 꿈을 버려 두고 새로운 꿈 —그 꿈은 같은 재료를 아마도 더 접근하기 쉬운 형태로 포함하고 있을 것이다— 에 몰두하는 것이다."

67 같은 책, p.25. "물론 절대다수의 꿈들은 치료를 앞서간다."

가 대상과 관계를 맺음으로써 제2차 나르시시즘이 작동하게 된다. 이 경우에도 리비도가 원활하게 유통되지 못하면 사랑 방식에 장애가 발생한다.

프로이트의 『정신분석입문』에서 두 가지 증상을 예로 채택해 보자. 우선 강박 행위에서의 사랑 유형을 '서른 살 여인'의 경우에서 찾아 보고, 그다음으로 취침 의례를 하느라 불면증에 시달리는 처녀의 경우를 살펴보자.

'서른 살 여인'의 사례가 명백하게 확증하는 것은 강박 행위가 무의식에 뿌리박고 있다는 것이다. 이 여인은 하루에도 수차례 동일한 행위를 반복한다. 가령,

이 여인은 자기 방에서 옆방으로 급히 뛰어가서 방 중앙에 놓인 탁자 앞에 서서는 하녀를 부른다. 그리고 그녀에게 무슨 일을 지시하거나 곧장 그녀를 돌려보낸다. 그러고는 즉시 자기 방으로 도망친다.[68]

증상에 대한 해석에서 프로이트는 모든 환자들이 자신들에게 만족을 주었던 과거의 시간적 틈 속에 머물러 있다는 점을 주시한다. 우리가 거론하는 이 여인의 강박 행위는 신혼 첫날밤에서 유래한다. 설사 그녀 자신이 무슨 이유에서 그렇게 하는지 모른다 할지라도, 퇴행한 리비도로 인해 그녀는 기억되지 않는 과거의 시간과 공간에 근접하게 된다.

우리는 이 사례를 분석하면서 '사랑의 유형 II: 가짐의 첫사랑'을

---

68 Sigmund Freud, *Introduction à la psychanalyse*, Paris, Payot, 1990, p.243.

설명할 것이다. 그 이유는 그 반복 행위 덕분에 여인의 증상이 무의식 체계와 관계가 있음을 증명할 수 있기 때문이다. 프로이트에게서 이 무의식 체계는 결코 의식적인 것이 되지 않는다. 만약 그것이 의식적인 것이 된다면, 의식의 검열에 의해 무의식이 변형되는 범위에서 의식화된다. 검열 또는 억압은 무의식에서 전의식을 거쳐 의식으로 가는 과정에서 형성된다. 억압은 '무의식과 전의식 사이'에서 행해진다.

다시 '서른 살 여인'의 사례로 돌아가자. 프로이트는 이 여인에게 묻는다. "당신은 왜 그러한 행위를 합니까?" 모든 환자들이 그렇듯이 그녀는 "도대체 나도 왜 그러는지 모르겠습니다"라고 답한다. 이 증상에서 우리가 발견하는 것은 강박 행위로 드러나는 무의식 표상이다. 그런 강박 행위가 환자 자신에게서 파생되지만, 이 환자는 자신의 행위가 의미하는 바를 전혀 이해하지 못한다.

프로이트는 그 여자 환자에게서 남편을 향한 양심의 가책을 제거한 어느 날, 강박 행위의 동인이 되었던 이야기 한 토막을 듣게 된다. 그 일화는 이러하다.

십 년 전 그녀는 신혼 첫날밤에 무능력함을 보인 연상의 남자와 결혼했다. 그는 그날 밤 자기 방과 아내 방을 여러 차례 왕래하느라 밤을 지새웠다. 그러나 그가 첫날밤에 치러야 할 일을 성공시키지 못했다. 날이 밝자 그는 난처해하며 이렇게 말했다. "침대를 정리할 하녀에게 너무 창피해." 그는 방에서 우연히 발견한 붉은 잉크병을 쥐고는 침대보에 부었다. 하지만 핏자국이 묻어야 할 자리에 정확하게 뿌리지 못했다.[69]

이 이야기를 통해 남편의 행위가 중요한 의미를 지닌다는 것을 이해할 수 있다. 그 행위는 부인의 강박적이고 반복된 행위의 밑바탕이 되었고 신혼 초야의 장면을 의미심장한 방식으로 표상한다. 그 결과 환자는 증상 속에서 일상을 보내게 된다. 환자의 강박 행위는 환자 자신의 무의식과 분석가가 만나는 공개된 장소가 된다.

왜 여인은 신혼 초야에 신랑이 했던 행위를 반복하는가? 그 이유는 그녀 자신이 신랑의 욕망을 보상하길 원하기 때문인 것으로 볼 수 있다. 반복되는 행위는 언어와 인간 간의 불합치를 보여 준다. 이런 의미에서 우리는 남편의 행위와 젊은 아내의 행위가 각기 다른 뜻을 담고 있음을 보게 된다. 남편의 잉크 붓는 행위는 욕망의 불만족에 대한 반응이고, 부인의 강박 행위는 남편이 성취하지 못한 욕망을 성취하게 하려는 것이다. 다시 말해 증상은 만족스럽지 못한 욕망을 보상하려는 부인의 행위를 지칭한다. 그녀는 남편을 잃는 것을 원치 않기 때문에, 그의 욕망을 보상하려 하다가 이 증상에 빠지게 된다. 아내의 증상은 신혼 첫날밤 남편의 행동에 정체화된 결과이다. 반복된 증상 행위를 통해 아내는 남편이 되고자 한 것이 아니라, 남편의 상징적 행위를 취하고자 했다. 흥미로운 사실은, 그녀가 과거의 끔찍한 사건을 수정하고 자기 남편을 최상의 자리에 앉히려는 의도를 지닌 강박적인 행위의 의미를 모른다는 것이다. 이것이 정체화와 모방을 구분하는 잣대이다. 자신도 모르는 의미를 담은 증상은 정체화에 의한 것인데, 프로이트는 이렇게 말한다.

69 Sigmund Freud, *Introduction à la psychanalyse*, Paris, Payot, 1990, pp.243-244.

그녀에게는 자기 남편에게서 자유로워지려는 것이 문제가 될 수 없다. 그녀는 오히려 그에게 신실하기 위해 두려움을 느끼고, 시험에 빠지지 않기 위해 은닉 생활을 하고, 자기 상상 속에서 남편을 용서하거나 훌륭하게 만든다.[70]

이 강박 행위의 목적은 남편이 불유쾌한 화젯거리가 되지 않도록 그를 보호하고, 침실의 분리를 정당화하고, 남편에게 가능한 한 유쾌한 별거 생활을 제공하는 데 있다.[71] 여기서 우리는 한 가지 원리를 얻을 수 있다. 환자는 자신의 즐거움을 잃어버리기를 원치 않으며 자신의 욕망, 성취되지 않은 욕망을 간직하면서 증상 속에 머문다. 그는 증상 속에서 자신의 즐거움을 추구하는데, 그렇게 하지 않고서는 더는 현실에서 살아갈 수 없기 때문이다. 환자는 증상을 즐기는 중이다.

그렇다면 이 증상과 '사랑의 유형 II: 가짐의 첫사랑'과의 관계는 무엇일까? 우리가 이 유형을 '사랑의 유형 I: 됨의 첫사랑'으로 생각하려는 것은 아니다. 이 여인은 자기 남편처럼 '되기'를 원하는 것이 아니라, 단지 신혼 첫날밤 그의 특정한 행위를 따라한다. 즉 남편의 특징을 취하고, 이쪽 방에서 저쪽 방으로 왔다 갔다 하면서, 또한 침대와 침대보를 탁자와 카펫으로 대치하면서 남편이 능력 있는 사람이라는 것을 하녀에게 정당화하고자 한다. 신혼 초야 장면과 이 여인의 강박 행위를 연관시키면 그 행위의 의도와 목적을 알 수 있다.

---

70   Sigmund Freud, *Introduction à la psychanalyse*, Paris, Payot, 1990, p.245.
71   같은 곳.

그 행위가 의도하는 핵심 사항은, "우리는 하녀에게 톡톡히 창피를 당하게 될 거야!" 하는 남편의 근심과는 정반대로, 하녀의 시선이 탁자와 카펫에 묻은 붉은 얼룩에 향하도록 하는 데 있다. 그리하여 얼룩이 알맞은 장소에 묻어 있어서 남편이 하녀에게 창피를 당하지 않아도 되는 상황이 연출되었음을 표현한다.[72]

그녀는 이 장면을 재현하고 반복하는 데 만족하지 않고 이를 수정하여 강박 행위에 이용하고 있다. 우리는 이 행위를 증상이라 부르지만, 여기에는 신부가 신랑을 얼마나 뜨겁게 사랑하는지를 보여 줄 소중한 의미가 담겨 있다.

이 행위를 통해 그녀는 남편이 신혼 초야에 했던 것과 동일한 방식으로 그 잊지 못할 밤의 고통스러운 사건, 붉은 잉크의 도움을 받아야만 했던 남편의 불능을 고쳐 준다.[73]

그녀는 그런 행위의 의미를 알지 못한다. 이 행위는 사랑의 유형 II 방식으로 보면 이해가 된다. 신부가 신랑을 사랑하는 방식은 신랑이 신혼 초야에 했던 그 행위를 강박 행위로 반복하는 것이다. 여인의 반복 행위는 남편의 잉크 붓는 행위를 상징적으로 담고 있다. '나는 A의 손이다'(사랑의 유형 I)가 아니라 '나는 A의 손을 가진다'(사랑의 유형 II)로 해석되는 것이다. 아내는 남편의 행동을 자신의 것으로 취한다. 남편의 행위는 여인을 통해 상징적으로 해석된다. 프로

---

72 같은 곳.
73 같은 곳.

이트는 그녀의 강박 행위가 의미하는 바를 이렇게 말한다.

그것은 진실이 아니야. 창피해할 필요 없어. 그는 불능이 아니었어.[74]

인용문에 따르면, 아내는 남편의 성적 무력함을 숨기고자 한다. 그래서 그녀의 강박 행위 속에서 남편은 강하다. 그녀가 할 수 있는 것은 남편의 체면을 세워 주는 것이다. 당시 그 광경을 보았던 하녀만 퇴출시키면 남편이 당한 창피는 어느 정도 만회될 수 있을 것이다. 그러나 신랑이 가지게 된 수치심은 하녀에 대한 것이 아니다. 그렇다고 신부에 대한 것도 아니다. 그것은 자기 자신에 대한 것이다. 이와 마찬가지로 신부가 만회하고자 하는 것은 하녀에 대한 것도 아니고 신랑에 대한 것도 아니다. 이는 그녀 스스로에 대한 것이다. 남편을 비난하기보다 "남편을 용서하고 자기 상상 속에서 그를 위대하게 만든다."[75] 용서란 자기 자신에게 거는 체면이 아니라 타인을 향한 사랑의 결과이다. 부인이 강박 행위 속에서 표현하고 있는 것은 '남편의 불능에도 불구하고' 남편을 사랑하고 있다는 것이다. 남편의 입장에서는 자신의 불능 때문에 부인에게 미안한 것이지만, 부인은 남편의 행위를 사랑으로 받아들이고 빈약한 그를 용서한다.

『신약성서』의 「마태복음」은 용서에 대한 고전적인 예화를 소개하고 있다. 부자 임금에게 1만 달란트를 빚진 자가 있는데, 그가 왕께 나아와서 자신의 빚을 탕감해 달라고 간청하자, 임금은 그의 빚

74 같은 곳.
75 같은 곳.

을 모두 탕감해 준다. 그러나 빚을 탕감받은 자는 자신에게 1백 데나리온을 빚진 자가 와서 빚을 탕감해 달라고 애원하자 허락지 않고 옥에 가두어 버린다. 이를 두고 예수가 말하길, 용서란 일곱 번만 하는 것이 아니라 일흔 번까지라도 하는 것이라고 말한다.[76] 인간은 누구나 약점을 갖고 있다. 이 약점은 인간이 만들어졌을 때부터 있던 것이다. 인간의 이런 점을 이해한다면, 인간이 완전하기를 기대하는 것은 어리석은 생각이라 할 수 있다. 이런 예수의 가르침을 따르기나 하듯, 신혼 첫날밤의 새색시는 남자로서 그리고 새신랑으로서 치명적인 결함을 갖고 있는 남편을 극진하게 사랑하고 있음을 알 수 있다. 그리고 신부는 신랑에게 기대하는 것을 얻지 못했음에도 남편을 깔보거나 증오하지 않고, 자신의 증상 행위에서 오히려 남편을 높이며 존중하고 있다. 남편이 스스로에 많이 실망한 것만큼 아내는 남편의 마음을 헤아리고 그만큼 아파한다. 그 결과 강박증이라 불릴 만한 증상 행위를 반복한다. 여인의 증상 행위는 남편을 향한 용서의 행위다.

새색시인 그녀에게는 강한 남편이 필요했고, 그래서 강력한 남편을 상상하게 되었다. 사랑에는 늘 장애물이 있기 마련이다. 바디우는 『사랑 예찬』에서 이렇게 말한다.

최초의 장애물, 최초의 심각한 대립, 최초의 권태와 마주하여 사랑을 포기해 버리는 것은 사랑에 대한 커다란 왜곡일 뿐입니다. 진정한 사

---

76 『신약성서』의 「마태복음」, 18장 23-35절. 1데나리온은 성인 남자의 하루 품삯이고, 1달란트는 6천 데나리온, 즉 성인 남자의 6천 일 동안의 품삯이다. 그러니까 1만 달란트는 한 사람이 약 20만 년을 먹지 않고 저축해야 갚을 수 있는 금액이다.

랑이란, 공간과 세계와 시간이 사랑에 부과하는 장애물들을 지속적으로, 간혹은 매몰차게 극복해 나가는 그런 사랑일 것입니다.[77]

서른 살 여인의 경우에서도 결혼 초기, 첫날밤에 발생한 일은 사랑을 무너트릴 수 있었다. 하지만 여인은 강박증 행위를 통해 지속적으로, 그리고 매 순간 하녀를 부르면서 매몰차게 사랑을 가꾸어 가고 있다. 여기서 한 가지 짚고 넘어가야 할 문제는 지금 증상 행위를 하고 있는 부인에게 남편이 부재한다는 사실이다. 남편은 신혼 초야의 상태에 거하는 여인의 마음속에만 있다. 여인과 남편 간의 현실적인 대면은 드러나지 않는다. 즉 여기에는 대상이 부재한다. 그러나 남편은 첫날밤의 행위로 여인에게 뿌리내리고 있다. 여인은 그 행위로 남편을 기억하는 것이다. 남편이라는 대상을 취하는 것이 아니라, 남편이 행한 행동을 취하는 것이다.

우리는 일상에서 이 여인처럼 남편을 헌신적으로 사랑하는 아내를 어렵지 않게 찾을 수 있다. 사랑에 '헌신적'이란 관형어를 붙이려면 그 행위가 반복되어야 한다. 반복되지 않는 사랑의 행위는 진실성을 의심받아 헌신적이라는 말을 사용할 수 없다. 의례적으로 우리는 헌신적 사랑을 강박이란 말로 표현하지는 않는다. 우리가 사랑이라는 말 앞에 '강박적'을 붙이든 '헌신적'을 붙이든, 이런 사랑의 유형에는 주체와 대상 간에 리비도의 소통이 있게 된다.

리비도의 소통에는 퇴행과 투사가 있다. 우리가 다루는 사례에는 퇴행적인 리비도가 작동된다. 현실에서 이 여인과 남편 간에 어떤

77   일랭 바디우, 조재룡 옮김, 『사랑 예찬』, 서울, 길, 2010, p.43.

관계가 있는지는 알 수 없다. 단지 신혼 초야에 대한 여인의 기억 속에서 리비도가 작동될 뿐이다. 보통 사랑할 때 '열병'이란 표현을 쓰는 경우가 있는데, 이는 아주 강력한 리비도 집중(Cathexis)이 일어날 때이다. 이 여인의 사랑은 신혼 초야 장면에 등장하는 남편이라는 대상, 좀 더 자세히 말하면 잉크를 뿌리는 남편의 행위에 고착됨으로써 발생하는데, 그 강도가 강하여 지속적으로 반복하는 일종의 전염병과 같은, '강박적인 열병'과도 같은 사랑이 작동된다고 볼 수 있다.

보통 우리가 '불륜'이라고 부르는 사랑의 방식에는 폭발적인 감정이 내재해 있다. 인간은 인간이 해서는 안 되는 일을 정해 놓고도 그 일을 과감하게 실행하는 존재이다. 1954년 이탈리아 감독 루키노 비스콘티가 제작한 영화 〈애증〉(Senso)은 오스트리아 점령기의 베니스를 무대로 베니스의 백작 부인과 오스트리아의 젊은 장교의 사랑을 그리고 있다. 시대 상황으로 볼 때 적대적인 나라에서 태어난 여자와 남자 사이에 싹튼 사랑 이야기로, 그 관계는 불행으로 끝날 수밖에 없는 관계다. 이탈리아 베니스의 상류층 여자와 오스트리아군 젊은 장교 간의 폭발적인 사랑은 시대적인 상황에도 아랑곳하지 않고 국경을 넘나든다. 이런 사랑을 우리는 '한눈에 반한 사랑'이라 부를 수 있을 것이다.

앞서 든 예 중에서 서른 살 여인의 사랑을 사랑 그 자체로만 본다면, 강박증적 사례라고 비난할 이유가 없다. 그런데 하녀를 재차 불러낸다든지 자신의 반복되는 행위 때문에 다른 일에 집중하지 못하는 것은 일상생활에 방해 요소가 될 것이다. 이처럼 영화 〈애증〉 또한 그런 면이 없지 않아 있다. 이 영화의 여자는 남자가 거절하는데도 끝까지 그를 물고 늘어진다. 이런 과정을 통해 여인의 사랑은 미움으로 변하여 남자를 죽음으로 몰아넣고 그 여자는 미쳐 버리고 만다. 여인에게 오스트리아군 장교라는 사랑의 대상이 있었지만, 여인은 그 대상을 바로 대하지 못한다. 그녀가 사랑하는 대상은 현실에서의 남자가 아니라 자신의 상상 속 남자일 뿐이다. 이때 리비도의 성격은 퇴행이다. 여기서 여자와 남자는 과거에는 우호적이었던 이탈리아와 오스트리아의 관계를 보여 준다고도 할 수 있다. 그러나 그것은 과거의 일이다. 현실에서 두 나라는 전쟁을 치르고 있으며 한 나라의 짝사랑만으로는 두 나라의 관계를 회복할 수 없다. 남녀의 관계는 이런 면을 담고 있다. 한 사람의 사랑만으로는 사랑이 이루어질 수 없다. 현실을 직시하지 못하는 사랑은 행복했던 과거의 한때로 퇴행하여 그곳에 숨어 버린다. 그곳에서 사랑은 증상으로서 나타나게 된다.

프로이트가 해석한 서른 살 여인의 사례는 한눈에 반한 사랑이 무엇인지를 보여 준다. 여자는 남자의 절망을 지우기 위해 지금도 강박증적인 행위를 계속하고 있다. 프로이트가 해석했듯이 여자는 자신의 반복 행동으로 남자의 절망을 지우고 남자에게 희망을 전가시키고 있는 것이다. 여기에는 하나의 종교적인 행위가 담겨 있다고 볼 수 있다.

정신분석 치료 중에도 한눈에 사랑에 빠지는 일이 발생한다고 프로이트는 보고하고 있다. 프로이트는 만약 남자 의사(분석가)와 여성 환자가 사랑에 빠진다면 두 가지 결말이 있을 수 있다고 본다. 첫째는 결혼하는 것이고, 둘째는 분석을 포기하는 일이다. 분석 치료에 성공하기 위해서는 분석을 포기하지 말아야 한다. 그렇다면 결혼을 하지 않고 분석을 계속할 수 있는 방법은 있는가? 이 질문은 의사에게 주어진 것이라기보다는 여성 환자에게 주어진 것이다. 프로이트의 말을 경청해 보자.

여성 환자는 양자택일을 해야 한다. 정신분석 치료를 포기하거나 의사와 사랑에 빠지는 것을 피할 수 없는 운명으로 받아들이거나.[78]

의사는 환자에게 가족의 사랑만으로는 신경증이 치료될 수 없고 치료의 성과를 위해서는 의사의 도움이 필요하다는 것을 주지시키면서 분석을 계속해야 한다고 말한다. 그렇다고 사랑에 빠지지도 않은 환자에게 의사와 사랑에 빠지라고 강요할 수는 없다. 의사와 환자 간에 사랑의 관계가 이루어지지 않으면, 환자 쪽에서 자신은 건강하게 되었으니 분석을 그만두겠다고 선언한다. 즉 저항이 발생한 것이다. 사랑에 빠지는 것과 저항이 발생한 것은 동일한 것으로 보아야 된다. 사랑에 빠진다는 것은 의사를 자신의 정부로 추락시켜 권위를 떨어트리는 것이고, 저항이 발생하는 것은 의사의 엄격함을 시험하는 것이다. 프로이트는 분석 치료에서 늘 염두에 두어야 할 것이 정직이라 말한다. 의사는 환자와의 관계에서 솔직해야 한다는 것이다. 그래야 여성 환자가 남자 의사와 사랑에 빠질 때 정직한 태도를 보이게 된다고 한다. 프로이트는 이런 지침을 준다.

---

78 지그문트 프로이트, 이덕하 옮김, "전이 사랑에 대한 소견," 『끝낼 수 있는 분석과 끝낼 수 없는 분석』, 서울, 도서출판 b, 2004, p.129.

이 둘(분석 치료와 애정 관계)은 공존할 수 없다. 따라서 여성 환자의 사랑 요구를 들어주는 것은 그것을 억제하는 것만큼이나 분석에 치명적이다. 분석가가 따라가야 할 길은 (이 둘 모두가 아닌) 다른 길이며, 그것은 현실의 삶에서 모델을 찾을 수 없는 길이다. 우리는 (우리의 관심이) 사랑 전이에서 벗어나지 않도록, 그것을 쫓아 버리지 않도록, 환자가 그것을 혐오하게 만들지 않도록 조심해야 한다. 우리는 마찬가지로 단호하게 그것에 어떤 응답도 하지 않도록 자제해야 한다. 우리는 사랑 전이를 틀어쥐고 있어야 한다. 하지만 우리는 그것을 일종의 비현실적인 것으로서, 치료 중에 겪어야 하는 상황으로서, 그것의 무의식적 원천으로 거슬러 올라가야 하는 상황으로서, 환자의 애정 생활에 아주 깊이 숨겨져 있는 것을 의식화하여 환자가 통제할 수 있도록 도움을 주는 상황으로서 다루어야 한다. 우리가 어떤 유혹에도 끄떡없다는 인상을 더 강하게 줄수록 우리는 더 빨리 그 상황으로부터 그것의 분석적 내용(사랑의 전이의 의미)을 추출해 낼 수 있다. 여성 환자의 성적 억압이 배경으로 밀려났을 뿐 제거된 것은 아니지만 이제 그녀는 사랑에 빠지는 조건 모두를, 성적 갈망에서 비롯되는 모든 환상들을, 그녀가 사랑에 빠질 때의 모든 세세한 특성들을 내보일 수 있을 만큼 충분히 안심하게 된다. 그러면 이런 것들로부터 그녀가 유아기 때 가졌던 사람의 토대에 도달하는 길이 열리게 된다.[79]

결국 정신분석 치료의 길은 환자를 유아기적인 시기로 끌고 가는 것이다. 그곳에서 첫사랑과 대면함으로써 얽히고설킨 감정을 풀고

---

79 같은 책, pp.137-138.

이해시켜야 하는 것이다. 이처럼 사랑의 전이는 정신분석 기술에서 중요하지만 다루기가 만만치 않은 요소이다.

딸, 취침 의례 하느라
잠 못 이루다

'사랑의 유형 Ⅱ: 가짐의 첫사랑'의 또 다른 예를 프로이트의 『정신분석입문』에 나오는 열아홉 살 '귀여운 처녀'의 취침 의례에서 살펴보자.

'사랑의 유형 Ⅱ: 가짐의 첫사랑'의 두 번째 경우는 첫 번째 경우(서른 살 여인의 헌신적 사랑의 경우)와는 완전히 다른 것이다. 첫 번째로 다룬 예화는 외부 요인에서 기인하는 강박 행위를 다루고 있지만, 두 번째로 다루게 될 예화는 외부 요인과는 아무 관계가 없다. 현저한 외적 요인이 없는데도 극심한 신경증을 갖게 되어, 혼자서는 넓은 길이나 광장을 지나다닐 수조차 없게 된 환자가 있다. 하지만 프로이트는 그 젊은 처녀를 치료하면서 좀 특이한 면에 주의를 기울였다. 프로이트는 그녀의 취침 의례를 주목했다. 그녀는 이 의례를 통해 자신의 증상을 드러내었다. 그녀가 잠자리에 드는 과정을 소개하면,

첫째, 그녀는 자기 방에 있는 커다란 추시계를 정지시킨다. 그 외 다른 모든 시계(심지어 자신의 손목시계까지도)를 자신의 보석함에 집어넣는다. 둘째, 그녀는 자기 책상 위에 모든 꽃병을 가지런히 올려 두는데,

그 이유는 밤사이에 그것들이 깨져서 자신의 잠을 방해할지도 모른다는 우려 때문이다. … 또 다른 예로서, 자기 방과 부모의 방을 차단하는 문이 항상 열려 있기를 원한다. 그래서 그녀는 다양한 물건들로 문이 열려 있도록 고정한다. … 머리맡에 있는 베개가 침대 나무 부분에 닿아서는 안 된다. 작은 방석은 큰 방석 위에 마름모꼴로 놓여 있어야 한다. 이 환자의 머리는 그 작은 방석 위에 놓여야 한다. 오리털 이불은 미리 털어 두어야 한다. 털다가 아래쪽에 깃털이 몰려 위쪽보다 두툼해지면 지체 없이 원상태로 되돌리기 위해 그쪽을 눌러 납작하게 편다.[80]

이 취침 의례는 쉽게 성취되지 않는다. 의례 중에 그녀는 이 일이 잘 실행되지 않을까 봐 염려한다. 그래서 그녀는 각 행위를 조절하고 반복해야만 한다.

이 모든 일은 한두 시간 동안 진행된다. 그동안 젊은 처녀뿐 아니라 부모들도 긴장하여 잠을 이루지 못한다.[81]

우리는 프로이트의 도움을 받아 이 의례를 성적 욕망과 관계된 것이라고 해석하게 된다. 프로이트는 꿈의 각 부분이 상징하는 바를 말한다.

이 환자가 두려워하는 것은 시계추의 똑딱거리는 소리 때문에 잠자리

80 Sigmund Freud, *Introduction à la psychanalyse*, Paris, Payot, 1990, p.247.
81 같은 곳.

를 방해받는 것이다. 이 소리는 성적 흥분 시 음핵이 발기되고 울리는 것에 대한 상징적 표현으로 생각될 수 있다.[82]

그러므로 그녀가 꽃병이 파손될까 주의를 기울이는 것은 처녀성과 관계된 모든 콤플렉스에 대항하는 일종의 저항 … 피 흘리는 두려움, 이와 반대의 두려움인 피가 흐르지 않으면 어쩌나 하는 두려움에 대한 저항 ….[83]

이 처녀는 어린 시절 유리나 토기로 된 화분을 안은 채 넘어진 경험이 있다. 그때 손가락을 다쳐 굉장히 많은 피를 흘렸다. 나이를 먹고 성관계에 관한 지식을 얻게 되자 처녀는 첫날밤에 피를 흘리지 못할까 봐 두려워하게 되었다. 그래서 강박적이게 되었다. 이렇게 해서 이 처녀는 취침 의례에 동원되는 사물들 하나하나에 의미를 부여하고 강박 행위를 하게 된다.

방금 본 대로 프로이트는 베개가 여인의 몸을 상징한다고 말한다. 이 처녀에게 베개가 취침 의례의 중심 대상이 되는 것도 이 대상이 여인 자신을 지칭하는 것으로 생각되기 때문이다. 반면 침대의 가장자리는 남성을 상징한다. 침대 헤드에서 베개를 분리함으로써 처녀는 여자와 남자를 분리한 것으로 믿는다. 이런 식으로 처녀는 성적 관계에서 어머니와 아버지를 끝없이 떼어 놓는다.

취침 의례를 실행하기 전 처녀는 두려움이라는 직접적인 핑계로 동일한 목적을 달성했다. 처녀는 부모의 침실과 자기 방 사이의 문을 열어 둔 채 잠들기를 원했다. 이런 방식은 실제 의식에서 행해졌

---

82 같은 책, p.258.
83 같은 책, p.249.

고, 사춘기 처녀는 수개월씩 불면증에 시달렸다.

그녀는 직접적인 방식으로, 부모의 침대에서 아버지와 어머니 사이로 끼어들기도 했다. 게다가 커서는 아버지의 옆자리를 어머니에게서 빼앗기 위해 두려움을 가장해 가며 애를 썼다. 마찬가지로 모든 깃털이 아래쪽으로 쏠릴 때까지 이불을 터는 행위의 의미는 무엇인가?

임신한 여인을 원상태로 돌려놓기.[84]

왜 이 처녀는 임신을 무효화하려고 안간힘을 쓰는가? 그것은 부모의 성관계에서 비롯되는 동생의 탄생을 막아 보려는 이유 때문이다. 그래서 이 딸은 큰 베개(자신의 어머니를 포함한 여성을 상징) 위에 마름모꼴로 작은 베개(자신을 상징)를 놓는다. 이 외동딸은 자기 아버지와 어머니의 성관계를 방해하기 위해, 새 아기의 탄생을 피하기 위해, 자기 머리(남자의 성기를 상징)를 작은 베개 위에 둔다. 이 의례의 기술은 계속해서 "때로는 긍정적인 의미에서 대체물로서의, 또 부정적 의미에서 방어의 수단으로서의 성적 욕망"[85]으로 해석된다.

미셸 푸코도 이 강박증 환자에 대해 자신의 의견을 남겼다. "그녀는 마술적인 방식으로 자기 욕망을 충족시키는 동시에 실제로 죄의식의 감정을 증폭시킨다. 정상적인 개인이 모순을 체험하는 그곳에서, 환자는 모순적인 체험을 하는 것이다. 전자(정상인)의 체험은 모

---

84 같은 책, p.250.
85 같은 곳.

순을 통해 열리는 반면, 후자(환자)의 경험은 모순을 통해 닫힌다. 다시 말해, 정상적 갈등에서 우리는 상황의 모호성을 볼 수 있으며 병리학적 갈등에서는 체험의 양가성을 볼 수 있는 것이다."[86] 이어서 푸코는 양가성에 대해 부연한다.

두려움은 외부의 위험에 대한 반응이다. 마찬가지로 불안은 이러한 내적 모순의 감정적인 차원이다. 불안은 감정적 삶의 총체적인 해체이다. 불안은 양가성의 주된 표현이며 양가성의 완성을 나타내는 형태이다. 왜냐하면 불안은 동시적인 모순의 현기증 나는 경험이고, 삶과 죽음, 사랑과 증오와 같은 욕망의 시련이며, 심리적 모순의 감각적 절정이기 때문이다.[87]

결국 푸코는 불안을 "질환을 개인화하는 모든 보호 메커니즘 아래에서 드러나는 것"[88]이라고 정의한다. 히스테리 환자, 강박증 환자, 망상증 환자 등 병력은 달라도 환자들의 불안은 정신의 근본에 위치한다. 그래서 이드에는 이드 불안이, 자아에는 현실 불안이, 초자아에는 도덕 불안이 내재한다.

우리는 '서른 살 여인'의 경우를 통해 현실의 남편과 관계없는 여인의 사랑 방식에 대해 생각해 보았다. 그렇다면 열아홉 살 '귀여운 처녀'의 행동은 '사랑의 유형 II'와 어떤 관계가 있을까? 강박 행위는 도덕적·사회적 불안에서 시작되는 것 같다. "이 처녀는 유년기로

---

86 미셸 푸코, 박혜영 옮김, 『정신병과 심리학』, 서울, 문학동네, 2002, p.73.
87 같은 곳.
88 같은 책, p.74.

퇴행하여 아버지에게서 성적 매력을 느끼기"[89] 때문이다. 이러한 끌림은 사춘기 때 다시 등장하는데, 더는 예전처럼 아버지와 잠을 잘 수 없게 됨으로써 취침 의례라는 방식으로 자신의 욕망을 성취하는 것이다. 서른 살 여인의 강박 행위가 신혼 초야의 남편 행위에 대한 반응이듯이, 이 사례 속 처녀의 경우도 현실의 아버지와는 관계가 없고, 처녀의 유년기적 기억 속 아버지와 관계가 있다. 현실의 처녀는 과거의 아버지와 강박적 취침 의례 행위 속에 겨루고 있다. 이 또한 리비도의 퇴행이다.

거세 불안은 이 취침 의례의 추동력이 된다. 오이디푸스 콤플렉스가 끝나는 시점에서 거세 불안이 생기는 남자와는 달리, 여자일 경우 거세 불안은 오이디푸스 콤플렉스가 성립되기 이전에 생긴다 (이는 다음 장에서 자세하게 다룰 것이다). 처녀는 오이디푸스 콤플렉스 구조로 진입하면서부터 어머니를 혐오하고 아버지를 사랑하게 된다. 그리하여 거세 불안은 남근 선망으로 변형된다. 그러나 사춘기에 이르면서 남근을 선망하던 자아는 억압당한다. 이렇게 억압된 남근 선망은 도덕적·사회적 불안으로 변형되고, 그 결과 이 처녀와 같은 증상이 생긴다. 신경증적 위험을 피하기 위해 딸은 자신의 증상 속에 숨어서 산다.

프로이트는 이렇게 취침 의례를 하는 딸과 부모의 관계를 사랑의 관점으로 본 바가 있다. 그는 '부모의 사랑'이라는 용어를 사용하면서 부모의 영향하에 사로잡힌 자녀를 아래와 같이 관찰하였다.

89 Sigmund Freud, *Introduction à la psychanalyse*, Paris, Payot, 1990, p.251.

아이는 부모가 이루지 못한 꿈을 이루어야 한다. 사내아이는 아버지를 대신하여 위대한 영웅이 되어야 하고, 계집아이는 잘생긴 왕자와 결혼해서 어머니가 이루지 못한 꿈을 보상해야 한다. 이 모든 것은 현실의 압박을 심하게 받아 자아의 불멸성에 위협을 받고 있는 부모의 나르시시즘이 자식에게서 피난처를 찾아 안정을 유지하려는 것이다. … 즉 부모의 나르시시즘은 대상을 향한 사랑으로 변모되고 과거의 나르시스적 속성을 그대로 내보인다. 부모의 다시 살아난 나르시시즘, 이것이 바로 부모의 사랑이다.[90]

이렇게 한 개인의 제1차 나르시시즘과 제2차 나르시시즘은 다른 사람에게로 이동된다. 특히 부모의 그것은 자식에게로 이동되는데, 프로이트는 자식을 가리켜 부모의 나르시시즘이 기거할 '피난처'라고 말한다. 1914년 발표된 이 글의 내용은 리비도의 투사와 나르시시즘의 전개를 보여 주기 위한 것인데, 자식이 부모의 이러한 사랑을 바탕으로 제1차 나르시시즘에서 제2차 나르시시즘으로 전개됨을 보여 준다. "아이는 부모가 이루지 못한 꿈을 이루어야 한다"는 구절만 보면, 마마보이 또는 마마걸에 대한 내용으로 보이겠지만, 프로이트가 말하고자 하는 것은 사랑의 그루터기로서 '부모의 사랑'이다. 이렇게 부모의 꿈을 자식이 짊어지는 과정에서 불안도 발생하고 취침 의례도 생긴다. 하지만 이런 것을 이겨 내고 자신만의 꿈을 갖기 위해서는 순차적인 리비도의 전개와 나르시시즘의 발달이 필요한 것이다.

---

90 Sigmund Freud, "Pour introduire le narcissisme," in *La vie sexuelle*, Paris, P.U.F., 1977, pp.95-96.

프로이트는 1930년에 발간한 『문명 속의 불편함』에서 가족과 사랑의 관계, 더 나아가서는 문명과 사랑의 관계를 주제로 글을 써 간다. 그는 사랑의 근본이 나르시시즘, 즉 자신을 위해 타인을 사랑하는 것이라고 말한다. 사랑은 받는 데 있지 않고, 주고받는 데 있다는 것이다. 이것이 리비도의 충동이다. 그 충동은 가깝게는 가족 구성원에게로 향한다. 그러나 그 충동을 달성할 수는 없는데, '목적 달성이 금지된 사랑'이기 때문이다. 첫사랑의 대상은 파국의 대상이다. 일명 근친상간이라고 하는 이러한 위협은 가족의 테두리에서뿐 아니라 문명 속에서도 실행된다. 그래서 사랑과 문명 간에는 균열이 생긴다. 문명은 사랑에 쏟아야 할 리비도를 전용(轉用)하여 문명 발전에 이바지하라고 강요했다. 가령, 서유럽에서는 유아 성욕의 발현을 금지하고, 동성애를 도착으로 규정하는 등 사랑의 유형에 대해 제한 조치를 함으로써 애초에 다양한 사랑의 통로를 봉쇄해 두었다. 문명이 추구하는 사랑의 방식은 한 쌍의 남녀로만 이루어진 문명 공동체이다. 문명은 공동체의 구성원을 리비도적으로 한데 묶어 리비도의 오·남용을 막고자 한다. 그 문명 속에서 구성원은 불편한가, 불만을 갖는가?

　이런 문명 공동체를 형성하기 위해 문명이 어떤 일을 했는지 프로이트는 문명사회의 이상적 요구에서 그 사례를 찾는데, 그것은 바로 '네 이웃을 네 몸처럼 사랑하라'와 '원수를 사랑하라'이다. 프로이트는 이 둘을 같은 것으로 본다. 그는 왜, 무슨 이익을 위해, 어떤 방식으로 이러한 사랑이 요구되는지를 조사한다. 결론적으로 그는 인간이 그런 이상적 요구를 성취할 수 없다고 말한다. 그 이유로 로마의 희극 작가 플라우투스의 "인간은 인간에게 늑대다"라는 말에 해당하는 내용을 아래와 같이 부연한다.

인간은 이웃을 상대로 자신의 공격 본능을 만족시키고, 아무 보상도 주지 않은 채 이웃의 노동력을 착취하고, 이웃의 동의도 받지 않은 채 이웃을 성적으로 이용하고, 이웃의 재물을 강탈하고, 이웃을 경멸하고, 이웃에게 고통을 주고, 이웃을 고문하고 죽이고 싶은 유혹을 느낀다.[91]

이런 내용과 함께 프로이트는 1930년 당시 이웃 나라에 의해 자행된 유태인 학살과 일맥을 이루는 역사적 사건들(훈 족의 대이동이나 침입, 칭기즈 칸과 티무르가 이끈 몽골 족의 침입, 신앙심 깊은 십자군의 예루살렘 점령, 세계 대전의 참화)을 나열하면서 야수와 같은 인간의 공격 성향을 강조한다. 결국 프로이트는 인간의 공격 성향을 억제하기 위해 요구된 '네 이웃을 네 몸처럼 사랑하라'와 '원수를 사랑하라'가 인간의 공격 본능에 정반대되는 성향을 가진 실효성이 있는 문명의 처방이었지만, 당시 자행된 만행을 막을 만큼 강력하지는 않았다고 보는 듯하다. 인간이 공격 성향을 가졌는데도 문명은 계속해서 사랑의 가치를 버리지 않을 것인데, 그러한 문명의 사랑은 지금도 지구적으로 행해지고 있다. 어쩌면 이런 구호활동이 이웃이나 원수 그 자체만을 위한 것이 아닐 수도 있다. 단지 자신을 보호하기 위해, 자신이 속한 공동체의 유익을 지속하기 위해, 자국의 이익을 유지하기 위해 그렇게 할 수도 있을 것이다. 오늘날 프로이트가

---

91 Sigmund Freud, *Malaise dans la civilisation*, Paris, P.U.F., 1983, pp.64-65.

살아 있다면, 이런 이유 때문이라도 현재 인류가 처한 문명 속에서 '네 이웃을 네 몸처럼 사랑하라'와 '원수를 사랑하라' 식의 사랑이 이루어진다면, 그 속에서 살아가는 것이 좀 덜 불편할 것이라고 생각할까?

사랑의 유형 Ⅱ는
제2차 나르시시즘에 근거한다

우리는 '제2차 나르시시즘'이라는 말로 대표되는 '사랑의 유형 Ⅱ: 가짐의 첫사랑'에 대해 살펴보았다. 우선 우리는 신혼 첫날밤 남편의 특정한 행동을 반복하는 '서른 살 여인의 경우'를 검토했다. 이 행위를 통해 그녀는 남편을 용서하고 자신의 상상 속에서 그를 위대하게 만들었다. 그녀에겐 강한 남편이 필요했고 이에 따라 그녀는 남편의 약함을 자신의 강박 행위 안에서 강함으로 실현시킨다. 이 반복 행위를 통해 우리는 환자의 행위와 남편의 행위 간의 차이를 알아차릴 수 있다. 남편은 단순히 창피한 상황을 모면하기 위해 성취되지 않은 욕망을 하녀에게 숨기려 했을 뿐이다.[92] 반면에 이 여인은 하녀 앞에서 남편의 좌절된 욕망을 실현시킨다. 그녀는 남편의 이루지 못한 욕망을 실현시켜야만 한다는 척도 안에서 남편의 행위를 반복한다. 여인의 욕망은 만족스럽지 못하다. 남편이 그것을 채워 주지 못하기 때문이다. 따라서 그녀는 신혼 첫날밤의 남편의 행위를 반복함으로써 만족감을 얻으

---

92 Sigmund Freud, *Introduction à la psychanalyse*, Paris, Payot, 1990, p.243 참조. "… 나는 침대를 정리할 하녀에게 창피를 당할 거야."

려고 노력한다. 그러한 행동을 반복하면 할수록 그녀의 욕망은 되살아난다.

이어서 우리는 자신의 유아기로 퇴행한 열아홉 살 '귀여운 처녀의 경우'에서 그녀의 취침 의례를 살펴보았다. 사춘기 이전에 그녀는 아버지의 옆자리를 어머니에게서 빼앗기 위해 두려움을 가장하며 자주 어머니와 아버지 사이에서 잠자려 했다. 그녀는 아버지에게 성적 매력을 느꼈다. 그러나 초자아 때문에 아버지와 잠잘 수 없게 되자 그녀는 취침 의례라는 명목으로 강박 행위를 반복하였다. 처녀의 충족되지 않은 욕망은 그 의례를 반복함으로써 대리 충족된다. 근친상간의 향락을 상실하지 않기 위해, 그녀는 의례를 반복한다.

이상 우리가 살펴본 사례들에서 주목할 것은 반복의 의미이다. 반복되는 강박 행위와 취침 의례는 도덕적·사회적 불안에서 비롯된다. 이 불안은 선택된 사랑의 대상을 상실했거나 상실할 것이라는 데서 시작된다. 상실에 따른 불안의 에너지를 다른 곳으로 우회하기 위해 강박 행위는 반복된다.

그러므로 반복 행위가 보여 주는 것은 하나의 이름을 가진 대상일지라도 실재의 대상과 마음속의 대상은 동일하지 않으며, 이러한 비동일성 때문에 현실에서 살아가는 주체는 동일성을 획득하기 위해 노력하지만 다다를 수 없고 결국 동일성은 증상으로 나타난다.

'사랑의 유형 II: 가짐의 첫사랑'은 실재의 대상과 증상의 대상 간에 비동일성이 존재함을 보여 준다. '사랑의 유형 II'는 대상을 완전하게 갖거나 상실하는 미숙한 첫사랑과는 달리, 주체와 대상 간의 비동일성 틈새에서 빠져나오는 리비도의 퇴행에서 비롯된다. 리비도의 퇴행이 빚어내는 사랑은 동일성을 이룰 수 없기에 반복 행위를 통해 동일성을 획득하고자 한다. 이 반복 행위는 획득하지 못한 동일성을 드러내는 상징적 행위이다. 동일성을 획득할 때까지 이 반복 행위는 증상 속에서 지속될 것이다.

사랑의 유형 Ⅲ: 상호적 첫사랑

　　앞서 '사랑의 유형 Ⅱ'에서 본 반복 행위로서의 증상은 리비도의 퇴행에 의해 과거의 한 장면을 반복하는 강박적인 것이었다. 프로이트는 '사랑의 유형 Ⅲ'에서 다중적인 대상을 겨냥하는 증상을 분석한다. 여기서 다루게 될 증상은 분석하기가 매우 까다롭다. 왜냐하면 반복되는 행위로서 증상은 과거가 아닌 현실의 대상을 표상하고 그 대상의 성격은 여러 겹으로 포개진 심리적 층위들이기 때문이다. 여기서는 현실의 대상과 직면하는 주체의 난처한 모습을 볼 수 있을 것이다. 그래서 주체는 대상과 상호 관계를 갖게 된다. 이 점에 대해 아래서 살펴보자.

받지 못한 사랑은
되돌아온다

'사랑받지 못한 사람의 경우'

우선, 사랑받지 못하고 억압된 주체를 다룬 프로이트의 글을 한 단락 소개한다.

신경증 증상 형성에서 우리는, 더 복잡한 상황에서 정체화를 추출해 낸다. 자신의 어머니와 동일한 증상에 감염된 딸의 경우에서 우리의 논리를 전개해 나갈 것이다. 예를 들어 그 심한 기침은 다양한 경로로 감염되었을 것이다. 정체화는 어머니를 대체하려는 적대적인 의지를 의미하는 오이디푸스 콤플렉스와 동일한 경향을 나타내고 그 증상은 자신을 아버지의 연애 대상으로 표현한다. 그것은 죄의식의 영향 아래서 나타나는 어머니의 대체물에 대한 실현이다. 너(딸)는 어머니가 되기를 원하고, 지금 적어도 (기침 때문에 생긴) 고통 속에서 그것(어머니)이 된다. 그러므로 이것은 히스테리 증상이 형성되는 완벽한 메커니즘이다.[93]

이 예에서는 격심하게 기침하는 딸이 문제시된다. 오이디푸스 콤플렉스 이론에 따르면, 딸은 사랑의 대상으로서 아버지를 갖는 동시에 어머니에게 적대감을 표현한다. 어머니는 자신의 장애물이기 때문이다. 그래서 딸은 어머니를 없애 버린다면 자기가 그 자리를 점유할 수 있으리라 생각한다. 하지만 현실에서는 그렇게 할 수가 없

93 Sigmund Freud, *Essais de psychanalyse*, Paris, Payot, 1993, p.169.

다. 프로이트가 딸에게서 발견한 특이점은 심한 기침이다. 감기 증상도 아닌데 왜 딸은 그토록 오랫동안 심하게 기침을 하는지에 의문을 갖는다. 관찰을 통해 프로이트는 딸의 어머니가 기침을 하고 있다는 것을 발견한다. 그래서 질문의 범위를 좁히게 된다. 왜 이 딸은 자신의 어머니와 동일한 증상, 즉 찢어질 듯한 기침을 하게 되었을까? 이 기침이 상징하는 것은 방해자로서 어머니에 관한 것인가, 아니면 사랑의 대상으로서 아버지에 관한 것인가?

우리는 이 질문에 답하기 위해 오이디푸스 콤플렉스 시기에 발생하는 거세에 대해 거론해야 한다. 앞서 언급하였듯이 남자의 경우 거세는 오이디푸스 콤플렉스가 끝나는 시점에 발생하지만, 여자의 경우 거세는 이와는 반대로 오이디푸스 콤플렉스가 구성되는 시점에 발생한다. 우선 여기서는 '여자아이의 거세'에 대해 검토해 보고 조금 뒤에서 다룰 꼬마 한스의 예화에서 '남자아이의 거세'를 살펴보자.

여자아이의 거세

오이디푸스 콤플렉스 초기에 여자아이는 모든 사람이 고추를 가지고 있다고 생각한다. 그러다가 고추를 자르겠다는 말(言)로 위협을 받았을 때는 감히 견딜 수가 없게 된다. 여자아이는 시각적으로 고추와 자신의 성기를 비교하면서 열등한 자신의 것을 발견한다. 또한 어머니가 거세되었음을 발견하고, 자신 또한 그렇게 되었다고 믿는다. 그럼에도 딸은 고추가 자라날 것을 원하며, 그것을 갖지 못한 어머니에 대해서 혐오감을 품는다. 결국, 딸은 어머니에게서 분리된다. 어머니와 딸의 이런 관계는 오이디푸스 이전 단계인 전(前)-오이디푸스기에 형성된다. 이 시기에서 벗어날 때, 딸은 아버지에 대한 욕망을 느낀다. 이는 딸이 거세 불안의 끝인 동시에 오이디푸스 콤플렉스의 시작, 즉 아버지를 욕망하기 시작하는 시점이다.

이론적으로 여자아이는 거세 불안 후에 오이디푸스 콤플렉스로 들어간다. 이 작은 아이는 아버지에게 친밀감을 느끼고, 어머니는 자신에게 하나의 장애물에 불과하다고 느낀다. 어머니가 아버지에게 속해 있기에 자신이 밀려난다고 느낀다. 딸은 어머니를 제거하기를 소망하지만 양가감정적 태도만을 취한다. 어머니를 향해 친밀한 감정과 미워하는 감정을 동시에 갖는 것이다.[94]

딸은 근친상간의 절대적 향락, 즉 아버지를 욕망한다. 딸은 법 기능을 하는 아버지에게서 어머니를 제거하지 못한다. 초자아는 법과 근친상간에의 향락 사이에 개입된다. 자아의 일부분은 법에, 또 다른 부분은 근친상간에의 향락에 참여한다. 전자는 초자아를 구성하고, 후자는 초자아를 피해 간다. 이렇게 딸에게서 자아의 일부분은 초자아에 의해 금지되므로 딸은 어머니를 제거하지 못한다. 그럼에도 딸은 어머니를 제거하려는 욕망을 포기하지 않는다. 또한 딸의 자아 일부분은 아버지를 욕망한다. 초자아가 욕망의 완전한 만족을 금지한다고 해도 그것이 딸이 욕망하는 것 자체를 방해할 수는 없다. 예로 든 딸의 경우에서 볼 수 있듯이 자아의 다른 부분은 자신의 욕망을 구체화하기 위해 다른 방도를 사용한다. 그것은 신체적 증상으로 나타나는 '찢어질 듯이 기침하기'이다. 기침은 이중적인 욕망을 담는다. 한편으로는 어머니에 대한 적개심을, 다른 한편으로

---

94 프로이트에 따르면 소년의 오이디푸스 콤플렉스는 거세 콤플렉스로 인해 사라지는 반면, 소녀의 그것은 거세 콤플렉스로 인해 발생, 개입된다고 한다.

114 제1부 프로이트가 본 사랑

는 아버지에 대한 욕망을 드러낸다. 뒤에 예화로 들 아들 한스가 아버지를 '말'(馬)로 대치하듯, 이 딸은 기침으로 어머니와 아버지를 대신한다. 그 결과 딸은 신경증 환자가 된다.

프로이트가 요약하길 "너는 어머니가 되기를 원하고, 지금 적어도 (기침 때문에 생긴) 고통 속에서 어머니가 된다."[95] 즉 '기침=어머니'라는 공식을 도입한다. 이것은 어찌 보면 '~이 되다'(사랑의 유형 I)의 유형이라고 할 수 있다.

그러나 이 경우는 달리 봐야 한다. 신경증의 특징은 억압이다. 억압된 주체인 '너'는 곧바로 '어머니'가 되는 것이 아니라, '고통'이라는 범위 내에서 어머니가 된다. 이때 '고통'은 어머니의 기침이다. 실제로 어머니가 기침을 했고, 억압된 주체 또한 어머니의 고통의 상징적 특징인 기침을 하게 된다. 이와 더불어 기침은 아버지에 대한 딸의 욕망을 막는 어머니의 방해에 관한 것이다. 딸은 어머니를 따라 기침함으로써 어머니와 관계하는 아버지에 접근한다. 이처럼 기침에는 이중적인 관계가 내포되어 있다.

따라서 이 사례는 '~이 되다'라기보다는 '~을 가지다'(사랑의 유형 II)로 보아야 할 것이다. 그러나 이 사례는 사랑의 유형 II에만 한정되지 않는다. 여기에는 더 복잡한 상황이 얽혀 있다. 우리는 이 사례에서 '딸'과 '어머니-아버지' 간의 상호 관계를 살펴볼 수 있다. 딸이 어머니의 기침을 취하는 것은 아버지에 대한 사랑 방식을 표현한 것으로 볼 수 있다. 딸은 초자아 때문에 직접적으로 아버지를 사랑의 대상으로 삼지 못한다. 그래서 아버지와 가장 자연스러운 사랑의 관

95 Sigmund Freud, *Essais de psychanalyse*, Paris, Payot, 1993, p.169.

계를 맺는 어머니의 위치에 서고자 한다. 즉 딸은 어머니의 위치에 정체화되고, 동성애적 위치에 거한다. 딸은 어머니 자체가 될 수 없음을 알 뿐 아니라 어머니를 동성애적 대상으로 취해서도 안 된다는 것을 안다. 그래서 딸은 기침이라는 어머니의 상징적 특징을 통해 어머니의 위치에 서서 아버지를 욕망하게 된다. 이런 대체 방식이 바로 '사랑의 유형 III: 상호적 첫사랑'의 구조이다. 이런 기반 위에서 '사랑의 유형 III'을 본격적으로 설명하는 프로이트의 본문에 근거하여 살펴보자.

정체화된 사람의 경우 – 기숙사에서 일어난 심리적 전염

프로이트가 쓴 다음의 글은 '사랑의 유형 III'이 무엇인지를 잘 보여 준다.

매우 빈번하고 의미 있는 증상 형성의 세 번째 경우는 정체화가 모방된 사람에게서 대상적 관계를 완전히 제외한다는 것이다. 예를 들어 기숙사의 여학생 가운데 하나가 사귀는 사람으로부터 편지 한 통을 받고는 히스테리 발작을 일으킨다면, 이 사실을 알고 있는 동료들 가운데 몇 명은 이 친구의 심리적 전염에 의한 발작에 감염될 수 있다. 이것이 유사한 상황 속에 들어가는 힘 또는 의지에 근거한 정체화 메커니즘이다.[96]

이 경우에서 우리는 우선, 첫 번째 주체(A)가 세 번째 주체(C)에 이미 정체화된 두 번째 주체(B) 사이에 개입되는 정체화를 발견하게

---

96 같은 책, pp.169-170.

된다. 즉 A는 B와 C의 '관계'에 정체화된다. 달리 말해 A는 'B와 C' 커플에 대해서는 제3자이다. 그럼에도 그 커플과 제3자(A) '사이'에는 사랑의 관계가 형성된다. 여기서 대상은 B도 아니고 C도 아닌, B와 C의 '결합 그 자체,' 즉 커플 그 자체(B-C)이다. 두 개의 주체가 아니라 둘이 하나로 연결된 '연결 그 자체'가 사랑의 대상이 된다. 이 것은 앞서 본 사랑의 두 유형과는 다른 성격의 대상이다. 또한 이는 매우 복잡한 정체화 상황이다. '사랑의 유형 Ⅲ: 상호적 첫사랑'에는 적어도 세 개의 주체가 얽혀 있다. 프로이트는 점차 리비도 방출이 없는 정체화 모델을 도입한다. 우리로서는 이 편지의 정확한 내용을 알 수 없다.

편지를 받은 여학생(B)은 기숙사 내에 있는 친구들의 연민을 자아낸 것 같다. 이 여학생이 편지를 받은 후 발작을 일으키자 가까운 친구 한 명(A)이 같은 경련에 사로잡힌다. 프로이트는 이것을 "심리적 전염을 통한 경련"[97]이라고 부른다. 여기서 커플은 편지를 받은 여학생(B)과 이 여학생에게 편지를 보낸 애인(C)이다. 하지만 이 커플(B-C)에 정체화되는 친구 한 명(A)이 문제의 발단이 된다. 이 친구는 어떤 메커니즘에 의해 그 커플에 정체화된 것일까? 이 친구가 사랑에 빠진 그 대상의 본질은 무엇인가?

프로이트는 이 심리적 전염에 대해 설명하면서, 연민과 정체화의 관계를 연구한다. 실상 그 여학생의 친구(A)는 자신의 친구(B)와 편지를 보내온 애인(C) 사이에서 발생하는 연애 사건 때문에 경련을 일으키는 것 같다. 그 친구(A)는 커플 간의 비밀스러운 연애 관계를

97   같은 책, p.170.

목도하고 있다. 이 과정에서 그 커플(B-C)의 관계에 정체화된다. 정체화는 단순한 심리적 전염이 아니다.

프로이트가 말하듯이 "이 전염 또는 모방은 기숙사의 친구들 사이에서 생기는 것이라기보다는, 그 전에 이미 두 사람 간의 연민을 받아들이는 상황 속에서 동일하게 생긴 것"[98]이다. 친구(A)는 경련이라는 상호 매개에 의해 연애 사건에 정체화된다. 이 정체화 구조는 "유사한 상황 속에 있으려는 가능성 또는 의지"[99]에 근거한다. '사랑의 유형 II: 가짐의 첫사랑'과는 다르게, 이 사례는 대상에 리비도 방출이 없는 정체화를 보여 준다. 즉 B와 C의 연애 사건에 A가 개입되는 것, 다시 말해 A는 B 또는 C라는 대상에 정체화되는 것이 아니라 그 둘 간의 연애 사건에 정체화된다. 다시 말해 A는 커플의 연애 사건에 정체화된다.

이렇게 사건에 정체화되는 것은 리비도가 B, C라는 대상을 향해 발산되는 것이 아니다. 대상이 없어도 리비도는 방출된다. 이 대상의 성격을 파악하는 것은 중요한 일이다. 잠시 뒤 도라의 사례 분석에서 이에 대해 다시 살펴보자.

어린이 한스, 사랑을 배우다

'불안으로 인한 경련'의 의미를 이해하기 위해 거세 콤플렉스와 신경증을 비교해 보기로 하자. 앞

---

98 같은 곳.

99 같은 책, pp.169-170.

에서 이론적으로 기술했듯이 딸에게 오이디푸스 콤플렉스는 거세 불안 이후에 시작되지만, 아들에게는 거세 불안으로 인해 끝난다. 프로이트는 말(馬) 공포에 사로잡힌 5세 '어린이 한스'에 대한 연구를 통해 개괄적으로 남자아이에게 있어서의 거세 콤플렉스를 형상화했다.

세 살 이전에 한스의 큰 관심거리는 '고추'였다. 어느 날 그는 옷을 갈아입는 아버지가 고추를 가지고 있는지 의문을 가지고 아버지에게 질문한다.[100] 이와 같은 질문은 어머니에게도 이어진다. 한스는 아버지의 고추가 말처럼 클 것이라고 생각했다. 세 살 반이 되었을 무렵, 자기 고추를 만지던 한스는 어머니에게 혼이 난다. 어머니는 자꾸 고추를 만지면 의사 선생님께 데려가서 잘라 버릴 것이라고 말한다. 이에 한스는 고추가 없으면 엉덩이로 오줌을 누면 된다고 말한다.

이런 이야기를 전해 들은 프로이트는 어머니가 한스에게 거세 위협을 가했다고 말한다. 한스가 사람과 동물이 고추를 가졌는지를 궁금해한 이유는 바로 이러한 거세 위협 때문이라고 말한다. 특히, 세 살 반이 되었을 때 한스의 여동생이 출생했는데, 이를 계기로 고추에 대한 아이의 관심은 더 커진다. 여동생이 출생할 때 핏물이 가득한 대야를 가리키면서 한스는 왜 자기 고추에서는 피가 나오지 않는 것인지를 고민한다. 여동생의 출현은 한스에게 많은 궁금증을 유발한다. 출생 일주일 후, 한스는 여동생의 목욕 광경을 보게 되고, 여동생에게 고추가 없다는 사실을 확인하게 된다. 네 살 반경에, 한

100 Sigmund Freud, *Cinq psychanalyses*, Paris, P.U.F., 1992, pp.95-98.

스는 여동생이 목욕하는 것을 보면서 남녀 간 성 기관의 차이를 새롭게 인식한다. 이런 과정을 거치면서 한스는 성적 호기심을 전개하며 어머니를 사랑의 대상으로 삼기에 이른다. 하지만 한스가 생각하는 어머니와의 사랑은 어머니와의 잠자리를 욕망하는 것과는 거리가 멀다. 프로이트는 그 이유를 이렇게 말한다.

왜냐하면 한스의 고추는 아버지의 것과 비교하면 상대도 되지 않기 때문이다.[101]

여기서 우리는 프로이트가 좀 성급한 해석을 내리고 있는 것이 아닌가 의문을 갖게 된다. 겨우 다섯 살밖에 되지 않은 아이가 어떻게 출산에 관한 지식을 갖고 있을까. 프로이트는 꼬마 한스가 어른 수준의 성 지식을 갖고 있다고 말한다. 여기서 프로이트가 말하고자 하는 것은 무엇인가? 아마도 프로이트는 오이디푸스 콤플렉스의 제3의 방해꾼으로서 아버지에 대해 언급하는 듯하다. 그렇다면 제3의 방해꾼에 대한 한스의 태도는 어떠한가? 한스는 제3의 방해꾼의 지배에 순순히 무릎 꿇지 않는다. 오히려 그와의 싸움에 돌입한다. 한스는 점차 거세 콤플렉스를 평정해 간다. 남자아이로서의 정체성이 고개를 드는 순간이다. 그 결과 부분적으로나마 어머니와 관련된 자신의 욕망을 인식할 수 있게 된다.

우리가 어떻게 그런 사실을 알 수 있는가를 묻는다면, 프로이트는 한스가 말하는 환상(기린 환상)과 증상(광장 공포증)을 우리에게 풀

---

101 같은 책, p.118.

이해 줄 것이다. 한스는 아버지를 상징하는 "두 마리 기린 환상"[102]과 거세 불안을 내포하는 '말 공포증'에 사로잡힌다. 이 환상은 한스에게 그의 욕망을 위장하기를 허락한다. 또 이것들은 어머니에 대한 '소유 쟁탈' 콤플렉스를 의미하는 듯하다. 이런 환상을 분석하면서 프로이트는 다음과 같이 충격적인 해석을 한다.

그로써 한스가 말하고 싶어 하는 것은 이러하다. 나도 어머니와 무엇인가 금지된 것을 하고 싶어. 잘은 모르지만 아버지 역시 그것을 한다는 것을 난 알고 있어.[103]

한스가 품은 환상과 증상 속에는 어머니와의 근친상간적 욕망이 내포되어 있다. 이렇게 한스의 첫사랑은 실현되지 못하고 환상과 증상으로 그 모습을 드러낸다. '사랑의 유형 Ⅲ: 상호적 첫사랑'으로 한걸음 접근하기 위해 한스에게서 증상의 본질을 세밀히 분석하는 것이 유용하리라고 본다.

이미 살펴보았듯이 프로이트에게는 양가감정의 알력이 중요한 정신분석적 요소가 된다. 동일한 대상을 향한 정당한 사랑과 정당화된 증오가 그것이다. 프로이트가 자주 말했듯이 증상은 특정한 장소를 갖지 않는 충동적 만족의 대리물이자 신호이다.[104] 한스의 두려움은 아버지를 향한 애정과 동시에 그에 대항하여 발산하는 공격

---

102 같은 책, pp.179-180.
103 같은 책, p.180.
104 Sigmund Freud, *Inhibition, symptôme et angoisse*, Paris, P.U.F., 1975, p.52 그리고 p.36 참조.

성 간의 양가감정적 마찰 현상 외에 다른 것이 아니다.[105]

남자아이의 거세

앞서 우리는 여자아이의 오이디푸스 콤플렉스와 거세에 대해 알아보았다. 그러면 이제 남자아이의 오이디푸스 콤플렉스와 거세에 대해 알아보자. 아들에게 아버지를 향한 전(前)-오이디푸스적 증오가 없음은 분명한 사실이다. 어릴 때 사내아이는 누구나 고추를 가졌다고 생각한다. 이 고추는 계속해서 아버지에 의해 말(言)로 위협당하는 대상이 된다. 여성의 벗은 모습을 보면서 아이는 어머니도 거세당했다는 사실을 발견한다. 그 후 자신도 여성처럼 거세될 수 있다는 생각에 거세 불안을 갖게 된다.

결국 아이는 어머니와 분리되고 다른 여성들을 사랑의 대상으로 취한다. 건강한 남자아이로 성장해 가는 것이다. 왜 한스는 아버지를 대리하는 말(馬)에 대해 두려움을 갖는가? 그것은 한스가 아버지를 거세자로 이해하기 때문이다. 이 위협 전에 한스는 아버지를 증오하지만 또 다른 한편으로는 그를 사랑한다. 프로이트는 한스의 불안을 다음 두 가지로 분석한다.

아버지에 대한 두려움과 아버지를 위한 두려움. 전자는 아버지에 대항하는 적개심에서 유래하고 후자는 적개심을 지닌 자상함(여기서는 반응으로 과장된)에 대한 갈등에서 유래한다.[106]

---

105 Sigmund Freud, *Introduction à la psychanalyse*, Paris, Payot, 1990, p.420 참조.
106 Sigmund Freud, *Cinq psychanalyses*, Paris, P.U.F., 1992, p.122.

한스는 아버지를 말(馬)로 대체하면서 아버지에 의해 행해지는 거세에서 도피한다.[107] 그 결과 불안이 생겨난다. 불안에서 파생된 위험은 완벽하게 내부 욕동의 위험이지 외부에서 지각할 수 있는 위험이 아니다. 거세자로서의 아버지의 특징은 비인칭화되고 일반화된다. 그러므로 "아버지에 의한 거세 불안은 사회적 불안 또는 비특정적인 불안으로 변형된다."[108] 바로 여기서 초자아가 등장한다. 한스에게 아버지란 두려움을 자아내는 대상인 동시에 두려움이라는 것으로 높여 주어야 하는 대상이다. 거세 위험을 거치면서 한스는 자신에게 위협적인 대상인 동시에 자기가 정복한 그 대상을 이해하게 된다. 거세 위협을 극복한 한스에게 아버지는 상징적으로 죽은 대상이 된다. 한스는 상징적으로 죽은 이 대상을 애도한다. 이 애도에는 죄책감이 담겨 있다. 그래서 한스는 아버지를 사랑하는 범위 내에서 아버지의 권력을 갖고자 노력한다. 이는 남자아이로서 정체성을 갖는 데 필수적인 동력이 된다.

불안에 대해 좀 더 부연해 보자. 1923년 소고 「오이디푸스 콤플렉스의 소멸」[109] 마지막 부분에서 프로이트는 향후에 오토 랑크의 저서 『출생에 따르는 심한 충격』에 대한 의견을 밝힐 것이라고 말한다.

나는 오토 랑크가 『출생에 따르는 심한 충격』에서 주장한 남자아이의 오이디푸스 콤플렉스가 거세 불안 사건으로 소멸된다는 이 작은 연구 결론을 엄밀한 검증과 토론 없이는 수용할 수 없다. 지금 우리에게 이

---

107 Sigmund Freud, *Inhibition, symptôme et angoisse*, Paris, P.U.F., 1975, p.26 참조.
108 같은 책, p.152.
109 Sigmund Freud, *La vie sexuelle*, Paris, P.U.F., 1977, pp.117-122.

토론은 시기상조일 것 같다. 또 오토 랑크의 개념에 대해 비판이나 찬사를 보내기에도 시기가 적절하지 않은 것 같다.[110]

3년 뒤, 프로이트는 『억압, 증상 그리고 불안』에서 불안에 대한 아들러와 랑크의 개념을 비교하면서 자신의 의견을 개진한다. 결국 프로이트는 오토 랑크의 연구 결과인 '오이디푸스 콤플렉스가 거세 콤플렉스가 사라짐과 동시에 소멸된다는 점'을 인정하게 된다. 자아 속에 침투된 아버지 또는 부모의 권위는 초자아의 핵심을 형성하게 된다. 남자아이에게 어머니와의 근친상간 금기는 무의식적인 것이 되고, 이러한 금기는 욕망의 완전한 만족에 대한 금기를 상징하는 초자아일 뿐이다. 프로이트는 『정신분석요론』에서 초자아를 "오이디푸스 콤플렉스의 잔류이고, 이것의 청산 이후에만 형성"[111]되는 것이라고 기술하고 있다.

불안의 원인을 억압이라고 보았던 프로이트는 『억압, 증상 그리고 불안』에서 억압의 원천이 거세 불안이라고 수정하게 된다. 그는 명료한 문장으로 그 흔적을 남기고 있다.

억압을 낳는 것이 불안이지, 내가 예전에 말했듯이 불안을 낳는 것이 억압이 아니다.[112]

거세 불안은 억압을 생산한다.[113] 만약 억압이 불안을 생산한다면

---

110 같은 책, p.122.

111 Sigmund Freud, *Abrégé de psychanalyse*, Paris, P.U.F., 1973, p.85.

112 Sigmund Freud, *Inhibition, symptôme et angoisse*, Paris, P.U.F., 1975, pp.27-28.

113 Jacques Lacan, "Position de l'inconscient," in *Ecrits*, Paris, Seuil, 1966, p.830 참조.

충동적 불안의 본성은 불안이 아니라 억압일 것이다. 거세 불안은 사회적 불안(과/또는) 도덕적 불안으로 변형되고 자아비판을 담당하게 될 초자아는 "아이에게 너무나 중요한 애정적 관계의 잔류로서 나타난다."[114]

프로이트는 출생의 상처로 인해 생기는 상황 불안과 어머니의 부재로 인해 생기는 상황 불안을 구분한다. 출생과 같이 외상적 상황에서 생기는 불안은 대상의 부재에 민감하게 반응한다. 아이는 점차 반복되는 경험을 통해 일시적인 부재와 영원한 상실을 구분할 수 있게 된다.[115]

아이는 대상의 일시적인 부재를 견디기 위해 놀이를 한다. 프로이트의 유명한 표현인 '포르트-다'(Fort-Da, 와라-가라)가 그것이다. 아이는 장난감을 가지고 놀면서 장난감이 자기에게 보일 때와 보이지 않을 때를 구분하기에 이른다. 이 놀이는 아이로 하여금 자신이 사랑하는 대상이 함께할 때와 부재할 때를 구분할 수 있게 한다. 그래서 사랑하는 대상의 일시적인 부재를 극복하게 한다. 반복되던 만족 상황이 부재할 경우, 아이는 항구적인 것이 아닌 주기적 부재로써 체득되는 하나의 대상을 만든다. 아이에게 있어서 어머니는 반복된 만족 경험으로 만든 대상이다. 이 놀이를 통해 아이가 상황 불안을 완전하게 극복한 것은 아니다. 왜냐하면 아이에게 이런 놀이를 반복하게 하는 것은 대상의 영원한 부재이기 때문이다.

---

114 Sigmund Freud, *Nouvelles conférences d'introduction à la psychanalyse*, Paris, P.U.F., 1984, pp.89-90.

115 같은 책, p.99.

도라의 사랑은 신비하다

프로이트는 브로이어와 공동으로 저술하면서 히스테리 환자 분석에 '감정전이,' '성의 우위,' 그리고 '유혹 이론'을 개입시킬 것인지에 대해 논쟁한다. 그 결과 『히스테리 연구』를 발간한 이듬해 1896년 봄, 프로이트와 브로이어는 이론적인 결별을 하게 된다. 이런 개념을 개입시키면서 연구하던 중 프로이트는 히스테리 환자의 심리 구조를 보편적 심리 구조로 일반화할 수 있는가의 문제를 궁리하게 되고, 유혹 이론에서 욕망 이론으로 접근하게 된다. 이런 탐색이 진행되고 얼마 후, 그는 '도라'(Ida Bauer)라는 소녀의 경우를 접하게 되고, 그 사례를 보편화한다.

젊은 환자 '도라'의 증상을 기술해 보도록 하자. 도라는 여덟 살 때부터 신경 장애를 겪어 왔고, 지속적인 호흡기 질환으로 고통받아 왔다. 이 여자아이는 유년기 때 흔히 걸리는 전염병에 감염된 적이 있다. 계속해서 열두 살경에는 기침 발작과 편두통이 나타났다. 편두통은 드물게 나타나다가 열여섯 살경에는 사라졌다. 그러나 심한 감기로 인해 생긴 신경증적 기침은 계속되었다. 그녀는 열여덟 살에 프로이트의 치료를 받게 되는데, 신경성 기침이 한번 시작되면 3-5주 정도 계속되거나 심지어는 몇 달씩 계속되기도 했다. 이미 언급했듯이 신경증 기침 발작은 도라가 여덟 살이 되던 해부터 시작되었다. 이러한 도라의 병인을 밝히기 위해 프로이트는 환자의 유아 시절을 조사하게 된다.

프로이트가 검증한 도라의 집안 내력을 살펴보자. 'B' 도시로 이사한 후 도라 가족은 'K'(Hans Zellenka)라는 가족을 알게 되고 이 가족과 친밀한 유대 관계를 형성한다. K씨의 부인(Giuseppina)은 도라의 아버지가 투병하는 동안 간호도 해 준다. 이 상황은 두 가족을 가깝게 만든다. 이런 과정에서 도라는 다음과 같은 복잡한 사랑의 구도를 만들고 이를 폭로한다. 도라의 아버지와 K씨의 부인, 도라와 K씨 그리고 도라와 아버지, 도라와 K씨의 부인, 도라와 어머니. 도라의 아버지에 의하면, 이 관계는 사실적인 것이라기보다 도라가 만든 것이다. 아버지는 도라의 성적 환상을 치유하기 위해 도라를 프로이트에게 맡긴다.

좀 더 세밀하게 도라의 삶에 접근해 보기로 하자. 도라는 분석을 받는 동안 열네 살 때 경험한 놀라운 사건을 고백한다. 도라가 K씨로부터 성폭행을 당했다는 것이다.[116] 도라는 프로이트에게 치료를 받게 되는 열여덟 살 때까지 이 비밀을 유지한다. 이런 기간을 보내는 중에 이 소녀는 아버지와 K씨의 부인 간의 관계를 관찰하게 된다. 그들 사이에 무슨 일이 있었던 걸까?

K씨 가족은 도라의 아버지가 중병에 걸리기 이전부터 알고 지내던 사이였다. "아버지가 중병을 앓고 있을 당시 어머니가 아버지의 간호를 소홀히 했을 때 그 젊고 아름다운 부인이 환자 간호를 자처하면서 관계가 친밀하게 되었다."[117] 이런 일은 도라로 하여금 아버지와 K씨 부인 간의 관계를 의심하게 했는데, 때로는 도라가 더 큰 의

---

116 Sigmund Freud, *Cinq psychanalyses*, Paris, P.U.F., 1992, p.18. "소녀가 (K씨의) 가게에 들어갔을 때, 그는 혼자였다. 차양을 내리면서, 이층 계단으로 오르는 문 곁에서 거리가 좁혀지길 기다리던 그(K씨)는, 소녀를 안았다. 그는 소녀를 꼭 껴안고, 입을 맞추었다. 남자에게 성적 흥분 같은 느낌을 받아본 적이 없던 열네 살 소녀는 무언가가 자신을 자극하는 것을 느꼈다. … 이 순간 역겨움을 느꼈고, 그를 과격하게 밀쳐내고, 가게를 빠져나갔다. 그런데도 소녀는 K씨 집에 간혹 들렀다."
117 같은 책, p.21.

심을 품을 만한 일이 발생하기도 했다. K씨 부인이 호텔에서 자신의 방이 좋지 않다면서 도라 아버지의 앞 방을 사용하게 된 것이다.[118] 아버지와 K씨 부인 간의 의심스러운 관계는 여기서 끝나지 않는다.

프로이트는 이 사실을 자세하게 전해 준다. B 도시로 돌아온 후, "아버지는 매일 일정한 시간이 되면 … K씨가 가게에 있을 동안 K씨의 부인을 방문한다. 도라는, 함께 산책할 때도 아버지와 K씨의 부인은 늘 서로 동떨어져서 담소를 나눈다는 사실을 언급한다."[119] 의심은 꼬리에 꼬리를 물고 커져만 간다. 이 소녀는 또 "K씨의 부인이 자신의 처지에서 혹은 자기 남편의 월급으로는 도저히 감당할 수 없이 과소비하는 것을 보고 그녀가 (자기 아버지로부터) 돈을 받는다고 생각한다. 또한 아버지도 K씨의 부인에게 중요한 선물을 하기 시작한다."[120]

K씨 부부가 B 도시를 떠나 빈(Wien)으로 이사 간 이후에도 그들의 관계는 계속된다. 그리고 "가끔 아버지는 이 침울한 기운을 참을 수 없다면서, B 도시를 떠나 (빈으로) 가곤 했다."[121] 게다가 도라는 아버지가 몇 가지 비밀스러운 이유들 때문에 빈으로 가야겠다는 결심을 했다고 의심한다.[122] K 가족이 빈으로 이사한 3주 뒤 도라 가족도 그곳으로 이사했기에 도라는 길거리에서 K씨의 부인과 아버지가 빈

---

118 같은 책, p.22에 보면, "쾌유 이후 첫 요양 시기 동안, 두 가족은 같은 호텔에 함께 머문 적이 있다. 도라는 점차 아버지와 K씨의 부인 사이가 비밀스러운 관계일 거라고 의심하게 된다. 그러던 어느 날 그 부인은 자기 아이들과 방을 같이 사용할 수 없다고 선언하고, 며칠 뒤 자기 방을 나와 도라의 아버지와 복도를 사이에 둔 맞은편 끝 방을 사용하게 된다"고 나온다.

119 같은 곳.

120 같은 곳.

121 같은 곳.

122 같은 곳.

번히 만나는 것을 목격한다. 도라의 연상은 줄기차게 K 가족과 관계를 갖는 아버지에 있는 듯하다.

K씨가 자기 부인과 도라 아버지 간의 관계를 눈감아 주는 대가로, 도라 자신이 K씨에게 건네졌다는 생각이 들자 도라는 분노가 치밀어 올랐다. 그리고 아버지를 향한 도라의 애정 뒤로, 그에 의해 방치된 데 대한 분노를 느꼈다.[123]

도라가 구상한 각본은 매우 그럴싸하다. 도라의 아버지는 K씨 부인과의 관계를 방해받지 않기 위해, 자기의 딸을 향한 K씨의 행동 따위는 전혀 생각하지 않는다. 오히려 도라는 아버지에게 비난을 퍼부으며 K씨가 자신에게 추근대는 것이 아버지 때문이라고 생각한다.
히스테리 증상은 심리적, 그리고 신체적 요인에서 기인한다. 모든 히스테리 증상은 이 두 가지 매개 변수를 취하는데, 그 이유는 병리학적 과정에 의해 신체 기관 속에 드러나는 육적 만족과 심리적 과정 없이는 히스테리 증상이 생기지 않기 때문이다.

이제 우리는 심한 기침 발작과 도라의 실성(失聲) 간의 연관에 대하여 정신분석적 해석을 내리지 않고, 이 이면에서 작용하는 신체 기관 증상(일시적으로 부재하는 사랑의 대상을 대체하는 어떤 대상에게 정체화된 결과, 신체의 특정 부위에 증상이 생기는 것)을 밝혀낸다.[124]

---

123 같은 책, p.23.
124 같은 책, p.28.

도라의 증상은 심한 기침과 그로 인해 목소리가 나오지 않는 것이다. 왜 도라는 오랜 기간 동안 기침 발작을 일으키는 것일까? 프로이트가 볼 때, 즉 정신분석 측면에서 볼 때 기침과 실성 간에는 아무런 관계가 없고, 도라의 무의식적 사고와 신체적 과정 간에 어떤 연관이 있다. 프로이트는 이것을 일컬어 포기되고도 단순화된 수수께끼라고 불렀다. 히스테리란, 신체의 한 부분이 무의식적인 것을 표상한다는 것이다.[125]

열두 살 때부터 시작된 도라의 기침은 히스테리 증상이 목구멍이라는 신체 기관을 통해 재현되고 있음을 보여 준다. 도라의 증상이 의미하는 바는 명백히 아버지의 감정을 움직여 자기에게로 돌려놓는 데 있다. 프로이트는 이 사실을 확신하면서, "아버지에 대한 비난과 기침이 계속될 때, 나(프로이트)는 이 증상이 아버지와 관련된 어떠한 의미를 가져야 한다고 생각했다"[126]라고 말한다. 이 가설은 프로이트에게 중요한 기준을 제시하는 기회이다.

증상은 성적 내용물에 대한 환상, 즉 성적 상황의 표현 또는 실현이다. 더 상세히 말하면 성적 환상의 표현은 적어도 증상의 의미와 상응한다.[127]

125 같은 책, p.29. "모든 심리신경증 환자에게서 심리적 과정은, 신체 속의 한 통로가 무의식적 심리 과정으로 이어진다는 신체적 요인을 고려해서 이루어진다. 이 요인이 작용하지 않는 곳에는 더 이상 히스테리 증상은 없고, 그것은 단지 외형적인 어떤 것, 두려움 또는 강박, 간단히 말해 심리적 증상일 뿐이다."
126 같은 책, p.32.
127 같은 책, p.33.

결국, 프로이트는 상상적인 성적 상황과의 관계에서 이 신경증적 기침을 설명한다. 도라가 생각할 때 K씨의 부인이 아버지를 사랑한 것은 그가 "부유한 사람이었기 때문이다."[128] 프로이트가 도라와 나눈 대화에서 부유한 아버지의 이미지는 무엇을 의미하는가? 도라는 이 의미 또한 프로이트에게 전달한다.

도라의 아버지는 부자가 아니다. 이러한 주장은 성적인 의미만을 가질 뿐이다. (도라가 말하길) 나의 아버지는 남자로서는 무능력하다.[129]

자세히 들여다보면 이 대화에는 모순이 있다. 도라가 보는 아버지는 실제로 부유하지 않지만 부유한 사람으로 표현된다는 것이다. 여기서 부유하다는 것을 성적인 면에서 이해한다 해도 도라가 생각하는 아버지는 성적으로 빈약한 사람이다. 하지만 현실에서 도라의 아버지는 재정여건이 좋은 회사를 경영하고 있었다.[130]

정신분석 도중에 도라 자신은 이 모순을 발견하고, 아버지와 K씨의 부인의 관계에서 발생하는 성적 환상에 대해 말한다. 다시 말해 도라는 성관계에서 성 기관이 아닌 다른 기관을 사용할 수 있다는 성 지식을 갖고 있었다. 이 사실로 미루어 볼 때, 아래의 추론이 불가피하다.

발작을 동반하고 목구멍 간질에 의해 습관적으로 발생되는 이 기침은,

---

128 Sigmund Freud, *Cinq psychanalyses*, Paris, P.U.F., 1992, p.33.
129 같은 곳.
130 같은 곳. "한편 K씨 부인과의 관계는 일상적인 연인 사이였다고 믿는 것, 또 다른 한편 자기 아버지는 무능력, 즉 성관계의 상대로는 불가능한 사람이라는 것이다."

끊임없이 그녀를 불안하게 만드는 두 사람 사이에서 벌어지는 구강성교의 성적 만족 상황을 표현한다.[131]

기침은 도라 아버지와 K씨 부인 간의 구강성교에서 비롯되며, 특히 아버지의 성기가 K씨 부인의 목구멍에 들어간 것을 표상한다. 도라가 했던 심각한 기침은 구강성교의 상황을 묘사하고, 이에 대한 해석이 도라에게 납득된 후에 사라졌다. 이 사례는 프로이트가 생각하는 전형적인 히스테리 사례에 해당한다. 그렇다면 도라의 경우는 '사랑의 유형 Ⅲ: 상호적 첫사랑'과 어떤 관계가 있는가?

우선, 도라는 아버지와 K씨 부인의 관계를 생각한다. 도라가 생각하기에 K씨 부인은 아버지에게 욕망의 대상이고, 아버지 역시 K씨 부인에게 욕망의 대상이다. 도라는 자기 자신이 아버지의 욕망의 대상이 되기를 원한다. 따라서 이 소녀는 그 사랑의 대상이 되기 위해 아버지의 사랑을 받는 K씨 부인의 자리에 위치하고자 한다.

도라가 사랑하는 주체일 뿐 아니라, 사랑받는 객체가 되기를 원한다고 프로이트는 생각하는 것 같다. 도라는 K씨의 부인을 자신이라 여기고, 자신이 그 자리를 점하면 아버지가 K씨의 부인을 바라보는 것처럼 자신을 바라봐 준다는 환상을 갖는다. 즉 K씨 부인의 자리에서 아버지의 바라보기 대상이 되고자 한다. 여기서 K씨 부인의 자리는 구체적으로 도라가 생각하는 아버지와 K씨 부인의 구강성교 장면이다. 사건으로서 구강성교 장면인 것이다. 도라는 아버지와 K씨 부인의 성관계 장면에 정체화되면서 아버지와 사랑의 관계

131 같은 책, pp.33-34.

를 맺는다. 어머니의 기침을 취하면서, K씨 부인의 목구멍에 걸린 아버지의 성기를 환상하면서, 도라는 한편으로는 어머니와의 동성애적 비난도 피하고, 다른 한편으로는 아버지와 K씨 부인 간의 구강 성교도 방해하게 된다. 분석을 통해 알려진 기침이라는 것이 갖는 의미는 다중적이다.

'사랑의 유형 Ⅲ: 상호적 첫사랑'의 대상 본질을 '기침'이라는 매개를 통해 관찰해 보자. 나지오에 따르면, 자아가 흥분의 대상으로서 하나의 대상에 정체화될 때, 자아는 "무의식적·심리적 상징의 충격 안에 있는 구멍의 자리"[132]에 위치한다. 정체화되는 자아, 즉 도라는 이 구멍에 위치한다. 이 구멍은 역설적인 자리인 듯하다. 이 구멍은 사랑하는 주체로서의 도라가 사랑받는 객체로서의 도라를 만나는 지점이다. 이 구멍은 '도치된' 사랑의 은유 또는 '도치된' 전이라고 볼 수 있다. 왜냐하면 라캉은 사랑받음에서 사랑함(주고받음)으로의 전환을 사랑의 은유 또는 전이라고 말하는데, 도라의 경우는 이와 반대이기 때문이다. 히스테리 환자에게 있어 대상의 본성은 압축되어 있고, 이 압축된 면을 분리해 보면 여러 겹으로 포개져 있는 대상들이 나타난다.

> 모든 꿈, 증상 또는 히스테리 환상은 세 겹의 정체화를 압축하고 실현한다.[133]

---

132 Juan David Nasio, *Enseignement de 7 concepts cruciaux de la psychanalyse*, Paris, Payot, 1992, p.161.
133 같은 책, p.261.

아마도 도라의 경우, 도라가 정체화되는 '대상'은 매력적인 K씨 부인도, K씨 부인을 욕망하는 아버지도 아닌 ―나지오의 말에 의하면― 두 여인의 향락 대상, 즉 그 둘의 성적 흥분 장면이다. 도라는 아버지가 욕망하는 자리에 가고자 한다. 이 자리는 K씨 부인의 자리가 아니다. 그 자리에 K씨 부인이 있을 뿐이다. 도라는 자기가 K씨 부인이 되어야 하지만 그럴 수 없다는 것을 안다. 그렇다고 K씨 부인과 아버지가 나누는 성적 행위를 취할 수도 없다. 그래서 도라는 K씨 부인이 자신의 아버지와 나누는 사랑 방식인 구강성교 장면, 바로 그 사건에 정체화된다.

이 장면과 기침에는 어떤 연관이 있는가? 한편으로 구강성교와 목 사이에는 필시 어떤 연관이 있음이 분명하다. 또 다른 한편으로 도라의 기침과 자기 어머니의 지병에서 비롯되는 심한 기침 사이에도 어떤 연관이 있다. 왜 두 장면이 연관되는가? K씨 부인의 자리는 또한 어머니의 자리이기도 하기 때문이다. 도라에게 어머니는 도라가 아버지에 접근할 수 없도록 하는 요인이고, K씨 부인 또한 그런 요인이다. 도라가 가고자 하는 자리는 K씨 부인의 자리도, 어머니의 자리도 아니다. 단지 그 자리에 K씨 부인과 어머니가 있을 뿐이다.

이처럼 히스테리 환자는 하나의 유일한 대상에 정체화되지 않는다. 히스테리 환자가 겨냥하는 대상이란, "환상화된 커플을 서로 엮어 주는 관계, 사이"[134]라고 볼 수 있다. 그러므로 특정한 물건만이 대상이 되는 것은 아니다. 시간과 공간에 표현되는 관계 또는 틈, 장

---

[134] 같은 책, p.162.

면도 대상이 될 수 있다는 것이다. 이러한 대상은 성취되지 않은 욕망이 환상 속에서 되풀이되게 만드는 원인이다. 도라에게 이런 성격의 대상은 동성애적 특성을 지닌다. 도라가 기침이라는 증상에서 벗어나려면 동성애적 특성에서 벗어나서 이성애적 특성을 가져야 한다. 그래서 양성의 특징을 교류해야 한다. 앞서 말했듯이, 프로이트는 동성애자를 비동성애자로 만드는 것이 치료의 목적이 아니라 건강한 양성애자로 만드는 것이 치료의 목적이라고 말한다. 그는 인간이 양성애적 성향을 타고났다고 생각하기 때문이다.

도노번은 우리에게 프로이트가 동성애 치료에 대해 어떤 태도를 보였는지를 알려 주는 흥미로운 이야기를 제공한다.[135] 이 이야기는 헬렌 도이치가 손자에게 들려준 이야기이다.

빈에서 프로이트의 지도 아래 상담소를 개업하고 있을 때 헬렌은 어느 레즈비언 환자를 돌보았다. 치료가 성공하여 그 환자는 일상 생활을 하는 데 어려움을 겪지 않게 되었다. 그러나 그녀는 여전히 레즈비언이었고, 이것이 헬렌에게는 걱정거리였다. 결국 헬렌은 이 사실을 프로이트에게 상담했는데, 프로이트는 답하길 "그녀가 행복하다면 그것이 무슨 문제인가?"라고 했다. 프로이트의 입장으로는 순전히 남성적인 사람도, 순전히 여성적인 사람도 없다. 오히려 모든 개인은 자신의 성별이 갖는 생물학적 특성과 다른 성으로서 타인이 갖는 생물학적 특성을 혼합하여 갖고 있다. 즉 성의 수동성과 능동성을 함께 갖고 있다. 이런 의미에서 프로이트는 하나의 성에

---

135 조세핀 도노번, 김익두·이월영 옮김, 『페미니즘 이론』, 서울, 문예출판사, 1993, pp.171-172. 도노번은 이 이야기를 다음의 문헌에서 인용한다. Interview with Jonathan Katz, in *Gay American History*, 1974, p.247.

충실한 사람보다는 양성을 갖는 것이 유연한 모습이라 생각하는 듯하다.

동성애라는 것이 타고나는 것인지 환경에 의해 조성되는 것인지, 논란이 있는 듯하다. 프로이트는 앞서 보았듯이 타고난 양성을 말한다. 이런 흐름 가운데서 어떤 이들은 사회적 젠더(gender)를 강조한다. 양측은 동성애를 있는 그대로 지켜 주자는 데는 공감을 하지만, 동성애가 어떻게 이루어지는지에 대한 의견에는 다소 차이가 있다고 볼 수 있다.

앞서 보았듯이 오이디푸스 콤플렉스는 긍정적 오이디푸스 콤플렉스와 부정적 오이디푸스 콤플렉스로 나뉘어 설명되지만, 양성적인 측면에 강조점을 두어 양가감정적 오이디푸스 콤플렉스로 귀결된다. 인간이 사회화된다는 것은 긍정적 오이디푸스 콤플렉스의 길을 걷도록 인도됨을 뜻하는 것도, 부정적 오이디푸스 콤플렉스의 길을 걷도록 인도됨을 뜻하는 것도 아니다. 프로이트는 인간에게는 양성적인 측면이 있기에, 이 둘이 조화를 이루는 것이 중요하다고 보는 것 같다. 이런 의미에서 도라가 정체화되는 장면이 보여 주는 대상의 성격은 치료의 관점에서 볼 때 매우 중요하다. 왜냐하면 그 대상은 이성애적인 것보다는 동성애적인 것에 치우쳐 있기 때문이다. 치료의 방향은 열등한 이성애적 리비도를 촉진시켜 이성애적 리비도와 동성애적 리비도가 서로 견줄 수 있을 만큼의 균형을 이루는 것에 있다고 볼 수 있다. 관례적인 처방을 내리기 전에, 정신분석적 진단을 내리는 것이 중요하다.

오이디푸스 콤플렉스는 사랑의 근본 틀이다. 이 틀에서 사랑이 싹튼다. 그러니까 사랑에는 운명이 있다. 갑자기 나타나거나 새롭게 나타나는 사랑의 대상은 결코 없다. 나를 위한 사랑의 대상은 어딘가에서 늘 나를 기다리고 있다. 그 대상을 찾는 과정이 바로 사랑의 과정이다. 정신과 전문의로서 우리에게 심금을 울리는 글을 전해 주는 김혜남은 이렇게 말한다. "어느 날 어떤 대상에게 갑자기 빠져들게 되는 것이 결코 우연이 아닌 이유가 여기에 있다. 즉 우리는 처음에 상대방에게 무조건적으로 빠지는 게 아니라 매우 조건적으로 빠져든다. … 특히 첫눈에 반하는 사랑의 경우 그 대상은 이미 오래전부터 마음속에 그리고 있던 연인의 모습에 가까운 사람이며, 그 대상은 자신의 내적 상태와 밀접한 관계가 있다. 그중 가장 흔한 것이 부모와 같은 유형을 찾는 경우다."[136] 김혜남이 말하는 사랑에 빠짐은 프로이트가 말하는 오이디푸스적 사랑에 근거한 것임을 알 수 있다. 결국 인간은 자신이 갖고 있는 어떤 틀 안에서 사랑을 하게 된다. 이런 의미에서 사랑이란 이전 감정의 재편집이며 모든 사랑은 재발견되는 것일 뿐, 새롭게 시작되는 것은 아니다. 그래서 김혜남은 "그런 의미에서 보자면 사랑은 무의식의 운명이다. 오랫동안 자기의 무의식에서 갈망하던 대상이 그 사람이며, 어떤 특정한 상황에서 자신이 내적으로 필요로 하는 사람이 바로 그 사람인 것이다"[137]라고 말한다. 이처럼 사랑은 심적 결정론과 깊은 연관이 있다.

---

136 김혜남, 「나는 정말 너를 사랑하는 걸까?」, 서울, 랜덤하우스중앙, 2004, p.25.
137 같은 곳.

사랑의 유형 Ⅲ은
제1, 2차 나르시시즘을 넘나든다

이 장에서, 우리는 '사랑의 유형 Ⅲ: 상호적 첫사랑'에 대해 알아보았다. 이런 사랑의 유형에는 다중적인 성격을 지닌 증상의 대상이 중요한 역할을 한다. 가령 한스에게서 말과 기린, 도라에게서 기침이 그것이다. 말과 기린은 대체 표상이다. 그것은 무엇을 대체하는가? 이것이 해석의 관건이다. 프로이트는 관찰을 통해 그 대상으로 아버지를 염두에 두었다. 고추를 만지는 한스를 위협하는 사람은 어머니지만, 프로이트는 어머니를 말과 기린의 표상이라고 말하지 않는다. 오히려 한스에게 문제가 되는 것은 아버지라고 본다.

그리고 도라의 사례에서 한편으로는 어머니가 기침한다는 사실에 근거해서 기침을 통해 어머니에 정체화되는 도라를 볼 수 있고, 다른 한편으로는 목구멍을 이용한 구강성교의 주체(아버지와 구강성교하는 K씨 부인)에 정체화되는 도라를 볼 수 있다. 어머니의 기침을 취하고 K씨 부인의 위치에서 도라가 겨냥하는 것은 바로 아버지이다.

우리는 여기서 '한스-말·기린-아버지,' '도라-기침-아버지'라는 관계를 이끌어 낸다. 이 관계에서 증상은 가운데에 위치한 말 공포증과 기린 환상, 기침이다. 증상이 보여 주는 것은 한스와 아버지 간의 관계, 도라와 아버지 간의 관계다. 엄밀하게 말해 도라는 아버지를 직접적으로 취할 수 없다. 그래서 도라는 K씨 부인의 자리를 빌린다. 그래서 도라의 이야기를 다시 정리하면 '도라-기침-K씨 부인'이 된다. 한스의 사랑과 미움의 대상이 아버지라면, 한스는 동성애적 구도에 있게 된다. 이는 도착증이다. 도라의 사랑과 미움의 대상은 아버지이지만, 도라가 선택한 것은 K씨 부인의 위치이다. 그래서 도라는 K씨 부인과 동성애적 관계를 형성한다. 이 또한 도착증이다. 한스와 도라의 사랑은 동성 대상에 정체화되는 사랑으로 볼 수 있다. 이는 현실에서는 받아들여지기 어려운 사랑이다. 그래서 이 사랑은 증상 형태의 복잡한 구도 속에 숨어 있게 된다. 정신분석을 통해 그 의미가 밝혀지기까지 증상의 주체 자신도 그 의미를 알지 못한 채 살아가는 것이다. 우리는 여기서 임상 진단에 대해 제고하게 된다. 신경증의 범주에서 한스 사례를 거세 불안과 광장 공포증으로, 도라 사례를 히스테리로 진단한다면, 정신증과 함께 3대 임상 구조의 하나인 도착증 범주에 이 사례를 등록할 수는 없다. 한스가 거세 공포에 있을 때 발생하는 불안을 피하기 위해 동성 대상의 대체물에 정체화하고, 도라가 신경증적 기침으로 고통받을 때 동성 대상의 위치에 정체화했는데, 그 이후 한스는 건강한 청년이 되었고, 펠릭스 도이치의 분석을 받은 도라도 더 이상 기침을 하지 않게 되었다. 이처럼, 어느 시점에서 상이한 임상 구조가 환자에게 나타날 수도 있는데, 이를 잘 파악하여 진단하는 것이 중요하다. 프로이트가 살았던 당시의 현실에서 동성애적 사랑은 용납될 수 없는 것이었다. 프로이트는 20세기의 가장 불행한 병으로 동성애를 말한 바 있다. 그만큼 동성애를 바라보는 당대의 시선이 따가웠음을 알 수 있다.

왜 한스는 아버지를 사랑의 대상으로 순수하게 받아들이지 못하고 두려움의 대상으로 인식하는가? 왜 도라는 아버지를 사랑의 대상으로 기꺼이 받아들이지 못하고 오히려 자신을 K씨에게 양도해 버린다고 아버지를 비난하는가? 여기서 우리는 아버지가 생각하는 한스, 아버지가 바라보는 도라는 한스가 바라보는 아버지, 도라가 바라보는 아버지와 전혀 다르다는 것을 알 수 있다. 이렇게 상대방은 서로 다른 곳을 보듯이 관계를 맺는다. 이 관계는 비관계다. 관계를 맺지만 관계가 형성되지 않는 관계다.

주체는, 특히 히스테리 환자는 증상을 통한 신체적 만족을 얻고 이 욕망을 간직하기 위해 증상을 반복해서 행한다. 이 욕망을 계속해서 추구하게 만드는 것은 대상인데, 그 대상은 특정한 물건이나 사람이 아니라 이미지들이다. 자신을 거세하는 이미지, 구강성교하는 이미지 등이다. 프로이트가 이런 대상 관계를 통해 공헌한 것은 신경증을 일으키는 원인으로서 대상을 발견하고 설명한 것이라 할 수 있다. 프로이트가 말하는 대상은 평면 위에 있는 정물의 이미지가 아니다. 그 대상은 시공간적인 곳에서 끊임없이 주체에게 영향을 주는 역동적이고도 얽힌 실뭉치처럼 복합적인 것이다. 첫사랑을 다시 만난다는 것은 그 실뭉치를 풀어 가는 여정에서 이루어진다. 그 여정에서 증상의 길을 헤치고 가야 할 때도 있다. 뒤의 첫사랑은 첫사랑의 그루터기이기에 나르시시즘이라는 증상을 내포한다. 그러나 가짐의 첫사랑의 길이 열리고 상호적 첫사랑의 길이 열리면서 우리는 사랑이라는 망망대해로 나갈 수 있게 된다. 그런 과정에서 불편함을 겪고 어려움을 당하는 이들을 위해 프로이트는 정신분석의 길을 개척했다.

제2부

라
캉
이

본

사
랑

라캉이 제시하는 구도는 도식 L에서 제시되는데, 그것은 a→m, A→S, S◇a이다.

'사랑의 유형 제1장르: a→m, 상상계의 첫사랑'은 '몸으로서의 어머니→몸으로서의 아이'의 구도이다. 몸으로서의 어머니는 아이에게 젖을 주는 대상이자 아이를 목욕시키는 대상이고, 졸릴 때 자장가를 불러 주는 대상이다. 어머니와 아이는 서로의 몸을 기억한다.

그러나 '사랑의 유형 제2장르: A→S, 상징계의 첫사랑'은 '기호로서의 어머니→기호로서의 아이'의 구도이다. 아이에게 어머니는 더이상 몸으로 인식되지 않는다. 아이는 어머니가 어떤 존재인지 언어로써 이해한다. 몸으로서 이해하던 어머니와 기호로서 이해하는 어머니 사이에는 큰 차이가 있다.

그런데 기호로서의 아이가 몸으로서의 어머니를 대면하는 경우는 없는가? '사랑의 유형 제3장르: S◇a, 실재계의 첫사랑'은 '기호로서의 아이→몸으로서의 어머니'의 구도를 설명한다. 아이에게 몸으로서의 어머니는 태곳적 어머니이다. 그 어머니가 성인이 된 아이에게 다가온다고 생각해 보자. 아이에게는 부담스러운 일이다. 서로를 몸으로 알던 시기의 상대들은 더 이상 몸으로 상대를 알기를 원치 않는다. 몸은 기호에 대해 어색하고, 기호 역시 몸에 대해 부담을 갖는다. 기호의 세계가 몸의 세계로 진입하는 것은 탈선이고 도착(倒錯)이다.

몸과 몸이 만나는 제1장르의 사랑이 원시적인 세계의 모습이라면, 기호와 기호가 만나는 제2장르의 사랑은 플라토닉한 사랑의 모습이다. 하지만 제3장르의 사랑은 원시적인 세계와 플라토닉한 세계가 만나는 것이다. 제1장르의 사랑이 몸의 상상적인 모습이라면 제2장르의 사랑은 기호의 상징적인 모습이고, 몸과 기호의 어울림인 제3장르의 사랑은 실재적인 대상의 환상화된 모습이다.

프로이트와 함께
라캉을

파리의과대학교에서 정신의
학을 전공한 자크 라캉은 자신의 의학박사논문[1]에서 '에메'[2]라는
애칭으로 불리는 여인을 망상증 사례로 다룬다. '에메'는 '사랑한
다'(aimer)는 뜻의 프랑스어 동사의 여성형 과거분사이다. 영어로는
'에이미'(Aimee, Amy)라는 이름에 해당한다. 이는 '~로부터 사랑받는
여인'이라고 번역될 수 있다. 실제로 '에메'라는 이름은, 출판되지는
못했지만 에메 자신이 쓴 소설에 등장하는 인물로서 다비드의 사랑
을 받기도 하고 다비드를 사랑하기도 하는 여주인공의 이름이다.

정신분석의 역사에서 보면 '에메'는 라캉으로 하여금 프로이트로

---

1 Jacques Lacan, *De la psychose paranoïaque dans ses rapports avec la personnal-
   ité*, Paris, Seuil, 1975.

2 Aimée. 본명은 마그리트 앙지외. 에메에 대하여 자세하게 알기를 원한다면 다음 책을 참고
   할 수 있다. J. Allouch, *Marguerite ou l'Aimée de Lacan*, postface de Didier Anzier,
   Paris, E.P.E.L., 1990. 에메에 관한 국내 도서로는 엘리자베트 루디네스코(양녕자 옮김)의
   『자크 라캉 1-라캉과 그의 시대』(새물결, 2000) '제2부 1. 마르그리트 이야기'를 참조.

돌아가자는 슬로건을 내걸도록 안내한 장본인이라 볼 수도 있다. '안나 O' 덕분에 프로이트가 정신분석의 영역을 열 수 있었듯이, '에메' 덕분에 라캉은 '정신의학에서 정신분석으로' 이행하여 영역을 뛰어넘는 용감한 시도를 하게 된다. 이 사례를 분석하던 라캉은 당시 정신의학을 전공하는 학생으로서 프로이트 이론에 관심을 갖고 있었다. 하지만 전문적인 정신분석가는 아니었다. 그렇기에 정신분석적인 실제 치료가 이루어지지 않았다. 치료가 정신분석적 의도를 내포하고 있기는 했지만, 이는 정신의학적인 관점에서 진행된 것이다. 그 이후로 프로이트의 저작을 탐독한 라캉은 점차 정신분석의 영역으로 행보를 옮기게 된다.

라캉은 1953년부터 공식적으로 정신분석가 프로이트를 다루는 해석가로 활동한다. 1953년 이후 라캉은 수정된 '거울 단계' 이론을 거론하면서 Imaginaire, Symbolique, Réel이라는 정신의 삼위체를 설명한다. 그 틀은 '사랑의 관계'를 설명하는 데 용이하다. 이 용어를 번역할 때 국내에서 다소 이견이 있었다. 일반적으로 상상계, 상징계, 실재계 또는 상상적인 것, 상징적인 것, 실재적인 것 등으로 통용되는데, 이 글에서는 후자를 따를 것이다.

우선, '상상적인 것'(L'imaginaire)이 무엇인지 설명하기 위해 동물과 사람을 비교해 보자. 강아지는 사람이나 움직이는 물체(가령 청소기나 리모컨으로 제동되는 장난감 자동차 등)에 대하여 반응할 때 '멍멍' 짖거나 꼬리를 흔들거나 몸짓으로 의사를 표시한다. 그런 자신의 모습을 거울에서 본다고 하자. 처음에는 거울에 비친 자신의 모습에 관심을 보이지만, 어느 정도 관심을 보인 후에는 관심을 다른 곳에 두게 된다. 강아지는 자신의 모습이 이미지로 구성되었다는 것을 알지 못하며, 그래서 거기에 관심을 두지 않는다. 여기서 강아지를 침팬지로 바꾸어서 생각해도 마찬가지일 것이다.

그런데 아이의 경우는 어떨까? 아이가 거울에서 자신의 모습을 본다면 어떤 반응을 보일까? 아이는 강아지, 침팬지와는 다른 반응을 보인다. 아이는 거울 속에 비친 자신의 모습에 관심을 가진다. 라 캉에 따르면 6-18개월의 아이가 이에 해당한다. 이 시기에 아이는 말로써 사물을 대하지 못하고 사물을 사물 그대로 대하지 못하며 오직 이미지(image)를 통해서만 사물을 대하게 된다. 이때 이미지는 시각 이미지와 더불어 청각 이미지도 포함한다. 이 시기의 세계는 모든 것이 이미지로 매개되는 세계다. 자신의 이미지를 외부 대상과 구별하지 못하다가 어느 순간 자신의 이미지를 발견하는 시기이다. 더욱이 말로 오염되지 않고 이미지를 매개로 세계를 구성하는 시기이다. 원초적인 이미지의 세계는 곧 상상적인 것에 관계된다고 볼 수 있다. 이것이 '상상적인 것'의 질서에 관한 설명이다.

두 번째로 '상징적인 것'(Le symbolique)이 무엇인지 알아보자. 위에서 '상상적인 것'을 이미지의 세계라고 말했는데, 이는 사물에 이름이 붙기 이전의 이미지 상태를 일컫는다. 마치 생후 1년 남짓한 유아가 이미지를 매개로 세상을 구성하는 시기와 같다. 차츰 시간이 지나면서 아이는 이미지에 해당하는 이름을 배우게 된다. 아이가 말을 배운다는 것은 이미지의 자리에 말(言)이 자리하게 된다는 것을 의미한다. 이를 이미지의 죽음, 즉 이미지가 죽고 그를 대체하는 말이 남는 것이라고 말할 수 있다. 이제 아이는 이미지를 이미지로 대하지 않고 말로써 대하게 된다. 예전에는 손짓 하나면 모든 사람을 부를 수 있었지만, 이제는 사람을 부를 때 각 이미지에 해당하는 '말'을 사용해서 사람을 부르게 된다. 이렇게 할 때 비로소 그들과의 의사소통이 시작됨을 알게 된다. 사물을 지시할 때도 그렇고 강아지를 부를 때도, 장난감을 대할 때도 마찬가지로 말을 사용한다. 아이는 일상생활에서 '말'을 배우면서 '이미지'를 상징화한다. 이렇게 '이미지'에 해당하는 '말'을 배우는 아이는 말의 세계에 진입하기 위해 힘겨운 과정을 거치면서 훈련받는다. 이런 과정을 거치면서 '상징적인 것'의 질서 또는 세계로 진입하게 된다.

세 번째로 '실재적인 것'(Le réel)이 무엇인지 설명하기 위해 앞서 예를 든 가정을 상기해 보자. 이미지를 매개로 세상을 대할 때의 상태를 '상상적인 것'의 세계라고 불렀다면, 말로써 이미지를 대체하는 시기의 상태는 '상징적인 것'의 세계라 부른다. 그렇다면 말로써 모든 이미지를 부르고 의사를 표시할 수 있는가? 우리는 의구심을 갖고 과연 이미지와 말의 관계는 일치의 관계인가라고 질문할 수 있다. 결론적으로 말하자면 말은 이미지를 한정한다. 즉 어떤 관계를 단절시킨다. 정철규 교수는 이런 맥락에서 언어를 폭력적인 도구라고 말한다.[3] 말을 한다는 것은 복합적인 마음의 상태를 표현하는 제한된 방식에 불과하다. 우리는 말을 하면 할수록 본심을 잘 설명할 수 없이 미궁에 빠지는 듯한 경험을 한 적이 많다. 다음의 시 「韓國의 아이」[4]는 그러한 마음을 잘 표현해 주고 있다.

---

3 정철규, 『눈의 역사 눈의 미학』, 서울, 한길사, 2009, p.36. 정철규 교수는 레비스트로스의 의견을 들어, "문자언어 사회 이전의 음성언어 사회, 글 없는 사회에서 그들은 순진무구하고 비폭력적으로 살았다"(p.36)라고 말하는 반면 데리다의 의견을 들어 "글이 없는 공동체란 애초에 존재하지 않았다"(p.36)라고 말한다.

배가 고파 우는 아이야

울다 지쳐 잠든 아이야

장난감이 없어 보채는 아이야

보채다 돌멩이를 갖고 노는 아이야

…

가령 크리스마스를 보내는 아이가 떼를 쓰며 보챌 때, 왜 그러냐고 물으면 한마디로 말하지 못하고 계속해서 칭얼댄다. 아이가 선물을 받지 못해서 그런 행동을 한다고 단정 지어 말할 수는 없을 것이다. 아이의 상태를 그렇게 단순하게 정의한다면 사태를 잘못 판단하는 것이다. 아이가 보고 듣고 판단하는 것은 어른이 생각하는 것 그 이상이기 때문이다.

어린 꼬마에게 무슨 깊은 이유가 있겠느냐고 반문할 수 있겠지만, 말을 사용하는 사람이라면 말로 표현하지 못하는 그 무엇인가를 행동이나 증상 또는 환상 등으로 표출하게 된다는 것을 경험적으로 알고 있다. 어떤 상태의 감정을 표현하기 위해 아이는 아직 말을 정복하지 못한 상태다. 이는 비단 아이의 문제만이 아니라 모든 인간의 문제일 것이다.

정신분석을 받아 보면 가물가물한 기억의 스크린이 눈앞에 맴도는 것을 경험하게 된다. 이런 장면을 표현하기 위해 과거 그 장면과 관련된 사람의 도움을 받아야 할 때도 있다. 라캉과 친분이 깊었던

---

4   황명걸, 「韓國의 아이」, 『韓國의 아이』, 서울, 창작과비평사, 1976, pp.6-8. 황명걸 시인은 가난과 고통 속에서 태어나, 다양한 이유로 보채는 아이의 모습을 이렇게 말한다. "배가 고파 우는 아이야 / 울다 지쳐 잠든 아이야 / 장난감이 없어 보채는 아이야 / 보채다 돌멩이를 갖고 노는 아이야 / 네 어머니는 젖이 모자랐단다 / 네 아비는 벌이가 시원치 않았단다. …"

프랑스의 여자 정신분석가 프랑수아즈 돌토는 아래와 같은 일을 겪은 적이 있다.

돌토는 정신분석을 받는 과정에서 비뇌즈(Vineuse) 거리를 떠올리는데, 왜 그 거리가 떠오르는지 어머니에게 물어보라는 분석가의 권유를 받고 자신의 어머니에게 도움을 청한다. 어머니의 말에 따르면 돌토가 태어난 지 6개월 정도 되었을 때 돌토를 돌보던 보모가 그 거리에 있는 호텔에서 마약을 구입한 적이 있다는 것이다. 이때 어머니는 보모가 어린 돌토를 유모차에 태우고 그곳에 들렀다는 경찰 수사 결과를 듣게 되었다. 그녀의 어머니는 돌토가 그 일을 기억한 자체를 놀라워하였다.

이렇게 정신분석을 통해 알게 된 마음속의 세계가 바로 실재적인 것의 질서에 속하는 세계이다. 정신분석가는 돌토에게서 실재적인 것의 세계를 발견하도록 이끄는 자이다. 여기서 돌토는 비뇌즈라는 거리를 "꿈과 환상 속에 잔류하는 현실"[5]의 세계, 즉 실재적인 것의 세계라고 말한다. 이어서 "그 경험은 결국 말해지지 않고 억압되어 무의식 안에 남아 있다가 분석을 통해 해독된 거지"라고 말한다. 즉 실재는 정신분석을 통해 드러나야 할 억압된 내면 공간에 있다. 정신분석이 꿈 분석이나 상담을 통해 도달해야 할 장소가 바로 실재이다. 말로써 표현하기 위해 노력을 해도 끝내 말이라는 장치에 의해 전달되지 않고 남아 있다가 분석을 통해, 혹은 꿈이나 환상 또는 증상을 통해 상징적인 것의 틈을 비집고 나오는 '것,' 이것을 일컬어 실

---

5 프랑수아즈 돌토, 표원경 옮김, 『어린이는 어떻게 어른이 되는가』, 서울, 숲, 2004, p.94. 이 문장이 표현된 전체 문장은 이러하다. "내 묻혀진 생애 속에 자리하고 있는 어느 거리의 이름과 그게 나와 어떤 관련이 있는지를 묻는 질문으로 인한 어머니의 재생된 기억들이 없었다면, 꿈과 환상 속에 잔류하는 현실에 대해서 어떤 이해도 할 수 없었을 거야."

재적인 '것'이라고 부를 수 있다. 여기서 말하는 '것'은 라틴어의 id, 프로이트가 제2차 위상 때 말한 바 있는 '이드-자아-초자아'의 바로 그 '이드'이다. 1923년 그로데크(Georg Groddeck)는 '이드'를 독일어 삼인칭 중성 대명사인 es로 표기했고, 라캉은 이를 프랑스어 ça로 표기한다.

다시 정리해 보자. 이미지가 언어에 의해 규정되지 않은 상태가 상상적인 세계였다면, 이미지가 기호로 대체되어 표현되는 상태를 상징적인 세계로 볼 수 있다.

그렇다면 실재적인 세계란 무엇인가? 실재적인 것은 언어(상징화) 밖에 있고 언어(상징화)에 동화되지 않는다. 실재적인 것은 상징화에 절대적으로 저항한다. 실재적인 것은 상상할 수도, 상징적인 것에 통합될 수도 없다. 실재적인 질서란, 절대적으로 분화되지 않는 세계이다. 그런데 의미화의 과정에서 상징적인 것은 실재적인 것에 틈을 만든다. 이렇게 실재적인 것은 상징적인 것에 의해 만들어진 틈을 통해 침투당한다. 그래서 실재적인 것은 불가능성이다. 상징화에 저항하기 때문에 실재적인 것은 증상의 세계다. 실재적인 것을 보여 주는 증상은 상징적인 것의 틈바구니에서 나타난다. 환자가 보여 주는 증상은 환자 스스로가 말로 표현하는 자신의 증상과 동일한 것이 아니다. 환자의 말은 정신분석 기법에 의해 해석되어야 할 말이다. 정신분석적으로 해석되는 말은 우리가 상징계에서 알고 있는 말 그대로의 말이 아니라, 정신분석적으로 해석된 말이다. 이런 의미에서 실재적인 것을 보여 주는 증상은 상징적인 질서에서의 말과 같지 않다.

『구약성서』「창세기」에는 '바벨탑'[6] 사건이 나온다. 여기서 사람들은 성읍과 탑을 건설하고 그 탑 꼭대기를 하늘에 닿게 하여 자신들의 이름을 날리고 온 지면에 흩어짐을 면하고자 하였다. 즉 한곳에 정착하고 거기서 자신들만의 문명을 이루길 희망했다. 그것을 성취하는 구심점이 바로 바벨탑이라고 볼 수 있다. 사람들에겐 '상징적인 것'의 세계 구축을 위해 거점이 필요했고 그곳이 바로 바벨탑이었다.

그런데 바벨탑은 무너진다. 왜 무너졌을까? 왜 신은 사람들의 기대를 저버리고 그것을 무너트렸을까? 결론적으로 보면, '말'(言)에 감금되지 않는 불가능의 영역 때문이다. 이미지가 실재를 가두고자 하거나 말이 이미지를 가두고자 하면, 실재는 이미지를 혼란시키고 말을 무너트림으로써 제 스스로의 위치를 지키려 애쓴다. 이미지가 실재를 표현하거나 말이 어느 정도는 이미지를 감금할 수 있어도 실재 그 자체를 표현하거나 감금할 수는 없다. 바벨탑이 무너진 것은 실재 그 자체를 언어에 감금하려는 인간들의 시도를 염려한 신의 심판으로 볼 수 있다.

말을 하는 사람의 상태는 말과 몸이 서로 결합된 상태, 즉 말이 육화된 상태라 볼 수 있다. 이 결합 관계가 언제, 왜, 어떻게 결합되고 와해되는지에 관심을 갖는 것이 바로 정신분석이다. 말과 몸의 결합 및 이탈 과정에서 몸과 정신은 고통을 받게 된다. 이 고통의 원인을 찾고 치유하기 위해 정신분석은 그 과정 하나하나에 깊은 관심을 갖는다.

흔히 치매로 불리는 병이 이 과정에 해당한다고 볼 수 있다. 유

---

6   『구약성서』의 「창세기」 11장.

아 때는 말과 몸이 따로 놀다가 점차 커 가면서 말과 몸이 한데 어우러진다. 점차 나이가 들어 고령이 되면 이제 말과 몸은 다시 분리의 과정을 거치게 된다. 이것이 바로 치매이다. 치매는 라틴어로 dementia이다. 즉 이것은 '나간다, 분리된다'는 것을 의미하는 de와 '정신'을 의미하는 mentia가 결합된 단어이다. 정신이 나간다는 말은 말이 몸으로부터 이탈하는 과정과 다르지 않다. 실재적인 것의 세계는 말에 감금되지 않거나 말로부터 풀려나 떠돌아다니는 것에 관한 것이다. 정신분석은 환자의 말을 들으면서 말이라는 얼개를 빠져나가는 어떤 것에 주목하고, 그것이 무엇이며 무엇을 의미하는지를 밝히고자 한다. 정신분석은 주로 그 해답을 증상에서 찾는다. 그런 의미에서 라캉식 삼계(상상적, 상징적, 실재적)는 정신세계의 구성 과정이자 정신분석 과정을 이해하기 위해 고안된 것으로 볼 수 있다.

라캉은 아홉 번째 세미나 '정체화'에서 정신의 삼위체에 필요한 개념들을 총체적으로 설명한다. 우리는 이 세미나에서 그의 성숙한 사유를 볼 수 있는데, 그는 이 세미나에서 코기토(Cogito)에서 유래하는 모든 철학을 거부한다고 선언한다. 이성철학을 거부하고 주체철학을 수립하는 그의 사유는 아홉 번째 세미나에서 비로소 결집된다. 프랑스어로 정체성은 'id-entité'인데, 이는 'id(그것, it) + entité(본질, essence)'로 구성된다. 그 뜻은 '그 본질,' '본질 그 자체'이다.

이렇듯 라캉은 정체화를 프로이트처럼 세 부분으로 구조화하고 정체화 제1장르, 정체화 제2장르, 정체화 제3장르라고 명명한다. 이를 잠시 후 살펴볼 '도식 L'에 근거하여 좀 더 설명해 본다.

정체화 제1장르는 이미지로서의 소타자(autre)가 자아(moi)에 다가와서 관계(a→m)를 맺는 것이다. 롤랑 바르트는 이미지의 속성이 "사랑의 대상을 감싸 주는 부드러운 장갑"[7]이라고 말한다. 손을 보호하는 장갑은 손을 위해 헌신적이다. 그러나 "이미지가 변질될 때 이런 헌신의 봉투는 찢어지고 어떤 진동이 내 스스로의 언어를 뒤엎는다."[8]

정체화 제2장르는 상징화된 것(Autre)이 주체(Sujet)와 관계(A→S)를 맺는 것이다. 한 인간이 자아(m)와 주체(S)로 분열되는 것을 두고 주체의 분열 또는 분열된 무의식적 주체라는 말을 사용한다.

정체화 제3장르는 분열된 무의식의 주체(S)와 환상의 대상(a)이 관계(S◊a)를 맺는 것이다. 이에 대해서는 바로 뒤에서 '도식 L'을 이용하여 좀 더 구체적으로 다룰 것이다.

여기서 우리는 라캉과 프로이트 간의 차이를 느끼게 된다. 라캉은 '외부의 것이 내부로 들어오는' 관계, 그다음에 내부와 외부가 관계 맺는 것을 말한다. 반면 프로이트는 타자와의 관계를 통해 '자체적으로 생산되는' 리비도가 내부에 머무르는 관계, 그다음 내부에서 외부로 향하는 관계, 또한 외부로 향하던 리비도가 다시 내부로 돌아오는 관계 등을 말한다. 프로이트의 것이 아이의 관점으로 부모를 관찰하는 것이라면, 라캉의 것은 부모의 관점으로 아이를 관찰하는 것으로 볼 수 있다.

그러니까 프로이트에서 라캉에 이르는 정신분석은 아이의 관점에서 어른의 관점으로 이행하는 정신분석이라고 볼 수 있다. 라캉이 프로이트와 관점을 달리하는 이유는 어찌 보면 아이의 입장에

---

7   롤랑 바르트, 김희영 옮김, 『사랑의 단상』, 서울, 동문선, 2004, p.51.
8   같은 책, pp.51-52.

서는 어른을 이해하지 못하는 까닭이다. 그렇다고 라캉처럼 어른의 입장에서 아이를 바라보면 정확하게 이해가 되는가 하면 그렇지도 않은 것 같다. 어른의 생각은 복잡하여 설명 방식만 어려워질 뿐이다. 라캉은 어른이 동원할 수 있는 수단을 다 동원하여 설명하는데, 언어학, 인류학, 수학, 의학 등 인문과학에서 자연과학에 이르는 폭넓은 학문을 이용한다. 그래서 그 내용이 어렵다. 결국 아이가 어른을 이해하지 못하듯이 어른의 설명을 아이뿐 아니라 어른도 이해하지 못하는 상황이 발생한다. 그렇다고 프로이트와 라캉의 작업이 무의미하다는 것은 아니다. 그들을 이해하기 위해서는 독자 쪽에서 인내를 갖고 도전해야 할 필요가 있다.

어떤 사람이 어느 시기에 누구와 첫사랑의 관계를 가졌느냐는 질문에 답하기 위해서, 한 개인의 유아기로 거슬러 올라간다. 우리의 유아기적 일은, 마치 원시 시대의 일처럼 잊히거나 단순히 가정되는 것만은 아니다. 임상에 근거한 정신분석은, 이론적 가정에 근거하는 메타심리학과는 달리, 임상을 통해 기억되지 않던 부분을 회복시킨다. 즉 첫사랑의 대상이 누구냐에 대한 답보다는 그 대상의 성격이 무엇인지를 알려 준다. 정신분석의 임상적 관점으로 보나 메타심리학적 관점으로 보나, 각각의 주체에게 그 첫 번째 대상이 무엇이었는지 정확하게 알 길은 없지만, 대상이 있었고 그 대상이 그 사람에게 어떤 영향을 미쳤는지는 알 수 있다. 첫사랑 덕분에 사람은 생물학적인 자아 발정의 상태에서 자기 자신만을 사랑하는 나르시스적 상태로 이행하고, 이런 반복된 삶을 통해 타자를 사랑하게 된다. 우리는 라캉의 사랑 담론을 그의 정체화 이론에 견주어서 세 장르로 전개할 것이다.

- 사랑의 유형 제1장르: a→m, 상상계의 첫사랑
- 사랑의 유형 제2장르: A→S, 상징계의 첫사랑
- 사랑의 유형 제3장르: S◇a, 실재계의 첫사랑

앞서 보았던 대로 프로이트식 정체화의 개념은 라캉에게 있어서 주체에 대한 인식론적 출발의 근거가 된다. 정체화 개념은 현대 인문학에 여러 생각할 거리를 던져 주었다. 형식적인 면에서 볼 때 기호(Signe)를 요리한 라캉은 엄격하게 기의(기호내용, 시니피에)와 기표(기호형식, 시니피앙)라는 재료를 따로 구분해서 사용한다. 라캉은 기호형식으로 자신의 정체성을 드러내는 주체를 설명한다. 이런 주체는 대상과 얽힌 관계를 맺으며 살아간다. 어떨 때는 그 관계를 '사랑의 유형 제1장르'(a→m, 상상계의 첫사랑) 식으로, 어떨 때는 '사랑의 유형 제2장르'(A→S, 상징계의 첫사랑)와 '사랑의 유형 제3장르'(S◇a, 실재계의 첫사랑) 식으로 풀어 간다. 라캉이 설명하는 인간은 결국 어떤 한 단계의 정체화 과정에 고립된 존재가 아니다. 설령 고립된다고 해도 발달 단계의 의미에서 감금된 것은 아니다. 물론 증상의 경우, 발달 단계에서의 고립이 가능하다. 어떤 방식으로든 정체화의 세 장르 간에는 유통이 있다. 우리는 시니피앙을 통해 무의식의 주체라는 흔적을 얻게 되고, 그 시니피앙을 연구함으로써 구멍 난 대상들이 상징적으로 드러난 것을 포착하게 된다.

라캉에 따른
사랑의 세 구조

　　　　　　　　　　　사랑에 대한 라캉의 이해는 앞
서 기술한 프로이트의 사랑 담론에 그 근거를 둔다. 그러나 라캉은
프로이트가 사용한 형식과 내용 그대로를 수용하지는 않는다.[9] 그는
프로이트의 사랑 담론에서 힌트를 얻고, 이를 설명하기 위해 언어학
의 도움을 받는다. 그가 사용하는 언어학은 우선 소쉬르(Ferdinand de
Saussure)의 구조언어학이다. 그러나 라캉은 이것을 그대로 수용하지
않고 자신의 문제의식을 풀기 위한 방편으로 활용한다. 또한 그는
구조언어학에 수정을 가하고 야콥슨(Roman Jakobson)의 이론을 차용
한다.

　　라캉은 소쉬르와 야콥슨의 언어학에 힘입어 주체를 다음과 같이
규정한다. 즉 주체는 육체를 가진 몸으로서가 아니라 언어의 저수

9　프로이트는 '사랑의 유형 I: 됨의 첫사랑' '사랑의 유형 II: 가짐의 첫사랑' 그리고 '사랑의 유
　형 III: 상호적 첫사랑'이라는 틀을 이용한다. 그는 주체와 대상 간의 관계를 '되다,' '가지다,'
　'서로 사이에 ~하다'로 설명한다. 이런 설명을 통해 그는 대상의 본성을 부각시키고 이와 관
　계하는 주체의 모습을 보편화시킨다.

지에서 흘러나오는 '소리(기표, 기호형식, 시니피앙)의 덩어리' 즉 말의 덩어리라고 규정한다. 그러나 여기서 유의할 점이 있다. 라캉이 언어학을 이용한 것은 언어학화된 정신분석 또는 정신분석화된 언어학을 구성하기 위함이 아니었다. 그건 인간정신을 보다 구조적으로 이해하기 위함이었다. 우리가 관심 갖는 것은 라캉이 무엇을 이용했느냐가 아니고 무엇 때문에 그렇게 했느냐이다.

도식 L

　　　　　　　　　라캉의 '도식 L'(schéma L)은 인간의 심리 구조를 잘 표현해 주고 주체가 분열되는 과정도 설명해 준다. 그뿐만 아니라 상상적인 구조와 상징적인 구조, 환상적인 구조도 보여 준다. 에드거 앨런 포(Edgar Allen Poe)의 「도둑맞은 편지」를 분석할 때 제시한 도표이기에 프랑스어 '편지'(Lettre)의 첫 알파벳 L을 따서 '도식 L'이라 부른다. 「도둑맞은 편지」[10]의 내용은 크게 두 부분으로 구성된다.

　우선 첫 부분은 편지를 바꿔치기하는 원(原)장면이다.

　왕비가 S 공작으로부터 받은 은밀한 편지를 읽고 있을 때 갑작스레 왕이 방문한다. 왕비는 편지를 감출 수 없어 당황해하다가 편지를 뒤집어 놓는다. 왕은 아무런 의심을 하지 않지만 D 장관은 즉각 그 편지가 어떤 말 못 할 비밀을 담고 있음을 알아차린다. 그리하여 D 장관은 왕 내외와 함께 일상적인 대화를 나누는 척하면서 문제의

10　Edgar Poe, "La lettre volée," in *Histoires extraordinaires*, Paris, Librairie Générale Française(le livre de poche), 1972, pp.59-89.

편지와 유사한 형태의 편지를 주머니에서 꺼내어 슬그머니 바꿔치기하고서는 그 편지를 빼돌린다. 왕은 장관이 무슨 일을 하는지 눈치채지 못했으나 왕비는 이를 뻔히 보면서도 왕의 눈이 두려워 꼼짝할 수 없었다. 여기 원장면의 세 사람은 동일한 상황에서 각기 다른 세 가지의 시선을 갖는다. 첫째 시선은 보면서도 보지 못하는 왕의 시선이다. 둘째 시선은 보면서도 못 본 척하는 왕비의 시선이다. 셋째 시선은 못 보는 척하면서 보는 장관의 시선이다. 원장면에서 왕비가 편지를 뒤집는 행위나 장관이 왕비가 뻔히 보는 앞에서 편지를 바꿔치기하는 행위는 모두 아무런 대화 없이 진행된다.

두 번째 부분은 원장면에서 바꿔치기한 편지를 찾는 장면이다.

D 장관은 자신이 편지를 훔쳤다는 사실을 여왕이 알고 있음을 충분히 의식하고 있다. 그는 편지 내용을 공개하지 않고 소유하는 것이 자신에게 정치적 힘을 준다는 걸 알고 그것을 활용한다. 불안에 빠진 왕비는 자신의 측근인 경찰서장을 시켜 D 장관이 없는 3개월 동안 그의 집을 철저히 수색하게 했으나 편지를 찾아내지 못한다. 그러자 서장은 사설탐정 뒤팽을 찾아간다. 뒤팽에게 편지의 행방에 대하여 문의하지만, 뒤팽은 장관의 집을 다시 한 번 더 철저하게 수색해 보라는 충고만 준다. 그로부터 한 달 뒤, 서장은 뒤팽을 다시 찾는다. 뒤팽의 충고대로 다시 철저하게 뒤져 보았지만 편지를 찾아내지 못했다고 말하면서, 그 편지를 찾아 주면 5만 프랑의 상금을 주겠다고 선언한다. 뒤팽은 수표에 서명을 해 주면 문제의 편지를 넘겨주겠다고 말한다. 이번에는 뒤팽이 장관 사무실을 방문한다. 색안경을 끼고 간 뒤팽은 이리저리 둘러보다가 벽난로 한가운데 매

달린 낡은 편지꽂이에서 허름하고 구겨진 편지를 주목한다. 그것이 바로 문제의 편지임을 알아차리고서 인사를 하고 나온다. 그러나 나오기 전에 일부러 자신의 금박 담뱃갑을 테이블 위에 남겨 놓는다. 다음날 뒤팽은 그 담뱃갑을 찾으러 왔다는 핑계로 다시 장관의 사무실을 찾는다. 그전에 그는 문제의 편지와 유사한 편지를 마련한다. 장관의 사무실에 들어간 지 얼마 되지 않아 길거리에서 총성과 함께 왁자지껄한 소란이 일자 무슨 일인지 알아보기 위하여 장관은 창가로 간다. 그 사이 뒤팽은 편지를 바꿔치기하고는 천연스럽게 인사하고 집에서 나온다. 길거리의 소란은 뒤팽이 미리 짜 놓은 계획에 의한 것이다.

라캉은 이 콩트를 읽으면서 한편으로는 왕, 왕비, 장관, 편지에, 또 다른 한편으로는 왕비와 경찰서장의 대화, 경찰서장과 뒤팽의 대화, 뒤팽과 작가와의 대화에 주의를 기울인다. 그러고는 알파벳 네 개로 구성된 형식을 얻는다. 이것이 '도식 L'인데, 이 도식은 네 개의 알파벳 약자 a, m, A, S로 구성된다. 여기서 우리는 이 콩트에 등장하는 인물과 네 개의 알파벳 간의 관계를 다루지 않을 것이다. 단지 어떤 경로로 이런 도식이 나오게 되었는지, 그 과정을 살피는 데 그치기로 한다. 왜냐하면 라캉 자신도 이것에 관해서는 언급하지 않기 때문이다. 단지 '도둑맞은 편지에 관한 세미나'에서 '도식 L'을 언급하고 있다는 점이 중요하다. '도식 L'의 약자가 지칭하는 것을 알아 두면 앞으로 전개될 내용을 이해하는 데 유익할 것이다.[11]

---

11 J. Lacan, "Le séminaire sur la lettre volée," in *Ecrits*, Paris, Seuil, 1966, p.53. "만약 인간이 상징체계를 생각한다면, 그건 우선 그 존재 안에 사로잡힘을 뜻합니다. 상징체계가 자기의식에 의해 형성된다는 환상은 자기와 닮은 것과의 상상적 관계에서 생기는 특수한 동공(béance)에 의한 작용입니다. 그는 주체처럼 이 체계 안에 들어갈 수 있었습니다. 그러나 그

[도식 L]

주체 [S]   [a] 소타자
상징적 관계   상상적 관계
무의식
자아 [m]   [A] 대타자

　'도식 L'은 사랑의 유형 세 장르를 설명하는 데 아주 유용하다. '사랑의 유형 제1장르'는 말 못 하는 유아와 유아에게 젖을 주는 어머니 간의 사랑을 설명해 준다. '사랑의 유형 제2장르'는 말을 배운 유아와 유아에게 '말'(름)로 다가오는 어머니 간의 사랑을 설명해 준다. '사랑의 유형 제3장르'는 말로 접근했던 어머니에게서 말을 배운 유아가 젖을 주었던 어머니와 대면하면서 느끼는 사랑을 설명해 준다.

　우선, '사랑의 유형 제1장르'는 도식 L의 '오른쪽 위(a)에서 왼쪽 아래(m)'로 향한다. 도식 L에 명기된 기호로 표현하자면 a→m이다. 즉 소타자(a)가 자아(m)와 관계한다. 소타자(a)란 소문자로 시작하는 프랑스어 autre(petit autre, 프티 오트르, 작은 오트르, 소문자 오트르), 영어로 other인데, '다른 사람,' '타자'를 의미한다. 그리고 프랑스어로

는 말의 근본적 행렬에 의해서만 이 입구에 들어갈 수 있었습니다. 그리고 우리가 아이의 놀이 안에서 그리고 완전한 형태 속에서 이미 인식한 동일한 것은 매번 주체가 절대적인 것처럼, 즉 스스로 사라질 수 있는 대타자(Autre)에 관계됨을 나타냅니다. 동일한 방식으로 대타자는 주체와 더불어 움직이고, 즉 주체를 속이기 위해 대상을 만듭니다. 우리가 감정 전이 이론에서 망상증 구조까지 생탄 병원에서 삼 년간 세미나를 해 오면서 필요한 사용법이라고 제시한 이 상호 주체성 변증법은 아래의 도식으로 충분한 근거를 얻는다고 확신합니다." J. Lacan은 "XXIV. A, m, a, S," in *Séminaire II*, Paris, Seuil, 1978, pp.355-373 참조. 여기에서 a, m, A, S를 설명한다.

moi(무아)는 자아인데, 라캉은 이를 m으로 표기한다. 영어로는 ego 인데, 의식을 통해 알려지는 '나,' 몸으로서의 '나'이다. 여기서 유아에게 대표적인 '다른 사람'은 어머니와 같은 존재다. 어머니는 기호로서의 어머니가 아니다. 유아에게 어머니라는 존재는 처음에는 젖을 주는 실제적인 대상이다. 그래서 유아에게 어머니는 젖(가슴) 또는 유방이라는 대상으로, 또는 따뜻한 품을 지닌 대상으로 이해된다. 이렇게 소타자는 부분 대상(젖)을 통해 본 대상 전체(어머니 자체)이다. 앞선 제1부 2장 '프로이트에 따른 사랑의 세 구조'에서 주체는 '나는 A의 손이다'라고 말했는데, 여기서 A의 손은 주체에게 A 전체를 의미하는 것이다. 부분 대상 '손'이 그 사람 자체, 즉 전체 대상이 된다. '손'이라는 소타자(a)와 관계 맺는 자아(m)는 A의 손을 A 자체로 오인한다. 여기서 자아의 특성이 분명해진다. 몸으로서의 어머니와 관계하는 유아는 몸의 부분을 몸 전체로 오인하게 된다. 우리는 여기서 '손'을 '젖가슴' 등으로 대체할 수 있다.

두 번째로 '사랑의 유형 제2장르'는 '오른쪽 아래(A)에서 왼쪽 위(S)'로 향한다. 도식 L에 명기된 기호로는 A→S이다. 즉 대타자(A)가 주체(S)와 관계한다. 대타자란, 대문자로 시작하는 프랑스어 Autre, 영어로는 Other인데, 소타자와 마찬가지로 뜻은 '다른 사람'이다. 그러나 여기서는 매우 다른 의미를 담는다. 대타자는 말의 덩어리, 기표(기호형식)의 덩어리이다. 몸을 가진 타자가 아니라 말하는 타자, 내뱉은 말로 구성된 타자이다. 앞으로 대타자가 무엇을 의미하는지 조금씩 설명해 갈 것이다. 주체는 프랑스어로 sujet, 영어로는 subject인데, 무의식을 통해 알려지는 '나,' 육으로서의 몸이 아닌 기호 덩어리로서의 '나'이다. 주체 또한 대타자처럼 라캉식 정신분석에서 주요한 개념이다. 유아에게 대문자로 표기된 '다른 사람'은 어머니의 '말'(言)이다. 여기서 어머니는 물질적인 몸을 지닌 어머니(a)가 아니라, 말로 유아와 관계하여 말로서의 존재를 드러내는 어머니(A)이다. '말의 덩어리'로서 어머니를 표기할 때 대문자 Autre(그랑 오트르)를 사용한다. '말의 덩어리'란 어머니가 내뱉은 말의 합이다. 국내에서는 Autre를 일반적으로 '대타자'로 번역한다. 유아에게 어머니는 젖을 지닌 존재가 아니라, 말하는 존재이다. 여기서 유아와 어머니의 관계는 젖이라는 물질적 매개가 아니라, 말이라는 매개를 통하게 된다. 유아에게 어머니는 말이라는 매개를 심어 주는 동시에 매개 자체(대타자 자체)이다. 즉 말이라는 매개를 통해 유아는 말의 세계로 진입하게 된다. 이를 표기하기 위해 대타자라는 용어가 사용된다. 그리고 '말의 덩어리'인 대타자에 반응하는 것은 주체이다.

　라캉에 의하면 "무의식은 언어활동(langage)처럼 구조화되어 있다." 프랑스어 langage는 langue(언어, 말)와는 달리 언어기능, 언어활동을 의미한다. 특히 야콥슨의 언어학을 도입한 라캉은 환유의 축과 은유의 축의 언어활동을 강조하는데, langage를 단순하게 언어라고 하지 않고 언어활동으로 번역하는 게 라캉의 근본 취지에 더 가깝다. 그래서 우리는 langage를 언어활동으로 번역한다. '말의 덩어리'인 어머니는 유아에게 언어활동처럼 구조화된 무의식처럼 다가온다. 주체로서 유아가 만나는 어머니는 젖을 가진 육체로서의 대상이 아니라, 언어활동처럼 구조화된 '말의 덩어리'이다. '말의 덩어리'로서의 어머니와 관계하는 유아는 더 이상 육체로서의 어머니가 아닌 말로서의 어머니와 관계한다. 이때 '말의 덩어리'는 환유의 축과 은유의 축이 엮어 내는 언어활동에 의해 형성된다. 육체를 가진 어머니와 말하는 어머니로, 어머니를 구분하는 아이를 일컬어 라캉은 '주체,' '무의식의 주체'라 부른다. 유아는 한편으로는 육의 어머니와 관계하는 자아(moi)이고, 다른 한편으로는 말의 덩어리와 관계하는 주체(Sujet)가 된다. 이렇게 유아는 분열 과정을 거친다. 분열된 유아는 말의 덩어리로서 어머니와 관계할 때 무의식의 주체라 불린다. 무의식의 주체로서의 유아는 기호로서의 어머니의 젖, 또는 기호로서의 어머니의 신체 일부와 관계를 맺는다.

세 번째로 '사랑의 유형 제3장르'는 '도식 L'의 '왼쪽 위(S)에서 오른쪽 위(a)'로 향한다. 도식 L에 명기된 기호로는 S◇a이다. 즉 말의 덩어리인 어머니(A)와 관계하는 무의식의 주체로서의 유아(S)는 우선적으로 육의 대상으로서의 어머니(a)와 관계한다. 하지만 사태가 좀 복잡해진다. 왜냐하면 무의식의 주체(S)가 소타자(a)와 관계하기 때문이다. 그러니까 무의식의 주체(S)는 대타자(A)뿐 아니라, 소타자(a)와도 관계한다.

여기서 무의식적 주체(S)가 소타자(a)와 관계한다는 것은 무슨 의미일까? 기호로서의 몸을 대하던 무의식의 주체(S)는 물질적·육적 몸인 소타자(a)를 대하게 된다. 가령 말의 세계에 진입한 유아(S)는 여전히 어머니의 젖(a)과도 관계한다. 젖을 먹으면서 어머니와 대화를 나누는 아이를 상상해 보면 이 단계를 이해할 수 있다. 여기서 아이는 젖을 가진 어머니와 말을 하는 어머니라는 이중적인 어머니와 만나게 된다. 처음에 유아는 육적인 몸 그대로의 어머니의 젖을 어머니 자체라고 오인한다. 그러나 언어의 세계에 진입한 후, 말의 덩어리인 대타자와 관계하는 무의식의 주체는 대상을 사물로 대하지 않고 기호로 파악한다. 즉 유아가 어머니의 실제 '젖'을 보고 있으면 그 '젖'은 갑자기 없어지고 '젖'이라는 단어와 그 단어를 풀이하는 내용이 나타날 것이다. 그래서 이때 유아(S)가 마주하는 대상을 소타자(a)와 구분하기 위해 이탤릭체 a로 표현한다.

예를 들면 아래와 같다.

젖 ① 여성 신체의 한 부분

② 유아에게 식량을 공급하는 도구

③ 아이를 낳은 여자의 몸에서 나오는 물질

④ 아이의 리비도를 자극하는 신체 부위

그러다가 기호로서의 '젖'이 사라지고, 다시 실제의 '젖'을 보게 된다. 그런데 사랑의 유형 제3장르에 다다른 아이가 젖 뗄 나이가 되었다면 어떤 상황이 발생할까? 배가 고프니까 젖을 빨겠다고 할 수도 없고, 촉감을 느끼고 싶으니까 만져 보겠다고 말하기도 그렇다. 초자아 앞에 닿은 아이는 진퇴양난의 상황에 처한다. 이렇게 사랑의 유형 제3장르는 몸으로서의 어머니와 말로서의 어머니 사이에서, 또한 실제의 젖과 젖이라는 말 사이에서 혼동하는 아이의 모습을 보여 준다. 이렇게 혼동 속에 있는 아이가 마주하는 대상을 환상의 대상, 팔루스라고 부른다. 잠시 후 다루겠지만 베르나르 베르베르(Bernard Werber)가 들려주는 「허깨비의 세계」라는 글은 기호로 표현되는 사물을 잘 설명해 줄 것이다. 이상이 '도식 L'의 각 부분에 대한 설명이다.

사랑과 기호
— 기표의 이중기입

우리는 아이가 말을 배우고 사용하면서 상징체계로 들어간다는 사실을 '도식 L'에서 확인한다. 라캉이 인간의 정신 구조를 다루면서 무엇보다 먼저 기표(기호형식)와 기의(기호내용)로 구성된 기호와 실재 간의 문제를 거론하는 이유는 그 관계가 그만큼 중요하기 때문이다. 앞서 잠시 언급했듯이, 서양의 사상사에서도, 이 문제는 적어도 세 가지 답변을 가정한다.

① 실재와 언어 간의 단절(discontinuité)
② 그들 간의 합치(adéquation)
③ 그들 간의 유비적 관계(relation analogique)

세 번째 답변은 실재와 언어 간의 단절을 제시하는 첫 번째 것을 포함하는 동시에, 그들 간의 계속성을 가정하는 두 번째 것도 포함한다. 우리에게 세 번째 답변이 특히 중요한 것은 이 해답이 '언어는 실재가 아니다,' 또는 '언어가 실재다'라는 식의 표현을 거부하고, '언어는 실재가 아닌 것이 아니다'라는 형식을 사용하기 때문이다.[12] 언어와 실재 간의 관계가 왜 중요한가 하면 정신분석의 상담 기술을 이해하는 토대가 되기 때문이다.

앞선 '도식 L' 설명에서 우리는 유아와 어머니의 젖의 관계를 살펴본 바 있다. 유아는 실재 대상으로서의 어머니의 젖가슴과 관계를 맺다가 시간이 흐름에 따라 기호로서 어머니의 젖과 관계를 맺기도 한다. 이런 논의는 지금 우리가 거론하고 있는 실재와 언어 간의 관계 속에서 더 잘 이해될 것이다.

좀 더 명쾌한 설명을 위해 스위스의 언어학자인 소쉬르의 『일반 언어학 강의』[13]를 참고하여 본다. 소쉬르는 기호를 개념과 소리의 조합이라 부른다.[14] 이때 기호는 개념과 소리의 연상 작용에 의해 결합되기에 자의적인 성격을 띤다.[15] 소쉬르에게 기호의 자의성은 소리와 개념 사이에는 어떤 관계도 없다는 것이다. 또한 기호의 자의성은 소리에 대한 개념의 우위로 연결된다. 그러니까 자의적이라는 말은 개념과 소리 사이에 일정한 규칙이 없고, 단지 개념에 중점을 둔다는 것을 뜻한다.[16]

가령 '밤'이라는 단어를 생각해 보자. '토요일은 밤이 좋아요'라는

---

12 '~이 아닌 것이 아니다'라는 문장은 라캉의 『세미나 10』 '불안'(Angoisse, 1962-1963) 1963년 1월 9일에서 차용했다. 프로이트가 '불안은 대상이 없다'고 말하는 것과는 달리, 라캉이 불안을 정의할 때는 '불안은 대상이 없는 것이 아니다'라고 말한다. 이는 아리스토텔레스의 모순율에서 차용한 개념으로 볼 수 있다. (아리스토텔레스, 『형이상학』, 서울, EJB, 2007, pp.162-176 참조.)

13 Saussure, Ferdinand de, Cours de linguistique générale, Paris, Payot, 1949.

14 같은 책, pp.98-99.

15 같은 책, p.100.

16 같은 책, p.101.

말에서 '밤'의 의미는 무엇인가? 소쉬르에 의하면 개념이 소리보다 우위에 있다. 여기서 '소리'란, '토요일은 밤이 좋아요'라는 문장을 소리 내어 읽을 때 각 단어가 갖는 음가이다. 이 문장에서 '밤'은 단어 자체만으로는 그 의미가 규정되지 않고, 그다음에 올 문장에 따라 내용이 규정된다. 소쉬르에게 중요한 것은 단지 '토요일은 밤이 좋아요'라는 문장 안에서 '밤'이 갖는 개념, 의미이다. 소쉬르는 이 문장의 '밤'이 통상적인 시간 개념이라고 자명하게 받아들인다. 왜 소쉬르는 개념에 우위를 둘까? 이런 태도는 자칫 잘못하면 문장의 의미를 속단하게 한다. 앞뒤 문장과 관계없이, 문맥을 고려하지 않고, 사전적인 의미에서만 '밤'을 해석하고자 할 때 해석의 어려움과 더불어 잘못된 해석이 발생할 수 있다. 왜냐하면 여기서 '밤'이 먹는 밤인지, 시간으로서의 저녁을 의미하는지, 그 외에 엉뚱한 것을 의미하는지 알 수 없기 때문이다. 그러나 소쉬르는 '밤'에 이런 다중적인 의미가 있다고 생각지 않는다. 단지 토요일 밤은 시간적인 것임을 자명한 전제로 받아들인다. 소리에 비해 한정된 개념에 우위를 두는 것이 바로 기호의 자의성이다. 이렇게 소리보다는 개념에 더 강조점을 두다 보니 소쉬르는 한 문장보다는 한 단어를 강조하게 되고, 이런 방식에 익숙해져 해석 방법도 그쪽으로 귀결되는 것이다.

이런 관계를 기호식에서는 $\frac{s}{S}$라고 표현한다. 이 수식은 소리(분모, S) 위에 개념(분자, s)이 있는 형식이다. 소쉬르에게서 중요한 것은 분자, 즉 개념이다. 그런데 소리와 개념 사이를 기호 '—'가 가로막고 있어 그 관계가 단절되어 있다.

그러나 이런 해석은 너무 자의적이라서 다양한 뜻으로 해석될 여지가 있는 단어를 제한적으로 이해하는 오류를 범할 수 있다. 가령 정신분석에서 의사가 환자의 말을 듣고 의사 임의로 그 단어의 뜻을 규정하여 해석한다면 어떤 일이 발생할 것인가? 환자가 의도하는 것과는 정반대로, 의사가 의도하는 대로만 분석이 이루어질 것이다. 환자의 참여보다 의사의 의도가 앞서면 환자의 문제의식을 드러내기보다 의사 자신이 선택한 처방을 우선시하게 된다. 그래서 라캉은 이런 태도를 지양한다.

이쯤에서 '기호'(記號, signe)에 대해 정리해 보는 것이 좋겠다. 기호는 '사물,' '개념,' '소리'의 엮임에 관한 것이다. 우선 '사물'(事物)은 라틴어로 '레스'(res)이며 '어떤 것 자체'이다. 여기에는 개념과 소리가 없다. 그리고 '개념'은 프랑스어로 '시니피에'(signifié), 영어로는 signified인데 이때는 소문자로 표기한다. '소기'(所機), '기의'(記意), 시각 영상이라고 부르며, 이를 풀어서 '기호내용,' '기호화한 것,' '기호화된 것'이라고도 말한다. 또한 '소리'는 프랑스어로 '시니피앙'(Signifiant), 영어로는 Significant인데 이때는 대문자로 표기한다. '능기'(能機), '기표'(記標), 청각 영상이라고 부르며, 이를 풀어서 '기호형식,' '기호화하는 것,' '기호화되는 것'이라고도 말한다. 기호는 이와 같은 것들로 구성된다. 이 글에서는 개념을 '기호내용,' 소리를 '기호형식'으로 병행해서 사용하고자 한다. 좀 혼란스럽긴 해도 이 용어를 알아 두면 좋을 것이다. 라캉 관련 저서나 정신분석 및 언어학 저서를 읽을 때 기본적인 도구가 되기 때문이다. 기호의 구성 요소 가운데 어떤 것을 강조하느냐에 따라, 어떻게 결합하느냐에 따라 기호는 제각각의 모습을 드러낸다.

다시 말해, 기호형식(소리, 기표)은 시간이라는 선을 타고 흐르는 단어의 소리를 지칭한다. 가령 지금 누군가가 '점심입니다. 식사하고 일하시죠?'라고 말할 때, '점심,' '식사,' '일' 등이 어떤 의미인지를 보자. 여기서 단어 하나하나는 기표이다. 기표의 선적 특성은 시간 속에서 하나의 고리, 즉 기호형식적 고리를 형성한다. 이 문장은 점심, 식사, 일이라는 기호형식으로 구성된다. 라캉은 대화의 문맥에 나타나는 이런 특성을 매우 중요하게 다룬다. 즉 이 문장의 각 단어가 무엇을 말하는가에 초점을 맞추기보다 문맥에서 그 단어가 갖는 의미를 강조한다. 그렇게 하려면 소리에 강조점을 두어야 한다. 다시 말해 이 문장은 상황과 문맥에 따라 다양한 의미를 지닌다.

우선 첫 번째 상황을 가정해 보자. 같은 사무실의 이 대리가 패스트푸드점에서 음식을 사 가지고 사무실 문을 열고 들어온다고 생각해 보자. 이때 '점심입니다. 식사하고 일하시죠?'라는 대리의 말에서 '점심'은 밥 먹을 때를 가리킬 뿐 아니라 이 대리가 사 가지고 온 먹거리를 가리키기도 한다.

두 번째 상황을 가정해 보자. 시간이 오전 11시 50분이다. 김 과장이 서류를 정리하더니 '점심입니다. 식사하고 일하시죠?'라고 말한다. 여기서 '점심'은 점심 식사할 시간을 뜻한다.

이렇게 배경이나 상황에 따라, 앞뒤 문맥에 따라 한 단어의 의미는 다르게 사용된다. 이것을 일컬어 소쉬르는 "청각적 기표들은 시간의 선상에만 배치된다. 그들 요소는 상호 제시된다. 그것들은 하나의 고리를 형성한다"[17]라고 기술한다.

언어학에는 두 개의 축에 의한 언어활동이 있다. 각 단어의 의미를 밝히는 것은 선택축(범열축, axe synchronique)[18]에 속한다. 반면 시간 속의 연속된 소리는 결합축(통사축, axe diachronique)[19]에 속한다. 다시 말해 선택축은 종적이다. 그것은 은유의 축이며 기호내용이 의미 생성을 준비한다. 결합축은 횡적이다.[20] 그것은 환유의 축이며 기호 형식이 결합되면서 문장이 형성되지만 의미는 보류된다.

이 둘을 이렇게 논리적으로 나누기는 해도 엄밀하게는 그럴 수 없다. 선택축과 결합축은 각각 설명되지만 동시에 설명될 때 본연의 뜻을 드러낼 수 있게 된다. 선택축만 이해한다면 대화의 전체적인 흐름을 이해하지 못할 것이고, 결합축만 이해한다면 대화의 의미를 파악하지 못할 것이다. 그래서 기표의 '이중기입(la double inscription signifiante)'이 중요하다. 즉 앞서 보았듯이, '밤'이라는 기호형식은 먹는 밤인지, 저녁 시간인지 그 의미가 문맥에 따라 결정된다. 또한 '점심'도 먹을 시간인지, 먹을 음식인지 문맥에 따라 의미가 결정된다.

라캉은 이중으로 기입되는 기호형식을 프랑스의 문인 빅토르 위고의 글을 인용하여 설명한다.[21] 위고는 『구약성서』의 「룻기」에 나오는 보아스라는 인물을 "인색하지도, 증오를 품지도 않은 볏단"이라고 표현한다. 이 문장 전체를 들었을 때 우리는 무슨 의미의 문장

17 같은 책, p.103.
18 같은 책, p.171.
19 같은 곳. Jacques Lacan, *Les psychoses*(Séminaire III, 1955-1956), *op. cit.*, pp.243-262 참조. 라캉은 이 두 축을 이용하여 '요구와 욕망' 방정식을 수립한다. Jacques Lacan, *L'identification*, 1962년 3월 28일 강의 참조.
20 같은 곳.
21 Jacques Lacan, *Les psychoses*(Séminaire III, 1955-1956), *op. cit.*, p.248 참조. "Booz n'était pas ni avare ni haineux."

인지 알 수 없어 멍한 상태가 된다. 그렇다고 각 단어를 분석해 보아도 보아스라는 사람을 지칭하는 볏단이 인색하거나 증오를 품는다고 해석할 근거는 어디에도 없다. 이 문장을 이해하기 위해서는 화자가 보아스를 어떻게 이해하는지가 중요하다. 문맥의 환유와 각 단어의 은유를 밝힌다고 해결되는 문제는 아니다. 우선 이 문장은 「룻기」의 문맥 안에서 기표를 이해해야 그 의미를 알 수 있다. '볏단'이라는 기호형식은 인색, 증오 등의 단어가 나열되는 문장과의 관계에서 이해되어야 한다.

이렇게 한 단어가 문장 전체와의 관계에서 이해될 때 이 단어를 '환유적 기표'라 부른다. 즉 '볏단'은 「룻기」에서 보아스라는 인물을 표현하는 "인색하지도, 증오를 품지도 않은 볏단"이라는 문장 전체와의 관계에서 이해된다는 것이다. 이것을 환유적 기표라 부른다.

'볏단'이라고 하는 용어는 인색, 증오 등 다른 기호와의 차이에서만 의미를 갖는 것이 아니다. 여기에 하나의 과정이 더 추가되어 이해되어야 한다. 바로 보아스를 지칭하는 '볏단'에 대한 개인의 경험이다. 여기서 화자는 룻이다. 과부인 룻은 생계를 위해 추수가 끝난 들판에서 버려진 이삭을 줍는다. 이 일을 위해 그곳에서 머무르다가 들판의 소유주인 보아스의 눈에 띄게 된다. 보아스는 룻이 더 많은 곡식을 주울 수 있게 해 준다. 나중에는 룻이 보아스의 아이를 갖게 되고, 그 후손이 예수가 된다. 『신약성서』의 「마태복음」에는 "보아스는 룻에게서 오벳을 낳고 … 마리아에게서 그리스도라 칭하는 예수가 나시니라"(1장 5절, 16절)고 나온다. 이처럼 룻에게 보아스는 생계를 잇게 하는 볏단이면서 예수를 오게 하는 길이다. 이렇게 개인의 경험에서 비교될 때 기표로서 '볏단'은 의미를 가지게 된다. 개인의 경험은 개인이 처한 상황에서 발생한다. 곳간에서 인심 난다는 속담을 생각하면 이해가 쉽다. 이렇게 한 단어가 개인의 경험에서 이해될 때 이 단어를 '은유적 기표'라 부른다.

환유적 기표와 은유적 기표는 이중으로 기입되는 기호형식이라 불린다. 하나의 기표는 이중적 의미를 갖게 된다. 가령 '밤'이 태양이 서쪽으로 기운 이후의 시간과 견과류의 과실이라는 이중적인 것을 지칭하듯, '점심' 또한 밥을 먹을 때이면서도 먹는 음식을 지칭하는 이중적인 것이 된다. 이중으로 기입되는 기호형식이란 기호내용이 잘린 상태의 기호를 말한다.

이중으로 기입되는 기표를 좀 더 자세하게 살펴보기 위해 피천득의 수필 「인연」[22]을 예로 들어 보자. 이 글에는 두 개의 성심(聖心)이라는 기호형식이 나온다. 하나는 강원도 춘천에 소재한 '성심'여자대학이고, 또 하나는 일본 도쿄에 있는 '성심'여학원이다. 이 두 기호형식이 작가에게 작품의 키워드가 된 것은 작가가 어느 가을 학기에 매주 한 번씩 춘천에 있는 이 학교에 출강을 하였기 때문이다. 춘천의 '성심'을 오가면서 작가는 일본에 있었을 때의 '성심'을 회고한다.

작가가 열일곱이 되던 봄, 도쿄 시바쿠 시로가네에 있는 미우라 선생 댁을 방문하여 그의 딸 아사코를 만나게 된다. 그때 아사코는

---

22 피천득, 『인연』, 서울, 샘터, 1999, pp.147-152. 또한 우리는 윤흥길의 소설 『완장』(현대문학, 2002)에서 완장의 이중기입 문제를 언급할 수 있을 것이다. 이 소설에서 말하는 완장은 종술이가 '팔에 차고 있는 완장'과 부월이가 말하는 '눈에 뵈지도 않는 완장'이라는 이중적인 의미를 갖는다. 종술이 이해한 '완장'은 권력 자체를 부여하는 실재적인 것인 반면, 부월이 이해한 '완장'은 권력을 가진 사람들의 하수인이 쓰는 허깨비에 불과하다. 한편으로는 종술이가 말하는 '완장'을, 다른 한편으로는 부월이가 말하는 '완장'까지 다 이해할 때, 비로소 우리는 이 소설에서 말하는 '완장'의 이중적인 의미를 파악하게 된다.

소학교 일 학년생이었다. 작가는 아사코와 함께 성심여학원을 방문했는데, 이날 아사코는 신발장에서 하얀 실내화를 보여 주었다. 그후 십 삼사 년이 흐른 뒤 아사코의 집을 방문했는데, 그때 아사코는 성심여학원 영문과 삼 학년생이었다. 그 후 또 십여 년이 지나 작가가 도쿄를 방문했을 때 만난 아사코는 결혼을 한 상태였다. 마지막 만남을 회상하면서 작가는 이렇게 말한다. "그리워하는데도 한 번 만나고는 못 만나게 되기도 하고, 일생을 못 잊으면서도 아니 만나고 살기도 한다. 아사코와 나는 세 번 만났다. 세 번째는 아니 만났어야 좋았을 것이다."[23] 한편으로 도쿄에 있는 '성심'은 첫사랑의 추억, 세월이 흘러도 잊히지 않는 그리움이 깃든 공간이다. 다른 한편으로 춘천에 있는 '성심'은 그 이름이 '성심'이라는 이유만으로 작가가 출강하게 된 곳이다. 이렇게 '성심'은 작가 피천득에게 이중기입된 기호형식이다.

이렇게 기표의 이중기입 문제는 짧은 수필 한 편을 읽는 데도 요긴하게 사용된다. 더군다나 말로써 치료하는 정신분석 상담에 이런 기호형식의 이중기입 문제는 더할 나위 없이 중요하다. 환자가 말하는 단어 하나하나를 해석하기 위해서는 기본적으로 이런 장치가 요구된다. 라캉은 이런 장치를 마련하여 프로이트를 재해석하고 있는 것이다. 말로 고백하는 사랑에서도 이러한 도구가 이용되며, 고통과 사랑의 정신분석에서는 더욱더 중요한 도구가 된다. 가령 작가 피천득이 정신분석가와 상담 중이라고 가정해 보자. 작가가 정신분석가에게 '성심'이라는 말을 꺼냈을 경우, 정신분석가는 이 기

23 같은 책, p.152.

호형식의 이중기입 문제를 잘 간파하여 분석을 진행해 나가야 할 것이다. 분석가는 이 기호형식을 통해 작가의 실재 세계를 들여다볼 수 있게 될 것이다. 그리고 더 깊은 분석으로 들어갈 수 있을 것이다.

베르나르 베르베르는 기호라는 주제로 재미난 글을 썼다. 『나무』[24]에서 그는 '허깨비의 세계'라는 짧은 이야기를 소개한다. 그 이야기는 이러하다. 주인공 가브리엘 넴로드는 이상한 중세를 느끼곤 병원을 찾는다. 가끔 그에게는, 마치 만화에서 말풍선이 보이듯이, 허공에 글자가 보인다. 어느 날은 병원 대기실에서 기다리고 있는데 벽에 걸린 그림이 움직이더니 벽 전체가 비틀거리다가 벽이 모두 사라지는 광경을 목격한다. 벽이 사라진 허공에 낱말 하나와 괄호 속의 말이 나타난다.

> 벽(두께: 50센티미터. 재료: 콘크리트. 안쪽에는 석회를 발랐고 바깥쪽에는 페인트를 칠했음. 집이나 방의 둘레를 막기 위해서 존재함)

글자는 허공에 둥둥 떠다닌다. 그러다가 제정신을 차리고 나면 벽은 그대로 있다. 가브리엘 넴로드라는 환자는 고등학교에서 철학을 가르치는 교사인데, 기호형식과 기호내용으로 구성되는 기호에 대해 수업한 적이 있다. 그리고 사물은 우리가 그것에 이름(기호)을

---

24 베르나르 베르베르, 이세욱 옮김, 『나무』, 서울, 열린책들, 2003, pp.215-219.

붙일 때 비로소 존재한다고 가르친 바 있다. 그는 『구약성서』의 「창세기」를 떠올리면서 하나님은 아담에게 동물과 사물에 이름을 붙일 권한을 주었다. 그전에는 그들이 이름 없이 존재하지 않았을까, 그는 생각한다. 공원에서 비둘기를 관찰하다가도 동일한 일을 경험한다. 비둘기 대신 그 자리에 말풍선이 나타난 것이다.

비둘기(327그램, 수컷, 깃털은 암회색, 울음소리의 음은 C와 E 플랫, 왼쪽 다리를 약간 절룩거림, 공원에 즐거운 분위기를 만들기 위해 존재함)

그는 이 단어를 만지기 위해 허공에 손을 휘젓는다. 글자들은 하늘로 올라가다가 다시 비둘기로 변하여 날아간다.

이런 경험은 계속해서 일어난다. 그래서 그는 정신에 이상이 생겼다고 생각하여 정신과 의사를 찾는다. 거기서 평생 잊지 못할 일을 겪는다. 항불안제를 처방하는 것으로 진찰이 간단하게 끝난 것이다. 기호를 가르치는 넴로드로선 의사의 이런 처방이 납득되지 않는다. 그는 진찰실을 나서다가 복도에 세워진 전신 거울과 마주친다. 그런데 그가 거울에서 본 것은 자신의 모습이 아닌 말풍선이었다.

사람(키 1미터 70센티미터, 몸무게 65킬로그램, 평범한 용모, 피로한 기색, 안경 착용, 시스템의 오류를 찾아내기 위해 존재함)

이 글에서 우리는 사물과 기호에 대해 생각할 거리를 찾는다. 가령 우리 앞에 비둘기가 있다고 하자. 우리는 그 비둘기를 대할 때, 사물 그 자체로서의 비둘기와 만나는가, 아니면 비둘기라는 기호와 만나는가? 처음에는 당연히 사물로서의 비둘기와 만난다고 말할 것이다. 하지만 곰곰이 생각해 보면 우리는 비둘기를 대체하는 '비둘기'라는 낱말과 만난다.

이런 경험은 아이를 돌봐 본 사람이라면 쉽게 이해할 수 있는 것이다. 우리는 그림책에 그려진 '비둘기'를 보고 아이에게 '비둘기'라고 가르친다. 이 비둘기를 가리키며 '구구'라고 소리 낸다. 여기서 비둘기는 사물로서의 비둘기인가, 아니면 기호로서의 비둘기인가? 이 질문은 간단한 듯하지만 매우 복잡하다. 처음에 아이는 사물로서의 비둘기와 기호로서의 비둘기를 구분하지 못한다(이때는 주체의 분열이 일어나기 전이다). 우리는 교육을 통해 각각의 사물에 해당하는 말풍선에 기입될 내용을 만난다. 처음에는 비둘기를 '사물'이라고 생각하지만, 나중에는 '기호'라고 생각하게 된다. 정말 비둘기는 사물이 아닌, 기호일까!

반복되는 교육과 경험을 통해 아이는 사물로서의 비둘기와 기호로서의 비둘기를 구분하게 된다. 비둘기 앞에 설 때마다 유아는 분열을 경험한다. 앞서 본 철학 교사 넴로드의 경험처럼 유아는 실제 비둘기를 보고 있다가 말풍선에 명기된 비둘기의 속성을 보기도 하는 것이다.

사랑에 관해서도 그렇다. 우리가 누군가를 좋아할 때, 사랑이란 말풍선은 그 사람 자체에 붙일 수도 있지만, 그 말풍선에 그 사람이 갖고 있는 조건이나 환경이 명시될 수도 있다. 가령 조건이 좋은 사람과 소개팅을 한다고 생각해 보자. 그 사람을 보면 그 사람 대신에 '대기업의 아들, 그 기업을 물려받을 자'라는 말풍선이 보인다는 것이다. 이런 만화 같은 일을 한 번쯤 상상해 보았거나 드라마에서 본 적이 있을 것이다. 흔히 그 사람 자체를 사랑하느냐, 그 사람의 조건을 사랑하느냐 하는 이야기를 자주 한다. 이런 상황을 설명하는 수단이 바로 기호 개념이다.

앞에서도 잠시 언급했듯이 기호는 어떤 사물(res, chose, thing, 物)을 지칭할 때 개념(signifié, 소문자 s, 기호내용)과 소리(Signifiant, 대문자 S, 기호형식)가 결합하는 것이라고 보았다. 이때 중요한 것은 사물에 해당하는 생각 또는 관념, 즉 기의이다. 그래서 소쉬르의 생각을 수식으로 설명하면, 분모에는 소리, 즉 기표(대문자 S)가 위치하고, 분자에는 분모에 비해 우위성을 지니는 개념, 즉 기의(소문자 s)가 위치한다.

$$\frac{s}{S}(\text{소쉬르})$$

그러나 라캉은 소쉬르의 이론을 그대로 사용하지는 않는다. 그는 소쉬르의 이론을 거꾸로 뒤집는다. 기호내용보다 기호형식에, 특히 기호내용을 잘라 버린 기호형식에 강조점을 둔다. 소쉬르의 언어학적 기호 알고리즘을 뒤집은 라캉의 공식을 아래와 같이 표현된다.

$$\frac{s}{S}(\text{소쉬르}) \;\rightarrow\; \frac{S}{s}(\text{라캉})[25]$$

라캉이 왜 소쉬르의 분수를 뒤집어 사용하는지는 앞으로 살펴보게 될 것이다. 그는 이런 단순한 수식 표기에 그치지 않고 좀 더 나아가 아래에서 제시되는 수식 형태로 표기한다. 이런 글쓰기 놀이에 대해서는 물리학자들이 과민 반응을 보인 바 있다. 『지적 사기』의 저자들은 라캉이 수학, 특히 위상학에 대해 문외한이라고 공격하였다. 소칼에 따르면 라캉에게서 "정신분석학과 수학은 어처구니없을 만큼 자의적으로 연결되며, 라캉은 그 연결을 정당화하는 개념 장치나 경험적 자료를 (그가 쓴 책 어디에서도) 털끝만큼도 제공하지 않는다"[26]라고 결론짓는다. 소칼은 라캉이 사용하는 위상학, 무리수와 허수 등을 단편적으로 다루면서 라캉식 수리논리학과 언어학의 접맥을 비판한다. 그런데 라캉이 말하는 수학은 수학적으로 풀기보다는 정신분석적으로 풀어야 하는 성격을 띤다. 그는 도처에서 그만의 글쓰기 방식을 설명한다. 또한 그는 프라하 학파를 이끈 또 다른 언어학자 야콥슨의 이론을 사용하는데, 앞으로 계속해서 나올 이 수식은 정신분석적으로 읽어야 하는 것이다.

앞서 보았듯이 소쉬르에 따르면, 기호형식은 기호내용과 결합될 때만 의미를 생성한다. 그러나 기호내용을 담지 않는 기호형식이 어떻게 사랑이라는 의미를 전달할 수 있을까? 라캉은 스스로 이런

---

25 Jacques Lacan, "L'instance de la lettre dans l'inconscient," in *Ecrits*, Paris, Seuil, 1966, p.515 참조. 라캉은 프라하 학파와 코펜하겐 학파의 시니피앙과 시니피에의 본질적인 차이점을 기술하면서, 시니피에에 대한 시니피앙의 우위를 주장하는 프라하 학파의 야콥슨과 동일한 위치를 점한다. 그는 그 증거를 *L'identification*, 1961년 11월 22일 강의에서 가르치고 있다. 롤랑 바르트는 3년 뒤에 그 방정식을 "éléments de sémiologie," in *Communications* 4호(Seuil, 1964)에 기록하고 있다.

26 앨런 소칼·장 브리크몽, 이희재 옮김, 『지적 사기: 포스트모던 사상가들은 과학을 어떻게 남용했는가』, 서울, 민음사, 2000, p.60.

질문에 긍정적으로 답한다. 여기서는 기호내용을 담지 않는 기호형식으로 수식[27]을 전개한 라캉의 의견을 들어 보면서 이것이 사랑의 담론을 어떻게 펼칠 수 있을지를 구상해 보자.

$$f(S)\frac{1}{s}$$

이 수식은 기호내용보다 우위성을 지니는 기호형식, 기호내용을 잘라 버린 후 남는 기호형식에 관한 것을 표현하고 있다. 기호형식의 합은 1이다. 문장 전체를 1로 보는 것이다. 즉 1은 문장의 수에 상관없이 문장의 총체성을 의미한다. 1을 대체하는 것은 기호형식(S)이다.

야콥슨은 결합축에서 '환유적 전치'가 작용하고, 선택축에서 '은유적 압축'이 작용한다는 것으로 기호를 설명한다. 이에 대해 라캉은 환유적 전치의 우위성을 말하였다. 라캉이 야콥슨의 이론을 사용하는 이유는 환자가 늘어놓는 이야기 가운데 주요한 단어를 포착하여 그 단어를 다시 질문하고, 그래서 그 단어를 분석하는 작업을 설명하기 위해서다. 라캉은 환자의 말(기호형식)에 하나의 의미가 담겨 있다고 생각하지 않고, 여러 기호형식들이 연결되어 무의식적 주체를 보여 준다는 것을 강조한다.

---

27 Jacques Lacan, "L'instance de la lettre dans l'inconscient," in *Ecrits*, Paris, Seuil, 1966, p.515.

환유라는 기호형식

환유의 축 또는 환유의 고리란, 주어-목적어-동사로 구성된 한 문장뿐 아니라 전체 문맥을 포함한다. 이는 시간의 흐름이다. 주어로 시작해서 동사로 끝나는 한 문장, 또는 어떤 단어로 시작하여 어떤 단어로 끝맺는 문장이다.

가령 앞서 본 '점심입니다. 식사하고 일하시죠?'를 다시금 예로 들 수 있다. 야콥슨은 이를 결합축 위에 있는 것으로 본다. 즉 하나의 기호형식으로부터 또 다른 기호형식으로의 흐름은 "대상과의 관계 속에서 존재의 부재"[28]를 나타낸다. 라캉은 결합축 위의 환유적 전치 또는 이동을 아래와 같이 표현한다. 이 수식을 이해하기 위해 수학적 지식을 동원할 필요는 없다. 왜냐하면 앞서 밝혔듯이 라캉이 제시하는 수학 공식은 정신분석적 방식으로 읽어야 하기 때문이다.

$$f(S \cdots S') \cong S(-)s \cong \frac{S}{s}$$

여기서 기호 '$-$'는 기호 $\frac{S}{s}$ 안의 막대를 의미하고, '$\cong$'는 좌우항의 합동을 뜻한다. 즉 막대($-$)는 기호내용이 함축하는 무의식적 의미와 생산된 의식적 의미로서의 기호형식의 의미가 상통하지 않고 막혀 있어 왜곡됨을 알려 준다.

다시 '점심입니다. 식사하고 일하시죠?'를 생각해 보자. 여기서 '점심'은 앞뒤 문맥에 따라 '점심밥'을 지칭하기도 하고, '점심 먹을

---

28 같은 곳.

시간'을 뜻하기도 한다. 이런 면에서 라캉은 앞서 살펴본 소쉬르의 기호형식과의 관계에서 기호의 자의성을 받아들이지 않는다. 오히려 라캉은 기호형식과의 관계에서 기호형식의 자의성을 말한다. 라캉에게 기호내용이란 알 수 없는 것이다. 그래서 그에게 남는 것은 오로지 기호형식뿐이다. 기호형식들 간의 자의성에서는, 단어의 개념이 아닌 문맥에 따라서 해당 단어의 의미가 규정된다. 하나의 기호형식과 연결된 또 하나의 기호형식은 자의적인 관계이다. 두 연결 고리 사이에는 어떤 연관성도 없다. 이것이 환유의 축 또는 환유의 고리이다. 실제 상담 상황에서 보면, 의사는 환자가 말하는 단어를 사전적 의미로 이해하지 않는다. 문맥에 따라 환자가 말하는 그 단어가 어떤 의미를 지니는지 이해한다. 정확한 의미를 알기 위해서는 다음 문장을 기다려야 한다. 의미가 규정되기까지 시간은 지연된다. 이러한 것이 '환유적 전치'이다.

은유라는 기호형식

또한 은유의 축 또는 은유의 고리란, 주어-목적어-동사로 구성된 한 문장에서 하나의 기호형식을 대체하는 또 하나의 기호형식에 관한 것이다. '점심입니다. 식사하고 일하시죠?'에서 '점심'이란 말이 나왔는데, 이를 대체하는 것이 무엇인가를 찾는 것이다. 어쩌면 '점심'은 소개팅하는 시간일 수 있고, 사랑하는 사람을 만나는 시간일 수도 있고, 사귀던 사람과 헤어지기 위해 만나는 약속 시간을 의미할 수도 있다. 이는 앞서 본 수식에서 분모와 분자를 가르는 막대(—)를 제거하면 얻을 수 있다. 즉 가르는 막대를 제거하면 기호내용과 기호형식 간의 왜곡이 없는 구조가 형성된다. 은유적 구조는 "시나 창작에서 비롯되는 의미의 결과"를 생산해 내는 선택축 안에서 하나의 기호형식을 다른 기호형식으로 대체하는 것을 의미한다. 그 결과 "의미의 도래"[29]가 이루어진다. 라캉은 아래와 같은 도식으로 은유적 억압을 상징화한다. 이런 것이 '은유적 압축'이다. 여기서 '+'는 막대가 제거됨을 뜻한다. 라캉이 제시한 아래의 수학 공식을 해석해 보자.

$$f(\frac{S'}{S}) \cong S(+)s \cong \frac{S}{s}$$

여기서 '+'는 기호 $\frac{S}{s}$ 안의 막대(—)가 제거됨을 의미한다. 이 막대가 없어지면 아래의 소문자 s(개념, 기호내용)가 위의 대문자 S(소리, 기호형식)로 침투하는데, 이것을 표시하는 것이 $\frac{S}{s}$이다. 이 기호는 "막대 제거, 그리고 의미의 등장을 위한 이 제거로부터 형성되는 가치를 표현한다."[30] 이것을 앞서 본 '점심'으로 설명해 보자. 막대(—)가 없어지자 '점심'이라는 낱말은 사전적인 의미로부터 해방된다. 그 결과 다양한 의미를 가질 가능성을 갖게 된다. 이 가능성은 문맥에 따라, 대화가 진행되는 조건에 따라, 말하는 주체의 무의식적 상황에 따라 다양하게 열린다.

기호 S'는 S의 은유에 해당하는 기호형식으로, S를 대체하는 것이다. 즉 S'는 소개팅, 연애, 헤어짐 등이 된다. 이는 결합축 안에서 잠

---

29 같은 곳.
30 같은 곳.

정적이고 선택축 안에서 명백하게 나타난다. 그러므로 기호 S'는 의미의 이중기입 문제를 야기한다. 정신분석은 하나의 기호형식을 대체하는 또 하나의 기호형식을 발견하는 것이다. 말하자면 청문회 때마다 논란이 되는 위장 전입과도 비교할 수 있겠다. 위장 전입은 보통 투기를 한다든지 자녀의 교육을 위해서라든지, 합법적이지 않은 행위 때문에 이루어지는데 이것을 추궁해 보면 진실이 있어야 할 자리에 핑계 또는 미끼가 자리하는 형국이 된다. 청문회 때의 질의자와 답변자의 대화는 정신분석 면담 때의 정신분석가와 분석수행자와의 대화와 닮았다. 정신분석 면담 때, 환자는 자신이 하는 말이 마치 진실인 양 말하지만 실상은 일종의 '핑계'라는 기호형식을 사용한다. 그래서 정신분석은 진리를 대체하고 있는 핑계라는 기호형식이 어떤 것을 대체한 것인지를 찾아가는 기술이다. 그 기호형식을 찾아가는 과정을 표현한 것이 바로 위에서 라캉이 표기한 수식들이다.

가령 앞서 본 '점심입니다. 식사하고 일하시죠?'는 당장 내 앞에 밥상이 있어 밥을 먹으라는 의미도 되고, 점심 먹을 시간이 되었으니 나가서 식사를 하자는 뜻도 된다. 또한 '점심'이 의미하는 것은 연애를 시작하거나 사랑하는 사람과 소중한 시간을 보내거나 사귀던 사람과 정리의 시간을 갖거나 하는 등의 뜻도 된다. 하나의 단어에 사전에는 표기되어 있지 않은 이런 많은 의미가 내포되기 때문에 정확한 뜻을 파악하기가 어렵다. 선택축의 은유적 압축에 따른 해석에 의하면 상황이 개입될 여지는 없다. 그러나 결합축의 환유적 전치에 따른 해석에 의하면 개인이 경험한 상황과 함께 그 상황 속에서 문장이 의미하는 것이 무엇인지를 알게 된다. 정신분석은 환자가 말하는 한 단어가 진실을 왜곡하는 일종의 핑곗거리라는 것을 주시한다. 그래서 핑곗거리가 무엇을 대체하고 있는지를 찾는 것이 정신분석 기술의 핵심이라 볼 수 있다. 여기서 핑곗거리란, 앞서 프로이트 편에서 보았던 분석에서의 '타협물'에 해당한다.

우리는 한편으로는 결합축에서 기호형식의 의식적 고리 실존을, 또 다른 한편으로 선택축에서 기호형식의 무의식적 고리 실존을 확인한다. 이를 통해 우리는 기호형식의 위장 전입 문제를 발견한다. 즉 결합축과 선택축에 동시적으로, 그리고 의식과 무의식에 동시적으로 기호형식이 가입됨을 알게 된다. 그래서 그 기호형식의 진위를 가리는 청문회를 여는 것이다.

라캉은 이중기입을 위해서도 뫼비우스 기하학을 이용한다. 이 기하학에는 오직 하나의 면만 있다. 즉 안쪽 면은 바깥 면과 연속된다. 우리는 뫼비우스의 띠를 통해 기호형식적인 두 개의 고리를 구상할 수 있는데, 의식적 고리의 반대 면에 있는 무의식적 기호형식 고리가 바로 그것이다. 그러니까 실제로 의식과 무의식은 종이의 양면과도 같아서 분리되어 있지만 분리되지 않는다. 다시 말해 여기서 의식이라는 것도 뫼비우스의 띠 위에서는 무의식과 연결되어 있다. 그래서 엄격하게 말하자면 결합축에서의 기호형식도 무의식적이고 선택축에서의 기호형식도 무의식적이다. 마찬가지로 그 기호형식들은 의식적이다.

뫼비우스 띠 표면은 한편으로는 오류, 망각, 실수 등의 의식적 대화에 나타나고, 또 다른 한편으로는 의식적 대화에 나타나면서도 무

의식적인 면을 보여 준다. 라캉은 *L'Etourdit*에서 뫼비우스의 띠를
이렇게 정의한다.

뫼비우스의 띠가 가정하는 것은 하나의 띠가 반 바퀴 뒤틀린 이상적인
비뚤어짐이 아니다. 그 띠가 만드는 것은 안쪽 면이자 바깥 면일 뿐이
다. 서로 만나는 어떠한 점도 없다. 뫼비우스의 띠는 점이 아닌 일련의
선구조(線構造)로서 오직 한 번의 회전으로 베인 자국일 뿐이다.[31]

가령 S를 종이의 겉면이라고 하면, S'는 종이의 안쪽 면이다. S와
S'는 이어진다. S'는 S에 대한 핑곗거리다. '점심입니다'라는 말은 다
양한 핑곗거리를 내포하고 있다. 즉 S는 S', S'', S''' 등 S를 대체하는
기표들로서 사랑의 담론을 만들어 낸다. 우리 주위를 살펴보면 사
랑의 담론이라는 관점으로 S를 대체하는 수많은 대체 기호형식들을
발견할 수 있다. 이런 도구를 이용하여 환자의 말을 분석하는 것이
바로 정신분석 기술이다. 이 기술은 환자가 들려주는 평범하거나
엉뚱한 이야기 속에서 사랑의 담론을 발견한다.

가령 우리는 그림을 보면서 그림 속에 숨겨진 S'를 찾기도 하고,
노래를 들으면서 노랫말에 담긴 S'를 찾기도 한다. 기호형식 S와 S'
는 뫼비우스의 띠 위에 베인 자국을 만들고, 이 베인 자국의 결과는
우리에게 무의식의 주체를 드러낸다. 이것은 가장자리에 있는 어떤
면도 건너뛰지 않는데, 그 이유는 이 자국이 일련의 '점 없는 선들'로
구조화되었기 때문이다. 따라서 기표 S는 의식에서 유래하고, 기표

---

31 Jacques Lacan, "L'Etourdit," in *Scilicet* n. 4, 1972, p.27.

S'는 무의식에서 유래한 기표라고 볼 수 있다. 이런 말을 잘 정리해 주는 라캉의 글을 보자.

"하나의 기호형식은 또 다른 기호형식에 연결된 주체를 재현한다."[32]

라캉의 『세미나 17』에 등장하는 이 말은 아무리 강조해도 지나치지가 않다. 환유축에서 생산되는 기호형식들은 무의식의 주체를 보여 주고 그 결과 주체는 기표의 결과로 간주된다.[33] 라캉이 말하는 주체는 물질적인 것으로 된 육체적인 몸이 아니라, 말의 덩어리로 되어 있다. 다시 말해 기호형식과 기호형식의 고리로 이루어져 있다. 그래서 사무실에서 매일 들을 수 있는 말인 '점심입니다. 식사하고 일하시죠?'라는 말을 할 때 화자의 심정은 다양한 모습을 하고 있을 것이다. 정말 배고픔을 채울 수 있다는 만족감을 갖기도, 주어진 시간 동안 사랑하는 사람에게 문자를 보내어 만날 기회를 마련해 보기도, 헤어짐 때문에 입맛이 없어 지루한 점심시간을 보내기도 할 것이다. 이러한 무의식의 주체는 화언, 말(parole)로 된 것이다. 이러한 무의식의 주체는 화언, 말로 된 것이다. 무의식의 주체는 환유의

---

32 이 구절은 라캉의 사유를 명확하게 드러내는 대표적인 문장 가운데 하나이다. 가령 '언어활동처럼 짜인/구조화된 무의식'(L'inconscient est structuré comme un langage, 『세미나 11』), '너의 욕망을 포기하지 말라'(Ne pas céder sur ton désir, 『세미나 7』). 마찬가지로 '하나의 기호형식은 또 다른 기호형식에 전속된 주체를 재현한다'(Un signifiant représente le sujet pour un autre signifiant)에서 'pour'는 'auprès de'(~에 전속된)라는 뜻이라고 『세미나 17』(Paris, Seuil, 1991, p.19, p.53)에서 라캉은 말하고 있다.

33 Jacques Lacan, "Positions de l'inconscient," in Ecrits, Paris, Seuil, 1966, p.840 참조. Jacques Lacan, L'identification, 1961년 12월 6일, 1962년 1월 24일, 그리고 1962년 3월 21일 강의 참조. Jacques Lacan, "L'aliénation," in Les quatre concepts fondamenteaux de la psychanalyse(S. XI), Paris, Seuil, 1973, p.88 참조.

축과 은유의 축의 짜임을 통해 말하는데, 이 짜임을 정신줄로 이해하면 될 듯하다. 다시 말해, 환유의 축과 은유의 축을 통해 정신줄이 짜인 것으로 이해하자는 것이다. '정신줄을 놓았다'고 말할 때 '정신줄'은 환유와 은유라는 2개의 줄로 짜인다. 이 짜임은 엉키고 느슨하고 팽팽하고 끊어지는 등 다양한 모습을 하는데, 정신분석에서는 임상을 통해 그 모습을 점검하고 증상을 진단한다. 이런 예는 분석 상황이 아니더라도 만취 시 혹은 임종 시에도 볼 수 있는데, 짜임새가 흐트러지면서 주체의 말이 튀어나오는 것을 볼 수 있다. 취중진담의 예는 우리가 쉽게 접할 수 있기에 여기서는 임종 시의 예를 하나 제시한다. 6·25 전쟁 때 북쪽에 처자식을 두고 온 한 가장이 연로하여 혼수상태에 빠졌고, 이때 남쪽에서 얻은 아들이 간호하고 있었다. 임종이 가까워졌을 때 노인은 어떤 이름을 불렀는데, 그것은 북에 두고 온 큰아들의 이름이었다. 50년 동안 가족들 앞에서 언급하지 않았던 이름이었다. 이는 무의식의 주체가 정신줄을 놓는 가운데 짜임새가 흐트러지면서 내뱉은 말이다. 정신분석 상황이나 꿈 분석에서 주체가 진실을 말하는 경우는, 감시관의 역할을 하는 자아의 기능이 소홀해질 때이다. 이런 라캉의 주장과 같은 맥락에서 프랑스의 철학자 말브랑슈는 "정신은 육체와 신 사이에 위치하며, 이 둘 사이에서 지속적으로 찢겨 있다"[34]고 말한다. 육체와 신(대타자, 기표덩어리)을 잇는 이 정신은 우리가 정신줄이라고 표현한 것과 다르지 않다. 곧 말브랑슈는 정신줄은 찢겨 있기에 늘 위태하며, 이 줄이 끊어지면 살과 대타자는 분리된다고 말한 것이다. 라캉은 이 정신

---

34 슬라보예 지젝 엮음, 라깡정신분석연구회 옮김, 「코기토와 무의식」, 서울, 인간사랑, 2013, p.233.

줄이 형성되는 과정을 야콥슨의 이론을 도입하여 설명하면서 자신의 삼위체(상상적인 것, 상징적인 것, 실재적인 것)를 든든하게 한다. 이처럼 정신줄은 환유의 축과 은유의 축이라는 두 가닥으로 짜여 있고, 이 짜임새를 통해 우리는 사랑의 세 유형을 구분하게 될 것이다. 동일한 상황 가운데서도 너무나도 다르게 상황을 이해하는 주체와 대상 간의 관계를 우리는 이런 관점으로 읽게 될 것이다. 동일한 상황 가운데서도 너무나도 다르게 상황을 이해하는 주체와 대상 간의 관계를 읽게 될 것이다. 이런 관점은 환자들이 들려주는 사랑 담론을 잘 이해할 수 있는 도구가 될 것이다.

사랑의 유형 제1장르 :
상상계의 첫사랑

'사랑의 유형 제1장르'가 무엇인지 알아보기 위해서 우리는 라캉이 말한 망상증 환자를 분석할 것이다. 앞서 프로이트의 사랑의 유형 I에서 보았듯이, 우리는 퇴행한 리비도가 특정 지점에 고착된다는 점에 주의를 기울일 것이다. 사랑의 유형 제1장르는 라캉이 말하는 상상적인 국면에 한정된다. 이 상상적인 국면은 1953년 이전의 거울 단계, 에메 분석, 그리고 상상적 매듭이라는 요소에 의해 설명될 것이다.

사랑이 거울에 투영되다

우리는 '사랑의 유형 제1장르'와 '거울 단계'를 연결해 보려 한다. 라캉에게 거울 단계 이론의 위치는 프로이트에게서 오이디푸스 콤플렉스의 위치와 비슷하다고 볼 수 있다. 프로이트가 정신분석이라는 용어를 사용하던 시기에 오이디푸스 콤플렉스 이론의 기초를 닦은 것처럼, 정신과 의사 라캉 또한 정신의학에서 정신분석으로 방향을 전환하며 자신만의 정신분석을 준비하던 시점부터 거울 단계 이론을 초석으로 삼는다. 오이디푸스 이론이 프로이트 정신분석을 열었다면, 거울 단계 이론은 라캉 사랑 담론의 뿌리가 될 것이다. 그래서 우리는 우선적으로 거울 단계 이론을 살펴보는 것이다.

라캉이 처음으로 '거울 단계'를 언급한 것은 「정신분석적 학설과 그 경험과의 관계에서 이해되는, 현실 구성에 있어서 구조적이고 발생학적인 과정에 대한 이론」이라는 제목하에 발표한, 1936년 마리엔바트 국제정신분석학회에서다. '거울 단계'에 대한 생각은 그의 글 여러 부분에서 찾을 수 있다. 예를 들어 1946년 「심리적 요인에 대한 목적」[35]과 1949년 취리히의 국제정신분석학회 때 발표한 「정신분석적 경험에서 우리에게 나타나는 '나' 형성 기능으로서의 거울 단계」[36] 등이다.

'거울 단계'를 만든 라캉은 프로이트의 방식을 수용하면서 자아를 지각-의식 체계에 의해 형성된 것이라고 다음과 같이 말한다. "결과적으로 우리는 프로이트가 자아를 지각-의식 체계에 동질화시키고, 신체 기관 구성물 전체가 구성하는 것에 의해 신체의 기관이 현실의 원칙에 수용된다고 생각한다."[37] 프로이트는 지각-의식 체계로서의 자아에 대해 『초고』(1895)에서 이미 말하고 있고 『꿈의 해석』(1900)

35 Jacques Lacan, *Ecrits*, Paris, Seuil, 1966, pp.151-193, 특히 '거울 단계'에 대하여, pp.84-187.
36 같은 책, p.93.
37 같은 책, p.178.

제7장에서도 그림으로 표현하고 있다. 라캉은 『세미나 2』에서 자아의 문제를 다루었는데, 주체의 문제보다 더 까다로운 것으로 보았다. 라캉은 자아 문제를 거론하면서 아이의 행위와 침팬지의 행위를 병립시킨다. 왜냐하면 침팬지는 "한번 체득한 영상"을 곧 잊어버리지만, 반대로 아이는 "영상을 통해 입수한 움직임"[38]을 간직하기 때문이다. 여기서 라캉이 강조하는 것은 이마고(Imago)의 "근원적 형태"[39]가 '거울 면'의 영상 속에서 구성된다는 점이다. 우리가 일상 경험, 예를 들어 환각과 꿈 등에서 알 듯이, 신체 자체는 베일에 가려진 얼굴로 구성된 영상들 위에 뚜렷이 윤곽이 드러난다. 그러므로 사람은 침팬지와는 달리 현실에서 신체 자체에 대한 반사적 영상에서 자아 개념을 취득한다. 그래서 라캉은 "거울 영상은 가시적 세계의 입구가 되는 것 같다"[40]라고 말한다.

라캉은 정체화의 근본 구조로서의 '거울 단계'를 이해한다.[41] "거울 단계의 기능은 … 내부에서 외부로의 관계를 설명하려는 영상 기능의 특별한 경우"[42]이다. 그는 꿈속에 나타나는 조각난 영상을 세밀하게 설명하면서 이 영상은 분리된 신체의 일부로 나타난다고 강조한다. 그 결과 그는 자아분열을 착안한다. 정체화 구조에서 거울 단계가 우리에게 드러내는 것은 거울상의 영상이 "망상적 인식에 대한 우리의 고찰을 통해 알게 되는 인간계의 존재론적 구조"를 따른다는 것이다. 인간은 점차로 거울상의 영상과 현실 간의 부조화를

38 같은 책, p.93.
39 같은 책, p.94.
40 같은 책, p.95.
41 같은 책, p.94.
42 같은 책, p.96.

의식하게 된다. 이렇게 부조화를 인식하면서 거울 단계는 마무리된다. 라캉은 이를 다음과 같이 설명한다.

> 거울 단계가 완성되는 이 순간은, 닮은 것의 '이마고'에 정체화를 통해 그리고 ─유아의 증상전가 사실을 관찰하여 가치를 부여한 샬롯 뷜러(Charlotte Bühler) 학파에 따른─ 최초의 질투 드라마를 통해, 나를 사회적으로 동화된 상황에 연결하는 변증법을 개시한다.[43]

부조화를 알게 된 아이는 자신과 닮은 이마고에 정체화한다. 닮은 이마고에 정체화한다는 것은 증상전가와 연관된다. 증상전가는 타인의 증상을 자신의 증상처럼 생각하는 것이다. 즉 타인의 무엇에 영향을 받게 된다는 것이다. 라캉은 이런 변증법을 토대로 데카르트와 현상학에서 비롯되는 주체 개념에 수정을 가한다. 이 변증법은 우선 상상적인 것의 기능을 발견함으로써 시작된다. 이 기능은 정체화 제1장르의 근거가 된다. 거울 단계 이론을 발표할 당시 라캉은 다른 학문과 정신분석의 차이에 대해 아래와 같이 말했다.

> 오늘날 인간학이 집요하게 탐색하는 자연과 문화의 접촉점에서, 정신분석만이 사랑을 통하여 언제나 다시 파괴되거나 잘려야 함을 알려 주는 이 상상적 정박점을 깨닫는다.[44]

당시 여타의 영역들은 자연과 문화가 만나는 지점이 상상적인 성

---

43 같은 책, p.98.
44 같은 책, p.100.

격을 지닌다는 것을 알지 못했다. 상상적 성격은 아직 상징화가 이루어지지 못한 단계의 모습이다. 자연과 문화를 상상적 방식으로 결합하는 것은 문제를 잘못 해결하는 것이다. 상상적 결합은 결합되지 못하는 것을 무리하게 결합하려는 시도일 뿐이다. 그래서 상상적 지점은 근본적으로 수정되어야 하는 지점이다. 정신분석에서 말하는 사랑은 이런 고착된 지점이 있다는 것을 보여 준다. 그러나 또 다른 사랑을 위해서는 이런 사랑이 파괴되고 삭제되어야 한다. 상상적 지점이 변화될 때 비로소 상징적인 것으로 들어가게 되기 때문이다. 정신분석적 사랑에는 상상적 지점에서의 사랑이 있고, 이것이 파괴되고 삭제된 이후 그 잔해 위에서 전개되는 상징적 사랑이 있다. 이런 구분을 통해 라캉은 상상적인 차원에서 벗어나 상징적인 차원으로 가야 함을 역설한다.

환유의 고리와
나르시스적 사랑

앞서 살펴본 라캉의 기호 개념은 사랑의 담론을 설명하기 위한 기본 장치이다. 정신분석이 환자의 말을 분석하는 것이니만큼 환자의 말을 어떻게 이해해야 할 것인가는 정신분석에서 가장 중요한 관심사이다. 환자가 발설한 내용에 대해서는 환자 자신도 그렇고 분석가 또한 그 의미를 잘 모른다. 그래서 분석 작업이 요구된다. 꿈은 분석 작업의 주요 수단 중 하나이다. 여기서는 꿈 사례를 통해 나르시스적 사랑이라는 견해가 도출되는 과정을 보일 것이다.

앞서 프로이트를 전개할 때 본 꿈 왜곡의 수단인 전치 작업과 압축 작업을 통해 꿈의 사고(꿈에서 환자가 꾸는 꿈 이야기)는 완전하게 변형되어 꿈의 내용(깨어난 후 들려주는 환자의 이야기)으로 나타난다. 라캉은 꿈 내용에 드러난 환자의 말을 분석하기 위해 기호 개념을 사용한다. 이런 아이디어는 프로이트에게서 찾아볼 수 없던 것이다. 그것은 언어학자 소쉬르에 근거를 두고 야콥슨이 고안한 것이다. 앞서 잠깐 이를 살펴보았는데, 여기서는 환유의 고리에 대해 좀 더 자세하게 설명하기로 하자. 은유의 고리에 대해서는 다음 장(사랑의 유형 제2장르)에서 다룰 것이다. 환유의 고리는 여러 기호로 연결된 하나의 문장 전체를 단위로 삼는다. 이때의 문장이 의식적인 내용을 담는가, 아니면 무의식적인 내용을 담는가 질문을 던져 보자.

라캉에 의하면 이 문장은 의식과 무의식 내용을 모두 담는다. 특히 라캉이 문제 삼는 것은 기호형식(기표, 시니피앙)인데, 기호형식이 의식적이면서도 무의식적인 내용을 담고 있다는 것이다. 이는 앞서 본 뫼비우스의 띠에서 설명된다.

라캉의 '사랑의 유형 제1장르'(a→m)에서 'a→m'은 '도식 L'에서 환유적 기표의 흐름을 표현한 것이다. 따라서 '사랑의 유형 제1장르'에 접근하기 위해서는 라캉의 환유적 기표를 이해해야 한다. 먼저 그것을 이해하지 못한다면, 우리는 상상적 정체화라고 불리는 제1장르의 사랑의 유형을 이해할 수 없을 것이다. (아직 이 부분이 이해가 되지 않는다면 앞 장에서 본 도식 L과 기호의 이중기입, 결합축과 선택축, 환유적 전치, 은유적 압축에 대해 다시 보길 바란다.) 라캉에 의하면 자아는 환유적 축 안에서 그 모습을 드러낸다.

프로이트가 압축이라 부른 것을 우리는 수사학적으로 은유라고 부르고, 전치라고 부른 것을 환유라고 부른다.[45]

상상적 국면에서는 의식적 환유가 문제시되고, 상징적 국면에서는 무의식적 은유가 문제시된다. 이처럼 자아의 상상적 국면과 상징적 국면이 만나는 이중적인 지점은 의식적이면서도 무의식적인 것이 된다. 라캉은 의식에 드러나는 것을 지칭하기 위해 '무의식적'이라는 단어 사용을 거부하고 우리에게 '상상적 양태'(mode imaginaire)[46]를 사용할 것을 제시한다. 이는 프로이트가 제1차 위상 때에는 의식과 무의식을 엄격하게 구분했지만, 제2차 위상 때에는 모든 것이 무의식에서 비롯된다고 했던 말과 같은 맥락에서 이해할 수 있다.[47] 라캉식 사랑의 유형 제1장르는 상상적 단계에 속하는데, 이 지점은 의식적인 것으로 생각될 수 있지만, 엄격하게 말해서는 무의식적인 의식이다. 즉 의식에 드러나는 무의식, 무의식적 의식 또는 상상적 양태의 지점이다.

우선 '제1장르의 사랑'에서는 환유적 기호형식을 설명하고, '제2장르의 사랑'에서는 은유적 기호형식을 설명할 것이다. 앞서 본 것처럼 라캉은 위고(Victor Marie Hugo)의 시 한 편을 주석한다. 그 시 내용

---

45 Jacques Lacan, *Les psychoses, op. cit.*, p.251.
46 Jacques Lacan, "Propos sur la causalité psychique," in *Ecrits*, Paris, Seuil, 1966, p.183.
47 프로이트의 제1차 위상과 제2차 위상에 대해서 아래의 책을 참고하길 바란다. 강응섭, 「프로이트」, 서울, 한길사, 2010, 제3장과 제6장.

은 보아스라는 사람을 일컬어 "그의 볏단은 인색하지도 증오스럽지도 않다"라는 것이다. 사전적 의미에서 이 시의 의미를 생각한다면 도무지 이해하기가 어려울 것이다. 왜냐하면 어떠한 사전도 우리에게 보아스를 '볏단이 인색하다거나 증오스럽다'고 설명해 주지 않기 때문이다. 단지 라캉이 말하듯이 "어법상 그 볏단이 인색하지도 증오스럽지도 않다고 말할 수 있는 순간부터, 즉 어휘 연결에서 기호형식을 잘라 내는 순간부터 그 의미를 간파할 수 있다."[48] 기호내용으로부터 잘린 하나의 기호형식은 이어지는 또 하나의 잘린 기호형식과 이어져 있다. 이런 기호형식들은 서로 연결되어 고리를 형성한다. 기호형식적 고리는 결합축에서 시간의 흐름처럼 'S', S'', S''', …'로 진행된다. 이 수식은 앞서 본 '점심입니다. 식사하고 일하시죠?'라는 문장이 여러 의미를 담고 있음을 증명한다. 누군가가 이 문장을 말했을 때 사랑에 관계된 각 개인의 경험이 스쳐 지나간다. 어떤 이에게는 새로운 애인을 만날 기대로, 어떤 이에게는 애인과 더 구체적인 연애를 할 계획으로, 어떤 이에게는 헤어진 연인과 뒷수습할 일 등으로 스쳐 지나간다. 그래서 사랑에 관해 말하고 있는 우리는 환유적 기호형식과 은유적 기호형식이 서로 엮여 있기 때문에 '사랑은 진행형이다'라고 표현해 본다.

　　라캉은 '사랑의 유형 제1장르'를 설명하기 위해 켈트족 전설에 근거한 농장 하인의 증언을 예로 든다.

　　주인이 죽고 난 후, 하인은 작은 쥐 한 마리를 본다. 그는 쥐를 뒤따라

48　Jacques Lacan, *Les psychoses*⋯, *op. cit.*, p.248.

간다. 그 생쥐는 들판을 한 바퀴 돈 후, 농기구가 가득한 창고에 가서 그 위를 거닌다. 그리고는 사라진다. 이 이후에 하인은 주인의 영혼이 나타나서 한 말을 되새긴다. "나는 그 생쥐 안에 있었지. 들판과 작별을 하기 위해 농지를 걸었단다. 그리고 다른 어떠한 것보다도 더 오랫동안 함께했던 중요한 도구인 농기구를 보아야만 했단다. 이렇게 한 후에야 나는 떠날 수가 있었지."[49]

이 전설은 죽은 주인이 쥐로 변신하여 들판과 농기구를 둘러보고는 떠난다는 내용이다. 주인은 하인에게 나타나서 자신이 늘 하인을 감시하고 있음을 전하고 있다. 이 전설에 따르면, '쥐는 내 주인이다'(쥐=주인)로 요약된다. 평소 들판에서 농사일을 하던 주인은 자기가 죽은 뒤에도 농사일이 잘 진행되고 있는지 궁금하던 차에, 쥐가 되어 자신의 농장을 방문한 것으로 볼 수 있다. 쥐는 하인에게 주인을 상징하는 기호이다. 쥐는 농작물을 심는 들판, 그리고 수확물과 농기구를 두는 곳간에서 흔하게 볼 수 있다.

여기서 '쥐'는 농사일을 감시하는 주인의 시선이다. 빈둥거리는 하인을 들판에서뿐 아니라 창고에서도 감시한다. 일반적으로 하인은 쥐를 볼 때마다 근심한다. 왜냐하면 쥐는 농사일에 피해를 주기 때문이다. 하지만 하인은 들판과 곳간에서 쥐를 보면서도 농기구와 들판을 잘 관리하고 있다고 믿으면서 스스로를 위안한다. 그런 마음을 투사하여 하인은 주인이 흡족해하는 것처럼 말하고 있다. 실상 하인이 이해한 범위에서는 왜 주인이 쥐의 모습으로 나타났는지

---

49 Jacques Lacan, *L'identification*, 1961년 11월 29일 강의.

를 알려 주지 못한다. 이 전설을 좀 자세히 들여다보면 전설에 등장하는 하인은 의식적 자아의 충만함만을 보여 준다.

이 전설에는 무의식적 주체가 등장하지 않는다. 이 전설을 액면 그대로 받아들인다면 주체의 무의식적 욕망을 드러낼 수도, 주인의 도래 이유를 알 수도 없다. 그런데 전설을 자세하게 살펴보면, 이 전설이 담고 있는 속뜻을 알 수 있다. 쥐는 주인이 농사일에 게으른 하인에게 보내는 경고이다. 하인이 농사일을 게을리하니까 쥐가 농작물에 피해를 주고 곳간에 침입한다는 것을 보여 준다. 그러나 하인은 그 속뜻을 알지 못한다. 이렇게 주인과 하인 간의 관계는 쥐를 매개로 표현된다. 주인의 입장에서는 게으른 하인이 미운 것이고, 하인의 입장에서는 쥐로 나타나 만족해하는 주인의 모습이 좋은 것이다.

이렇듯 주인과 하인의 입장은 정반대의 모습을 하고 있다. 하인의 이런 입장은 자기 위주의 이해, 자기만의 타인 인식이다. 이는 제1장르의 사랑의 핵심으로 볼 수 있으며, 나르시스적 사랑의 표현이다. 이 전설에는 나르시스적 자만에 대한 질책이 담겨 있다. 그러나 나르시스적 자아는 그것을 깨닫지 못한다. 이런 사랑은 상대의 진정성을 바로 알아차리지 못한다. 그래서 어긋난 사랑을 할 수밖에 없다. 이 전설에서 하인은 쥐라는 대상을 통해 농사일에 대한 자기만족을 얻는다. 쥐는 더 이상 하인에게 결여를 느끼게 하고 불안을 가져다주는 대상이 되지 못한다. 그런 의미에서 하인의 자아는 분열될 소지가 없고 무의식의 주체가 탄생할 여지가 없는 것이다. 결여가 없이 주체는 탄생하지 못한다. 이렇게 부재하는 대상으로서 주인을 표상하는 쥐가 하인에게 결여의 대상으로 부각되지 못하는 것은 하인이 무의식의 주체로 탄생하지 못하고 있음을 보여 준다. 이것은 사랑의 유형 제1장르가 보여 주는 자아의 모습이다.

에메의 망상증

라캉은 1932년에 의학박사논문을 발표한다. 여기서 그는 자신이 '에메'(Aimée)라 명명한 여인의 사례를 분석한다.[50] 이 여인은 어느 날 저녁, 공연을 위해 극장에 도착한 유명 여배우를 칼로 위협한다. 이 사건 후 여인은 두 달간 투옥된 뒤 생탄 병원에서 치료를 받는다. 라캉은 일 년 반 동안 이 여인을 관찰한다.

'에메'의 경우에는 두 개의 망상이 문제시된다. 유명망상과 박해망상이 그것이다. 이 둘은 이야기 속에서 서로 얽히게 된다. 이 환자는 직업을 갖고 있음에도 대학 진학을 꿈꾸며 대학 입시에 세 번이나 응시한다. 상류 사회 진출을 꿈꾸며 두 권의 소설을 쓴다. 그러나 대학 입학과 소설 출판 계획은 좌절된다. 그 결과 에메는 자신이 누군가로부터 박해받고 있다고 생각하게 된다. 박해는 '거울 속의 나'와 '사회적 나' 간의 혼란에서 유래한다고 볼 수 있다.

에메의 박해 근원은 그녀의 언니다. 과부인 그녀의 언니는 에메가 결혼한 지 8개월이 되었을 때부터 에메의 집에서 같이 살았다.

---

50 라캉의 박사논문은 「인성과의 관계 속에서의 망상적 정신병에 대하여」이다. 이 주제에 관하여 다음 사항을 참고. Jean Allouch, *Marguerite ou l'Aimée de Lacan*, posteface de Didier Anzier, Paris, E.P.E.L., 1990.

라캉은 박해의 근원 틀로 에메의 언니 역할에 중점을 두고 해석한다. 라캉은 에메에 대한 언니의 간섭을 주의 깊게 관찰하고 언니가 에메의 자녀들에게 어머니 역할을 할 뿐 아니라 남편에게 아내로서의 역할도 대신하고 있다는 사실을 발견한다. 실제로 에메는 그 언니가 "이 집에 들어온 첫해 말부터, 그리고 에메가 처음 요양을 떠나기 몇 달 전부터, 여동생의 아이 곁에서 획득한 어머니 역할에 위안을 얻었다"[51]고 고백한다. 에메가 생각하길 "남편과의 애정 관계가 점차로 걷잡을 수 없이 문제시되고 … 언니는 너무 권위적인 사람이 되었다. 그녀는 언제나 남편 곁에 있었다. 언제나 내 견해에 반대했다."[52] 그러나 흥미로운 것은 에메가 자기 언니의 간섭에 저항하지 않고 자기 남편을 '포기'한다는 사실이다. 에메는 이렇게 말한다.

나는 그에게 아무런 존재도 아니다. 늘 생각하는 것인데, 내가 그에게 자유를 주면 그는 더 행복해질 것이고, 다른 여인과 자기의 삶을 가꾸어 갈 것이다.[53]

이뿐만 아니라 에메는 싸우는 듯한 태도로 언니에게 직접 대항하지도 않는다. 라캉은 언니에 대한 에메의 양가감정을 지적한다. 한편으로, 에메는 언니에게 자기 아이와 남편을 돌볼 자격을 주지 않으면서도, 또 다른 한편으로는 언니의 장점, 인덕, 그리고 노력을 인

---

51 Jacques Lacan, *De la psychose paranoïaque dans ses rapports avec la personnalité*, Paris, Seuil, 1975, p.204, p.230.
52 같은 책, pp.231-232.
53 같은 곳.

정한다. 다시 말해 에메는 자기 아이와 남편에 대한 책임자인데도 "삼각 구도 아래 현실화하기에는 불가능한, 존재의 영상으로 상징되는, 자기 언니에 의해 통치된다."[54] 라캉은 이 싸움을 '무언의 다툼,' 즉 침묵이라 부른다. "자기를 비참하게 하고 자기 자리를 빼앗는 자와의 무언의 다툼은 그녀가 언니를 향해 취하는 양가감정적 태도 속에서만 표현된다."[55]

침묵은 일종의 애도 표현이다. 지인의 죽음 앞에서 침묵을 강요당하는 모습을 보뱅은 '레퀴엠'이라고 부른다. 삶 속에서 '레퀴엠'을 듣는 자는 말을 하려 들지 않는다. 그는 애도의 모습을 이렇게 표현한다. "오늘 아침 나는 내게 필요한 것이 무엇인지 자문해 본다. 그리고 그것은 아마도 침묵일 것이라고 생각한다. 모든 말과 모든 음악들이 부서져 버리는 모래와 같은 침묵이라고. 그리고 이 침묵을 얻기 위하여, 나는 글을 쓴다. 그대가 죽은 후, 나는 더 이상 글을 쓰지 않으리라 생각했다. 흔히 죽음은 우리를 이렇듯, 어린애 같은 행동을 하게 만드는 것이다."[56]

보뱅은 지인의 죽음 앞에서 자기처벌이라는 심리적 메커니즘에 빠져 자신의 이런 행동을 어린애 같은 것이라고 말한다. 이런 행동을 통해 "주체의 의도가 숨겨져 있는 무의식은, 개인의 본질적인 생명 성향에 역행한 채, 주체의 모든 중요한 가치를 보여 준다."[57] 라캉은 '침묵' 또는 '무언의 다툼'이 보여 주는 무의식의 표상들 중 두 요

---

54 같은 책, p.232.

55 같은 곳.

56 크리스티앙 보뱅, 허정아 옮김, 『사랑은 죽음처럼 강하다』, 서울, 솔, 1997, p.90.

57 Jacques Lacan, *De la psychose paranoïaque dans ses rapports avec la personnalité*, Paris, Seuil, 1975, p.251.

소를 분석한다. '죄의식'과 '자아 이상'이 그것이다. 다시 말해 라캉은 환자와 박해자들, 지인의 죽음과 그것을 받아들이는 사람들 간의 복잡한 관계를 생각한다.

> 박해자들과 환자 간의 모든 실재적인 관계의 부재, 그들 간의 복합성은 순수하게 그들 간의 상징적 의미를 강조한다. 우리가 이미 말했듯이, 박해자들은 원형태로부터의 이중적, 삼중적 그리고 계속적인 '제비 뽑기'에서 생겨난다. 이 원형태는 이중적, 감정적, 그리고 재현적인 효력을 갖는다.[58]

에메에게서 도덕적 굴욕과 양심의 가책은 그녀의 자아 이상으로서 언니에 대한 양심의 가책이다. 이것이 에메에게 박해를 일으키는 요인이다. 그러나 이것은 박해의 원형태의 재현일 뿐이다. 에메에게 양심의 가책을 일으키는 원형태는 무엇인가? 그것은 아버지의 초자아와 문화적인 전통 속에서 제시되는 명령과 금기로 구성된다. 모든 것이 여기서 시작하여 박해 망상을 자아낸다. 지인의 죽음을 맞이하는 사람들이 양심에 가책을 받고 침묵하는 것도 이런 구조에서다. 에리히 프롬은 "양심이란 것은 요컨대 내면화된 권위에 지나지 않는다"[59]라고 말한다. 지인의 죽음은 사람들의 양심으로 하여금 죽음의 권위에 복종하게 만든다. 이렇게 죽은 사람들이 산 사람들에게 영향을 끼치는 것은 산 사람들 속에 있는 자아 이상 때문이다.

---

58 같은 책, p.253.
59 에리히 프롬, 박갑성·최현철 옮김, 『자기를 찾는 인간, 윤리학의 정신분석학적 탐구』, 서울, 종로서적, 1982, p.35.

산 사람이 갖고 있는 자아 이상은 이미 죽은 사람들의 권위일 수도 있고, 지금 살아 있는 사람들의 권위일 수도 있지만, 이런 것들은 원형태에서 비롯된다. 그래서 박해의 원형태가 무엇인지 밝히는 것이 관건이다. 라캉은 에메에게서 박해의 원형태를 조사하던 중 여류 문인, 여배우, 유명 여인들 등 "자유와 사회 권력을 즐기는 여인들"[60] 이 에메가 규정한 이상에 대한 상징들이라고 말한다. 이렇게 박해의 대체 형태는 환자의 인성 발달에 지대한 영향을 미친다. 그래서 라캉은 인성 발달에 있어서 자기처벌 메커니즘이 갖는 우월성을 확신한다.

에메의 삶은 남편, 언니 등 가까이 있는 사람과의 단절된 대화, 실재적인 관계의 부재를 보여 준다. 이런 가운데서 살아가는 사람들의 삶을 그린 폴 해기스 감독의 〈크래쉬〉(Crash, 2005)는 에메의 삶과 상당히 유사하다. 이 영화의 첫머리에 이렇게 말하는 장면이 있다.

로스앤젤레스에서는 인간끼리 차분하게 얘기하는 일이 없다. 움직일 때는 자동차를 타고 늘 혼자 다닌다. 회사에 나가도 개인 사무실에서 일하고, 집에 돌아와도 아내와 느긋하게 얘기하는 일이 없다. 식사도 재빨리 해치운다. 게다가 메뉴는 전자레인지에 잠깐 데우면 되는 것들. 도저히 세계에서 가장 풍요한 나라라 여겨지지 않는 이 빈약함.[61]

이 영화는 소란스레 말은 많지만 진정한 대화는 하지 않는 사람들

---

60 Jacques Lacan, *De la psychose paranoïaque dans ses rapports avec la personnalité*, Paris, Seuil, 1975, p.253.

61 시오노 나나미, 김난주 옮김, 『로마에서 말하다. 아들 안토니오 시모네와 나눈 영화이야기』, 서울, 한길사, 2010, p.48.

의 삶을 보여 준다. 이것이 비단 로스앤젤레스 사람들만의 모습은 아니다. 오늘날 말은 갈수록 풍성해지고 있다. 휴대폰의 등장으로 문자뿐 아니라 말은 넘쳐 나고 있다. 그러나 그 가운데 진정한 대화가 얼마나 될까! 〈크래쉬〉에 대해 어머니 시오노 나나미와 대화하는 시모네는 이렇게 말한다.

> 휴대전화는 연락 수단이지 대화의 수단은 아니잖아요? 정말 대화를 하고자 한다면 육체적으로 마주할 필요가 있어요. 그런데 로스앤젤레스에서는 사람들이 좀처럼 마주하는 일이 없어요. 얼굴을 마주하고 얘기하는 것에 익숙지 않은 사람들이 사고를 당하면 어떻게 될까요? … 이런 상황에서 인간이 보여 줄 수 있는 끝은 크래쉬밖에 없죠.[62]

라캉이 에메와 지인과의 관계를 두고 '무언의 다툼,' '실제적인 관계의 부재'라고 말한 것과도 이와 일맥상통한다고 볼 수 있다. 이 다툼의 끝은 시모네의 말처럼 '크래쉬'(요란한 소음)밖에 달리 무엇이 아니다. 에메는 시끌벅적한 가운데 고요한 정적이 흐르는 가정의 한 구석으로 내몰려 있다. 대화가 단절되는 것은 사랑이 없음을 의미한다. 에메는 사랑받지 못하는 존재, 사랑 없이 살아가는 존재의 암울하면서도 갑갑한 상황을 연출하고 있다. 관계의 부재는 사랑 대상의 부재를 의미한다. 그러나 에메에게는 사랑의 대상이 있다. 에메에게 자아 이상으로서 양심의 가책을 느끼게 하는 대상, 즉 자신의 삶에 침투하는 언니라는 대상이 바로 그것이다. 에메는 이 대상

---

62 같은 책, pp.49-50.

에 대항하지 못한다. 이 대상의 원형태가 무엇인지 밝혀진다면 그것이 바로 에메가 사랑한 대상일 것이다. 지금 그것은 상실되어 에메에게 실재적으로 존재하지 않는다. 하지만 그 대상은 박해 메커니즘 속에서 끊임없이 에메를 괴롭힌다. 부재하지만 에메에게 영향을 미치는 대상이 있는 셈이다. 라캉은 이렇게 '없지만 있는 대상'에 착안하고 있다. 상실되었지만 아직도 에메를 우울하게 만들고 침묵하게 만드는 대상은 자아 이상의 일환이 되어 늘 존재하게 된다. 이것이 상실된 원(原)대상의 부재 또는 원대상의 부재 때문에 괴로워하는 주체의 모습이다.

사랑의 갈등이 생기는 곳
— 상상적 매듭

영화 〈시라노; 연애조작단〉(Cyrano Agency, 2010)은 현실과 허구의 세계를 대비하면서 어떻게 현실의 세계가 허구의 세계가 되며, 허구의 세계가 현실의 세계가 되는지를 잘 보여 준다.

이 영화의 내용은 이러하다. 사랑을 모르지만 사랑을 표현하는 일을 잘하는 병훈(에이전시 대표 겸 극작가)과 사랑을 알지만 잘 표현할 줄 모르는 상용(연애 의뢰인)이 만나 희중(병훈의 옛 애인이자 의뢰인의 연애 상대)을 사랑하게 되는 과정을 보여 준다. 이 영화에서는 병훈의 과거와 상용의 현재가 계속해서 오버랩 된다. 즉 과거의 희중과 병훈의 관계를 보여 주면서 동시에 현재의 희중과 상용의 관계를 보여 준다.

여기서 진짜 세계는 어느 쪽이며, 허구 세계는 어느 쪽인가? 병훈과 상용이 사랑하는 대상, 희중은 어떤 성격을 지니는가? 여기서 우리가 말할 수 있는 것은 실재의 세계는 존재하지 않는다. 단지 각자가 이해하는 현실만 존재할 뿐이다. 희중은 병훈에게도 과거 속의 상상적 대상일 뿐 실재적 사랑의 대상이 되지 못한다. 희중은 상용에게도 병훈이 제시한 각본에 따라 움직이는 꼭두각시일 뿐 실재적 사랑의 대상이 되지 못한다. 결국 희중은 병훈과 상용에게 사랑의 상상적 대상일 뿐이다.

일반적으로 우리는 광기(la folie)가 현실(現實, l'actualité)과 허실(虛實, la virtualité) 간의 무질서에서 비롯된다고 생각한다. 즉 사람이 광기를 부리는 이유는 부조리한 현실을 너무나 잘 알고 있기에 이를 견디지 못해 하는 행동이라고 알고 있다. 그러나 라캉은 오히려 광기가 실상과 허상을 이중화하는 이 무질서를 모르는 데서 비롯된다고 뒤집어 말한다. 다시 말해 광기는 상반되는 이중적 현실을 연관시켜 조화로운 이해를 구하려 하지 않는다. 오히려 광기는 자아의 최초 형태, 원자아(Urbild)에 사로잡혀 있기에 자신이 살고 있는 세계가 현실인지 허실인지 분간하지 못한다. 이는 자신이 살고 있는 세계로부터 소외되어 있음을 보여 준다. 실상에서 소외되어 허상에 갇혀 있는 것이다.

광인은 이 허상에 의해서만 실상에서 벗어날 수 있다. 그러므로 이 존재는 자기에게 무질서로 나타나는 것에 반기를 들며 사회에 반항하는

노선을 취하는 어떤 물리적 힘으로 세상의 무질서를 끊을 수는 있지만 이 원 안에 갇혀 버린다.[63]

라캉은 허상과 실상의 대립 가운데 다시 허상 속으로 되돌아가 갇히는 현상을 주시하고 있다. 즉 상상적 현실과 실재적 현실의 불일치는 이상과 실상 간의 허상적 일치로 해결된다. 허상적 일치란, 허상 안에 갇히게 됨을 의미한다. 이렇게 망상 속에 갇힌 상태의 사랑을 '사랑의 유형 제1장르'라 부른다. 이런 무질서는 광기의 일반적인 틀에 일치되지 않는다. 가장 순수한 심리적 현상을 상징하는 상상적 정체화는 이마고의 기능을 좀 더 주지하도록 우리를 인도한다. '이마고'란, 아이의 자아가 자기와 닮은 이미지(영상)에서 출발하여 구성된 것을 일컫는다. 자신과 닮은 이미지란 어머니, 아버지, 할머니, 고양이 등 아이가 스스로 경험하면서 얻은 것들이다. 그러나 이는 아이의 이해일 뿐 실제로 이들 간에는 객관적인 닮음이라는 것이 많지 않고 닮은 이미지가 없을 수도 있다. 이런 아이의 이해를 망상적 인식이라 부른다. 망상적 인식[64]이라는 용어로 이해된 자아 개념은 행위의 세계와 말의 세계 사이에 위치한 아이의 나르시스적 상태를 상징한다. 자아 동력의 최초 형태 안에 형성된 이마고의 본질적 내용은 주체의 소외를 표현한다. 왜냐하면 "타자 안에서 주체는 정체화되고 동시에 고난을 겪게 되기 때문이다."[65]

사람은 태어날 때 신체적으로 미성숙하지만 시각 기능은 상대적

63 Jacques Lacan, *De la psychose paranoïaque dans ses rapports avec la personnalité*, Paris, Seuil, 1975, p.172.
64 같은 책, p.180.
65 같은 책, p.181.

으로 빨리 발달한다. 라캉은 이 현상에서 착안하여 '거울 단계'를 구성한다. 그는 거울 단계를 설정함으로써, 아이에게서 거울 뒤에 숨은 가장 간단한 비실존적 영상에 대한 경험적 지표를 관찰한다.

아이들의 초기 놀이인 숨바꼭질 놀이(숨는 행위)에 현실적 가치를 부여한 것은 심리적 세계의 질서에서 프로이트의 가장 빛나는 직관 표현 중 하나이다.[66]

모든 사람들이 그것들을 볼 수 있었지만, 프로이트 이전에는 어느 누구도 그들의 반복된 특성 안에서 모든 종류의 분리를 겪는 아이 또는 젖떼기가 행하는 자유 반복을 이해하지 못했다.[67]

라캉이 말하는 아이들의 숨바꼭질 놀이 또는 젖떼기가 보이는 반복 행위는 우리로 하여금 프로이트의 손자 일화를 떠올리게 한다. 프로이트는 '포르트-다'(Fort-Da)라고 말하면서 실패를 던졌다 잡아당겼다 하면서 노는 손자를 관찰하여 해석한 바 있다. 이 놀이를 상기하면서 라캉은 허상과 실상 간의 불일치를 허상적 일치로 해석하는 광인을 이해한다.[68] 거울 면의 구조는 광기의 근본 구조가 되는

66　Jacques Lacan, "Propos sur la causalité psychique," in *Ecrits*, Paris, Seuil, 1966, p.187. 라캉은 이 글을 프로이트의 글 「쾌락 원리의 저편」(*Jenseits des Lustprinzips*)에서 인용한다. 우리는 이 글을 Sigmund Freud, *Essais de psychanalyse*, op. cit, pp.49-56에서 찾을 수 있다.

67　Jacques Lacan, "Propos sur la causalité psychique," in *Ecrits*, Paris, Seuil, 1966, p.187.

68　라캉은 프로이트의 Fort-Da를 상기하면서 objet a를 설명한다. Jacques Lacan, *Les quatre concepts fondamentaux de la psychanalyse*(Séminaire XI, 1964-1965), Paris, Seuil, 1973, pp.59-60 그리고 p.216.

듯하다. 이 발전 단계에서 원자아는 본질적으로 그 이마고 안에 고립된다. 라캉은 여기에서 시각의 조기 성숙을 강조한다. "인식에서 시각 구조의 특정 우위 ⋯ 이 형태에서 정체화의 기회,"[69] 특히 조기 성숙으로 발생된 거울에 정체화되기는 '상상적 매듭'을 구성한다.[70]

결과적으로 나르시스 신화가 본질적으로 표현하는 자살 경향과 영상의 관계가 존재하는 것은 이 매듭 안에서이다. 프로이트가 죽음의 욕동 또는 원형적 마조히즘 욕동이라는 이름 아래 메타심리학에 자리매김한 자살 경향은, 인간의 죽음이 신체적으로 미성숙한 6개월 말까지 근본적 불행의 국면 안에서 겪은 출생의 충격과 젖떼기의 충격에 대한 생각 속에 각인된 것이라는 사실과 관계 있다.[71]

프로이트가 '양가감정'이라 불렀던 이 매듭은 이상과 실상의 허상적 일치를 통해 발생하는 무질서를 해결하는 곳이다. 이 지점은 '나르시스적 자살'이 일어나는 곳이기도 하다. 라캉은 나르시스적 자살을 "박애라고 불리는 모든 저변에 내재해 있는 공격적인 반응"[72]이라 말한다. 프로이트의 관점으로, 다시 말해 정신분석에서는 사랑과 미움을 동일한 대상에게 갖는 양가감정을 '나르시스적 매듭'이라 부른다.

강박신경증에서 이 매듭들은 우리가 이미 잘 알고 있듯이 그 구조의

---

69 같은 책, p.186.
70 같은 곳.
71 같은 책, pp.186-187.
72 Jacques Lacan, "L'agressivité en psychanalyse," in *Ecrits*, Paris, Seuil, 1966, p.107.

공격적 의도를 변장 및 이동시키고, 부정 및 분리하고, 경감시킨다는 이유로 끊기가 매우 어렵다.[73]

공격적 의도는 근본적으로 망상증적 증상과 망상적 정신병의 일련의 의미 있는 상태 안에, 다시 말해서 환유적 상상의 국면 안에 나타난다.

라캉 정체화의 첫 장르는 프로이트의 '사랑의 유형 I: 됨의 첫사랑'에 근거한다. 우울증 환자가 근본적으로 나르시시즘 메커니즘을 따르듯이, 망상증 환자는 나르시스적 고착점에 기반을 둔다. 그러므로 라캉은 양가감정을 설명하기 위해 나르시시즘에 병행하는 상상적 매듭을 구축한다. 망상증 환자에게 있어 대상에 대한 사랑은 자아 자신에 대한 사랑이다. 그가 나르시스적 대상을 사랑하면 할수록 그는 그 대체 대상을 미워한다. 다시 말해서, 그는 그 매듭점에서 멈추고, 고정되고, 감금된다. 라캉은 거울 단계 이론으로 이것을 증명한다. 예를 들어 거울 영상을 구성하는 '최초의 형태'는 현실에서 신체 자체에 반사적 이마고를 얻은, 가려진 얼굴과 신체이다. 라캉은 거울이 비추는 영상이 가시계(可視界)의 입구라고 말한다. 다시 말해서, '사랑의 유형 제1장르'는 정신분석적 인간학의 토대이다. 망상증을 다룬 라캉의 박사논문과 1936년의 거울 단계를 통해 우리는 라캉의 '사랑의 유형 제1장르'가 'a→m'으로 표기되는 이유를 알게 되며, 그것이 라캉에게 얼마나 중요한 기반이 되는지 이해하게 된다.

---

73 같은 책, p.108.

롤랑 바르트는 제1장르의 사랑을 '상상계의 장례'라고 부르면서 "어느 날인가 그 사람을 정말로 단념해야 하는 날이 오면, 그때 나를 사로잡는 격렬한 장례는 바로 상상계의 장례이다. 그것은 하나의 소중한 구조였으며 나는 그이/그녀를 잃어버려서 우는 것이 아니라 사랑을 잃어버렸기 때문에 우는 것이다"[74]라고 말한다. 사랑의 유형 제1장르는 대상을 사랑하는 것이 아니라 사랑 그 자체로서의 사랑을 구한다. 사랑 그 자체의 무게에 짓눌려 사랑의 대상을 취소하게 되는 것이다. 바르트도 상상적인 사랑에 대해 "주체가 사랑하는 것은 사랑 그 자체이지 대상이 아니다"[75]라고 말한다. 사랑 그 자체로서의 사랑은 현실의 세계에서 구할 수 있는 대상이 아니다. 현실에서 대상을 구할 수 없는 방식의 사랑은 허상에 가까운 것이다.

앞서 프로이트를 다룰 때 참사랑은 무엇인지를 질문하면서, 자아 이상으로서의 타인과 타인 그 자체로서의 타인을 사랑하는 것에 관해서 살펴본 바 있다. 나르시스적 자아는 자아 이상을 타인에게 투사하고, 타인에게서 자신의 자아 이상을 찾아 그 대상을 사랑한다고 보았다. 그렇다면 여기서 우리는 타인 그 자체로서의 타인을 사랑할 수 있는지를 심각하게 질문할 수 있다. 하지만 사랑 그 자체는 없다. 다만 자아 이상으로서의 사랑이 있을 뿐이다.

74   롤랑 바르트, 김희영 옮김, 『사랑의 단상』, 동문선, 2004, p.56.
75   같은 책, p.55.

사랑의 유형 제1장르는
상상적인 것에 근거한다

1953년 이전의 거울 단계 이론은 정신분석의 버팀목으로서 엄청난 역할을 했다. 정신분석은 코기토에서 시작하는 모든 철학에 대립된다. 데카르트 철학은 활동하는 신체에서 신체 자체와 반사된 신체 간의 차이를 알지 못했던 반면에, 정신분석적 경험은 거울상의 영상이 망상증적 인식에 토대를 둔 존재론적 구조를 상징하고 있다.

망상증 환자인 '에메'의 경우는 두 개의 망상에 기초하고 있다. 즉 유명망상과 박해망상이다. 앞서 보았듯이 상류 사회에 통합되려는 그녀의 노력에도 사회는 그녀에게 기회를 주지 않는다. 박해의 원형 틀인 에메의 언니는 그녀에게 도덕적 굴종과 양심의 가책을 준다. 그래서 에메는 자기의 이상인 언니와 영상들에 대해 증오심을 갖는다.

라캉은 이처럼 자기처벌 메커니즘이 그 환자의 인성에서 유래한다고 확신한다. 그는 정신분석의 틀 안에서 코기토를 벗어난 심리적 실존을 깨닫는다. 기존에 우리가 아는 것과는 달리 광기는 현실과 허상 간의 차이를 알지 못한다. 그럼에도 그 차이를 메우기 위해 주체는 이상과 현실 간의 허상적 일치를 통해 동일성을 획득하고자 한다. 이것이 '사랑의 유형 제1장르'가 지닌 사랑의 방식이다.

사랑의 유형 제2장르 : 상징계의 첫사랑

'사랑의 유형 제1장르'에서 환유적 기호형식 양태로 표현되는 나르시스적·상상적·망상증적 자아 개념에 대해 알아보았다. 이 장에서는 정신분석에서의 주체 탄생에 대해 알아볼 것이다. 라캉은 프로이트의 『꿈의 해석』을 염두에 두면서 '거울 단계' 이론을 개선한다. 그는 '안다고 가정된 주체'를 설명하기 위해, 그리고 상상적인 것과 상징적인 것, 그리고 실재적인 것의 국면을 표현하기 위해 고안한 '도식 L'을 통해 상징적인 축에서, 대타자와 주체 관계를 설명하면서 은유적 기호형식 구조를 기술한다. 이번 장은 '사랑의 유형 제2장르: 상징계의 첫사랑'이 보여주는 상징적 사랑의 비밀을 살펴볼 것이다. 우리는 라캉이 1953년 이후에 전개한 '광학 모델'과 '도식 L'의 진화를 명확히 구분하고 부연하는 데 중점을 둘 것이다.

사랑은
탈㈜코기토적이다

　　　　　　　　　　　라캉은 프로이트의 『꿈의 해석』을 검토하면서, "복잡한 현미경보다 훨씬 더 단순한 거울 장치"를 상상한다. 여기서는 지각과 자아의 동력 의식 간에 생겨나는 모든 것이 문제시된다. 광학 모델을 구상하기 위해 라캉이 취한 『꿈의 해석』의 긴 단락 하나를 인용해 보자.

해부학적 위치 선정 개념은 생각하지 않기로 합시다. 그리고 심리학적 분야에 머무릅시다. 사진 장치나 복잡한 현미경 같은 심리적 생산물에 기여하는 도구를 묘사하는 것에만 정성을 기울입시다. 심리적 장소는 이미지가 형성되는 이 장치의 한 부분에 상응합니다. 현미경과 망원경으로 확인할 수 있는 어떤 부분도 관념적인 부분들에 상응하지 않음을 주지합시다. 내 비교법이 불완전할 수 있음을 이해해 주기를 바라는 것은 무용한 일인 것 같습니다. 그 각 부분의 기능을 한정하고 분해하면서 심리적 메커니즘의 요인을 이해하기 위해서만 비교법을 사용할 것입니다. 나는 심리적 장치의 재건축을 시도하지 않았다고는 생각하지 않습니다. 그러한 시도에는 위험성이 없습니다. 내가 말하고 싶은 것은 비판적 판단을 지니기만 한다면, 건설을 위한 뼈대를 설치하지 않는다면, 우리의 가설이 쉽게 수용될 수 있다는 것입니다. 우리가 알지 못하는 사건에 접근하기 위해 우리는 보조적 표상이 필요할 뿐이며, 가장 단순하고 잘 확인할 수 있는 것이 가장 최상임을 알게 될 것입니다.[76]

76　Jacques Lacan, *Les écrits techniques de Freud*, pp.89–90. 우리는 꿈의 해석에서 심리적 장치라는 이 도식을 라캉의 『세미나 2』에서 발견한다. *Le moi dans la théorie de Freud*

인용한 프로이트의 본문은 라캉이 창의적인 발상을 할 수 있도록 자료를 제공해 준다. 그 결과 라캉은 거울 도식이라는 장치를 마련하게 된다. 라캉은 프로이트가 작업한 것을 깊이 숙고하면서 자신의 정신분석을 전개한다. 우리는 프로이트의 글과 라캉의 사고를 끊임없이 연관 지을 것이다. 왜냐하면 라캉이 그의 모든 세미나와 저서들에서 정신분석 스승의 작품과 자기 생각을 대조해 보고 있기 때문이다. 흥미로운 것은, 라캉의 첫 공개 세미나가 '프로이트가 사용하는 기술에 대한 글쓰기'이고, 두 번째 세미나가 '프로이트 이론과 정신분석적 기술 속에서 나타나는 자아'라는 점이다. 두 세미나는 우리에게 프로이트와 라캉의 텍스트 사이에 존재하는 해석학적 관점의 유사성과 차이점을 보여 준다.

라캉은 앞서 인용한 프로이트의 글에서 시작하여, 프로이트의 복잡한 현미경을 던져 버리고, 거울 장치를 새롭게 마련한다. 그것이 바로 광학 모델이다. 우리는 이 생각을 1949년의 글 속에서 발견한다. 라캉은 거울 장치가 "이차적 정체화의 그루터기"[77]가 될 것이라고 단언한다. 그러므로 광학 모델은 '사랑의 유형 II: 가짐의 첫사랑'을 포함한다. 다시 말해서, 아이는 자신의 신체 기관이 발달되면서, 자기 신체와 거울에 비친 신체 간의 거리를 인식하게 된다.[78] 그 결과 라캉은 주체의 형태를 대략적으로 그릴 수 있게 된다.[79]

---

et dans la technique de la psychanalyse, p. 134 그리고 *L'identification*, 1962년 1월 10일 강의.

77 Jacques Lacan, "Le stade du miroir comme formateur de la fonction du JE," in *Ecrits*, Paris, Seuil, 1966, p.94.

78 같은 책, p.97 참조.

79 주의! 거울 단계를 주장할 시기에 라캉은 moi/Je, moi/sujet를 분리하지 않는다.

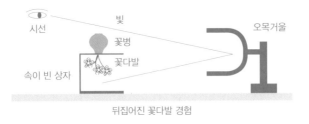

속이 빈 상자

뒤집어진 꽃다발 경험

[주체의 시선 경험: 거꾸로 된 꽃다발과 바로 선 꽃병이 만나서 여러 형태의 거울상을 맺는 것]

1953년 이후의 광학 모델은 말의 세계 속에서 주체의 탄생을 보여 줄 목적을 갖는다. 라캉에게서 광학 모델은 우선 실재 대상과 허구 대상, 실재 영상 i(a)와 허구 영상 i′(a) 간의 관계를 설명한다. 라캉은 광학 모델의 예를 '뒤집어진 꽃다발 경험'으로 제시한다.

한쪽 면이 트인 박스가 있다고 가정합시다. 그리고 중심에 지지대가 달린 오목거울을 가정합시다. 이 박스 위에 실제로 꽃병 하나를 올려놓읍시다. 그 아래에는 꽃다발이 있습니다. 그러면 무슨 일이 일어납니까?[80]

위 그림은 좀 요상한 형태를 하고 있다. 우리의 눈은 '시선'에 위치한다. 속이 빈 상자 뒤에서 보면 오목거울에 어떤 영상이 맺힐까? 이를 위해 우선 오목거울의 특성을 이해해야 한다. 마치 숟가락 앞면을 보듯 상상해 보자. 숟가락에 맺힌 우리 얼굴은 어떤 모양을 하고 있는가? 우리 얼굴은 아래와 위가 뒤집혀 있고 좌우가 바뀌어 있다. 매우 복잡한 구조이다. 이런 방식을 보여 주는 위의 오목거울에는 무슨

상이 맺힐까? 우선 아래와 위가 뒤집혀 보이니까 꽃병과 꽃다발의 위치가 바뀌어 보인다. 즉 어느 시점에서는 꽃병에 꽃다발이 들어 있는 것처럼 보인다. 또한 꽃과 꽃병의 좌우 모양도 바뀌어 보인다.

이 그림을 보면 꽃다발은 거울 면에 반사되어 대칭점에 위치한다. 기점에서 발산되는 모든 광선은 동일한 대칭점에 오고 그때부터 실제적인 영상이 구성된다. 그런데 만약 광선이 반대 방향의 시야에 반사된다면, 형성되는 것은 허상이다.

이 도식은 심리적 구조 안에서 상상적 세계와 실제 세계 간의 협소한 뒤얽힘을 짐작게 해 준다. 처음에, 원자아(Ur-Ich)는 내부 세계 안에서만 구성되고, 자아 이상은 외부 세계에서 분리되어 내부 세계에 구성될 것이다. 즉 외부에 있던 대상이 내부로 유입되어 구성된다는 것이다. 이제부터 정신분석에서 말하는 현실이란, 외부에 있는 대상들의 세계가 아니라 내부에 있는 대상들의 세계가 된다. 즉 정신분석에서 말하는 심적 현실이란, 사람의 마음속에 있는 세계를 말한다. 정신분석에 따르면 사람의 마음 밖에 있는 현실에 대해서는 알지도 못하고 알 수도 없다. 내부에 포함되어 있는 것은 내투 과정에 의해 거부된 것과는 구별된다. 우리는 자아 안에 머무는 리비도와 프로이트가 말한 자아에게로 되돌아오는 리비도를 기억한다. 우울증 환자의 경우를 관찰하면서 우리는 이러한 리비도의 움직임을 나르시스적이라고 불렀다. 자아 위에 되돌아오는 리비도는, 내적 자아와 외적 자아를 나누는 대상에의 리비도 방출을 준비한다. 광학 모델은 우리에게 "실제 조작과의 관계에서 조숙한 신체에 대한 상상적 조작"[81]을 제시한다. 즉 시각 기관의 발달을 보여 준다.

그 상자는 여러분의 신체를 지칭한다고 말하고 싶다. 꽃다발은 본능과 욕망, 즉 떠도는 욕망의 대상들이다. 그리고 그 냄비는 무엇인가? 그것은 피부층일 것이다.[82]

이 문장은 방금 본 거울 그림을 우리 몸에 비유한 것이다. 속이 빈 상자는 신체, 꽃다발은 욕망의 대상, 오목거울(냄비)은 피부층이다. 여기서 신체와 피부층에는 어떤 차이가 있는가? 그것은 실재 대상(신체)과 허구 영상(피부층)의 차이라고 말할 수 있다. 앞서 본 실재 대상(몸)으로서의 어머니와 기호로서의 어머니를 생각하면 이해가 쉬울 것이다. 피부층이란 기호화된 것, 언어화된 것, 즉 실재 대상을 죽이고 남은 거죽 정도로 이해하면 될 것이다. 브루스 핑크는 이를 '더미'(dummy), 즉 죽은 사람(dead man)[83]이라고 표현한다. '더미'는 옷가게에서 옷을 전시하는 일종의 마네킹을 의미한다.

라캉이 말하는 정체화 구조는 거울 장치에서 명백하게 나타난다. 거울 앞에 선 자기 모습에서 아이는 실제 신체의 분신인 상상적 신체를 대한다. 아이가 볼 때 거울 속 자신의 모습은 허깨비와도 같다.

앞서 보았듯이 베르나르 베르베르의 소설 속 가브리엘 넴로드가 비둘기를 좇아갈 때 갑자기 비둘기 대신 말풍선에 "비둘기(327그램, 수컷, 깃털은 암회색, 울음소리의 음은 C와 E 플랫, 왼쪽 다리를 약간 절룩거림, 공원에 즐거운 분위기를 만들기 위해 존재함)"라는 기호를 마주하는 것과도 같다. 거울 앞에서 아이는 처음에는 상상적 놀이를 하면서 상상

---

81   같은 책, p.93.
82   같은 책, p.94.
83   브루스 핑크, 김서영 옮김, 『에크리 읽기, 문자 그대로의 라캉』, 서울, 도서출판 b, 2007, pp.23-24.

적 신체와 실제 신체를 혼동하지만 결국에는 상상적 세계와 실재적 세계를 구분하기에 이른다. 이렇게 두 세계를 구분하는 까닭은 유아가 상징적 세계라 불리는 말(言)의 세계에 입문하기 때문이다. 유아는 몸으로서의 젖과 기호로서의 젖을 구분하기에 이른다. 유아가 울면 어머니는 다가와서 '우리 아기 배고프구나! 젖 줄까?' 하면서 젖을 내민다. 몸으로서의 젖과 말로서의 젖을 구분 못 하던 유아는 이런 상황이 반복되자 차츰차츰 기호로서의 '젖'을 이해하게 된다. 그러면서 어머니의 젖은 젖병, 아이의 입에 물리는 고무젖꼭지, 아이의 손가락 등 어머니의 젖을 대체하는 이행 대상들로 교체된다. 현실에서 어머니가 부재한다고 할지라도 아이는 이행 대상들을 통하여 부재의 현실을 견딜 수 있게 된다.

이렇게 발달 과정 속에 있는 유아는 데카르트의 코기토적 주체와 닮은 데가 있다. 우리는 근대의 주체를 코기토에서 유래한다고 본다. 코기토란 데카르트가 제시한 '나는 생각한다 그러므로 나는 존재한다'에서 '나는 생각한다'(Cogito)에 해당한다. 생각하는 나는 의심의 주체. 자명한 주체가 아니라 자신의 존재를 회의하는 주체다. 자신의 존재에 대해 모든 것을 부정해 본 결과, 부정하고 있는 자신은 자명하게 남게 되는데 데카르트는 이 주체를 코기토로 제시한다. 라캉은 여기에서 한발 더 나아간다. 코기토에서 유래하는 철학에 대한 라캉의 이해에 따르면, 코기토로서의 주체는 "나는 생각한다. 그리고 나는 생각하는 거기에 존재하지 않는다"[84]에 연결된다. "나는 생각한다"에서의 '나'와 "나는 존재하지 않는다"에서 '나'는 동일한

---

84 Jacques Lacan, *L'identification*, 1961년 11월 22일 강의.

'나'가 아니다. 데카르트의 코기토 명제를 라캉은 이렇게 해석한다.

> 내가 존재하지 않는 그곳에서 나는 생각한다, 그러므로 내가 생각하지
> 않는 그곳에 나는 존재한다.[85]

여기서 "내가 존재하지 않는 그곳에서 나는 생각한다"와 "내가 생각하지 않는 그곳에 나는 존재한다" 간의 단절[86]이 관건이다. 이 형태는 '나는 타인이다'(Je est un autre 또는 I is an another)라는 말로 표현된다. 영문법으로 볼 때, I am an another이라고 해야 옳다. 그런데 am 대신 is를 사용한 것이다. 그러니까 'I'는 'He,' 'She'처럼 3인칭으로 고려되는 것이다. 1인칭으로서의 '나'가 아니라 3인칭으로서의 '나'를 표현하기 위해, 즉 내가 모르는 나를 표현하기 위해 3인칭을 사용하고 있다. 이 말을 다르게 표현하면, 나의 중심은 내 중심이 아닌 다른 곳에 있다는 말이다. 그래서 탈중심적이라는 말을 한다. 이것은 내가 나의 중심이라는 코기토 명제와는 다르다.

은유의 고리와
상징적 사랑

은유의 축(또는 연상의 축)을 열기 위해, 라캉은 어머니의 부재 시 아이의 놀이를 해석한 프로이트

---

85 Jacques Lacan, *La logique du fantasme*(Séminaire XIV, 1966-1967), 미출판, 1967년 1월 11일 강의.
86 Serge Cottet, "내가 존재하지 않는 곳에서 내가 생각하고, 내가 생각하지 않는 곳에 내가 존재한다," sous la direction de Gérard Miller, *Lacan*, Paris, Bordas, 1987, pp.11-29.

의 '포르트-다'(Fort-Da)를 숙고한다. 즉 젖먹이 손자가 외출한 제 어머니를 기다리면서 실패를 던졌다 당겼다 하면서 중얼거리는 소리에 주의를 기울인다. 그 소리는 '포르트-다'이고, 그 의미는 '와라-가라'라고 프로이트는 풀이한다. 여기서 실패는 아버지와 어머니를 대체하는 기호다. 아이는 '전선으로 가!'라고 말하면서 실패를 던지고 논다. 당시 아이의 아버지는 전쟁터에 나가 있었다. 프로이트에 따르면 아이는 전선으로 간 아버지를 그리워하면서 이 놀이를 한 게 아니라 '어머니를 독점하는 데 아버지로부터 방해를 받고 싶지 않아!'라는 뜻을 표현한다. 이 놀이를 하는 아이는 부재하는 어머니의 현실을 말(言)놀이를 통해 견디고 있는 것이다. 라캉은 'A＝A'라는 방정식을 이 놀이에 비유한다. 이 방정식은 주체의 경험 안에 기입된 의미적 차이를 상징하기 때문이다.

> 탁구공은 탁구공입니다. 그러나 이것은 하나의 기호형식이 아니라 대상입니다. 이 소문자 a는 소문자 a입니다. 이 순간에 공의 사라짐이 생겼다는 것을 나는 명백하게 합법적인 방법으로 확인합니다. 이것 없이는 내가 제시하고자 하는 방도는 더 이상 없고, 이미지 형성에 관계되는 것도 존재하지 않습니다. 그러므로 공은 언제나 거기에 있고, 나는 그것을 뚫어지게 보다가 강박신경증에 걸리게 됩니다.[87]

"탁구공은 탁구공입니다"에서 탁구공이 기호형식이 아니라 대상이라는 말은, 젖을 주러 오는 어머니의 젖가슴이 몸으로서의 젖가

---

87 Jacques Lacan, *L'identification*, 1961년 12월 6일 강의.

습이지 기호가 아니라는 말과 같다. 이것은 아직 말의 세계에 진입하지 못한 유아가 보는 세계다. 그러나 탁구공을 치우거나 젖가슴이 부재할 경우에도 유아는 탁구공과 젖가슴이 거기 있다고 생각한다. 탁구공과 젖가슴을 대체할 다른 대상이 있다는 것을 알게 된 것이다. 가령 방금 본 프로이트의 손자가 외출 중인 어머니를 대체하는 것으로 실패를 이용한다면, 이 아이에게 실패는 어머니다. 아이는 말의 세계에 진입하여 'A＝A'가 'A＝B'가 되는 방정식을 이해하게 된다. 즉 대체 대상을 인정하게 된다. 아이는 젖을 대신하는 젖병을 주면서 '이건 엄마 젖이야'라고 말하는 어머니의 말을 받아들인다. 젖을 대체하는 젖병을 납득하게 된다. 이 젖병은 앞서 보았듯이 아이의 입에 물리는 젖꼭지, 아이의 손가락 등 이행 대상들로 대체된다. 이것은 유아가 상징의 세계에 들어왔음을 의미한다.

공의 사라짐과 나타남, 이 반복은 기표의 이중기입을 야기한다. 예를 들어, '전쟁은 전쟁이다'라고 말할 때, 후자의 전쟁은 사전에 표기된 용어법도 아니고, '그것은 ~이다'에서 '그것'을 지칭하는 말도 아니다. 결과적으로 이 말은 동어 반복이 아니다. 이 말은 환유의 기표 고리 안에서만 특징화될 수 있다. 즉 기호내용과 기호형식 간의 자의성(실제로 여기서는 자의성이 없다. s와 S 사이의 막대 때문이다)이 아니라 기호형식들 간의 자의성이다. 이는 기의 없는 기표 간의, 기호내용 없는 기호형식들 간의 관계를 말한다.

상징 세계로 들어서다
— 어린이 딕의 경계 짓기

클라인(M. Klein)의 저서[88]를 읽은 라캉은 자아 전개 과정을 보이기 위해 '어린이 딕의 경우'를 분석한다. 그는 자아 분석을 통해 자아와 주체의 분리를 이해하게 된다. 여기서 라캉은 상상적인 것, 상징적인 것, 그리고 실재적인 것 간의 상호 관계를 가정한다.

우선 클라인의 글을 살펴보자. 그녀는 「오이디푸스 마찰의 조기적 단계」(1928)[89]를 기술하면서, 사디즘 안에 리비도적 쾌락의 모든 근원 위에 움직이는 심리적 전개의 조기 단계가 존재함을 확인하였다. 그녀가 설명하는 제1차 정체화는 완전히 다른 두 사물의 방정식, 즉 자아와 외부 세계 또는 일반적인 현실을 발견하는 단계에서 구성된다. 클라인에게는, 대립적인 이 두 개의 축을 잇기 위한 자아의 좋은 태도가 주요 관심거리이다. 딕의 증상을 분석하면서, 그녀는 그 자아의 어려운 태도에 직면하게 된다. 이 네 살 난 꼬마 소년은 단어와 지식 습득 측면에서 15-18개월 수준의 아이였다. 이 아이는 배고픔을 호소하고, 아이 어머니는 아이에게 젖을 먹이려고 노력한다. 아이는 유모가 있는데도 참다운 사랑을 받지 못한다. 아이가 네 살 무렵 유모는 그가 고추를 만지지 못하게 한다. 아이는 이로 인해 두려움과 죄의식을 갖게 된다. 그리고 고무젖꼭지 빨기, 딱딱한 음식 먹기를 거부하고 죽 상태가 아닌 모든 음식을 완강히 밀쳐 낸다. 새로운 간호사 덕분에 음식에 대한 딕의 태도는 상당히 개선되

---

88 Melanie Klein, *Essais de psychanalyse*, Paris, Payot, 1965, pp.263-278.
89 같은 책, pp.229-241.

지만, 현실과 관계를 맺기 위해서는 더 많은 노력이 요구된다.

클라인은, 딕에게 있어서 상징 세계는 서서히 형성된다고 말한다. 한편으로 꼬마 딕은 자기 주변에 있는 대부분의 대상 및 장난감들 앞에서 그것들의 의미와 기능을 포착하지 못한 채 '무관심하게' 행동한다. 다른 한편으로 딕은 기차, 정거장, 문고리, 문의 여닫힘에 흥미를 가진다. 클라인이 기술하는 딕의 놀이는 프로이트의 '사랑의 유형 Ⅱ: 가짐의 첫사랑'에서 거론한 '서른 살 여인'의 반복된 행위를 상기시킨다. 클라인이 딕에게 장난감을 주자 아이는 두 개의 기차를 잡고는, 큰 기차를 '아버지 기차'라고 부르고, 작은 기차를 '딕 기차'라고 부른다. 계속해서 '딕 기차'를 잡고 창가까지 굴리고 가서는 '역'(驛)이라고 말한다. 클라인은 아이에게 "역, 그건 어머니야. 딕은 어머니에게 들어간다"고 설명한다. 그러자 아이는 즉시 그것을 놓고 방의 내부 문과 외부 문 사이까지 달려가 서서는 "어둡다"라고 말하면서 문을 닫는다. 아이는 이런 강박적인 행동을 '반복'한다.

클라인과 만나는 동안, 딕은 새로운 대상에 관심을 갖고 공격적이던 아이의 성향이 새로운 애정 관계로 전환된다. "예를 들어 딕은 얼마 동안 벽장을 철저히 피하더니, 자기 앞에 놓인 대상들에게 조심스럽게 새로운 파괴적 경향을 나타냈고 전기난로와 변기를 만지작거렸다. … 결국 그의 관심이 확장됨에 따라 그의 단어 수준도 풍부해졌다. 그가 사물들뿐 아니라 그들의 이름에도 관심을 갖기 시작했기 때문이다. 지금 그는, 이전에 들었지만 주의를 기울이지 않았던 단어들을 정확하게 기억하고 사용한다."[90]

90   같은 책, pp.272-273.

클라인은 대상에 대한 딕의 흥미와 행위가 공통된 출처에서 나온 것임을 알아차린다. "그(딕)는 어머니의 신체에서 페니스에 특별한 관심을 갖기 시작한다. 문과 자물쇠는 어머니의 신체를 드나드는 입구와 출구를 표상한다. 반면에 문의 손잡이는 아버지의 성기와 자기 성기를 의미한다. 그러므로 상징적 형성을 멈추게 했던 어머니의 신체를 통찰한 후, 아버지의 성기를 검토하는 데 두려움을 갖는다."[91] 이 분석 덕분에 클라인은 환상화된 주체의 실존과 접촉하게 되고, 특히 딕의 무의식에 접근하게 된다. 그 결과 그녀는 "정신착란과 망상증, 이 둘은 망상증 단계에 선행하는 정신착란 단계, 즉 나르시스적 단계에 고착된다"[92]라는 프로이트의 가정에 동의하게 된다.

클라인의 해석과는 달리, 라캉은 이 아이가 상상적 세계에 있지 않다고 생각하면서 딕의 경우에 대한 새로운 해석을 내린다.

근심은, 프로이트가 늘 그것을 질(質) 또는 주체적 색채라고 형상화했듯이, 함축어이고 신호이다. 그런데 이 근심은 문제시되는 주체에게서는 나타나지 않는다. 딕은 아직 상징적 단계로 향하는 정체화 제1장르에 도달할 수가 없다. 매우 역설적이게도 그는 현실 세계에 직면해 있고, 현실 속에 살고 있다. 딕에게 있어서 클라인의 사무실에는 타인도 자아도 없고, 다만 순수하고 단순한 현실만이 있을 뿐이다. 두 문 사이의 틈은 어머니의 신체이다. 이름 붙일 수도, 이름 불릴 수도 없는 어떤 것이다.[93]

91 같은 책, p.268.
92 같은 책, p.277.
93 Jacques Lacan, *Séminaire I, op. cit.*, p.82.

일반적으로 인간계는, 한편으로는 인간과 다른 별개의 대상으로, 또 다른 한편으로는 대등한 대상으로 구성된다. "인간계는 대상에 대해서 무한한 세계"[94]라고 볼 수 있다. 라캉의 기술에 따르면 순수하고도 단순한 현재는 정의 내릴 수 없는 정체화의 현장이다. 이 장소에서 타자와 자아 간의 왕래는 끊임없이 이루어지지만 딕의 경우는 그렇지 못하다. 이러한 관점에서 볼 때, 딕은 아직 상징 세계에 진입하지 않은 것 같다. 왜냐하면 한 아이가 성적 단계에 이르면, 그는 "초기 정체화 대상에게 자기 세계를 감속하는 일종의 상상적 등가물을 제공"[95]하기 때문이다. 하지만 딕에게 현실은 자신과 아무런 관계도 없는 대상들로 구성된다. 라캉의 말대로 딕에게 "현실은 고정되어 있다. 왜냐하면 그(딕)는 현실 세계와 상상의 세계 사이를 왕복 운동할 수 없기 때문이다. 그는 즉시 어떠한 발전도 알지 못하는 현실 안에 존재하게 된다."[96] 라캉은 이 고착 현실을 "공허, 암흑 또는 동공"[97]으로 표현한다. 고착된 동공과 무한한 현실 간에, 왕복 운동은 더 이상 존재하지 않는다. "이 동공 안에서, 그는 매우 한정된 수의 대상만을 셈한다."[98] 이 소년은 유동 대상을 알지 못하고 대상과 관계를 맺지 않는다. 딕의 사례를 해석한 클라인의 견해와는 달리, 라캉은 클라인과 자신이 근본적으로 어떤 개념에서부터 다른지 지적한다. "멜라니 클라인에게는 상상 이론도, 에고 이론도 존재하지 않는다. 현실의 한 부분이 상상적이고 또 다른 부분이 실재적

---

94 같은 곳.
95 같은 곳.
96 같은 책, p.83.
97 같은 곳.
98 같은 책, p.83.

이라거나, 또는 그 반대로 현실의 한 부분이 현실이라거나 다른 한 부분이 상상적이라는 개념을 도입하고 이해하는 것은 바로 우리들이다."[99]

라캉이 확신하는 것은 딕의 자아가 고착된 세계 속에 머물지 않고 상징적 세계를 향해 열린다는 사실이다. 왜냐하면 "발전은 주체가 상징 세계에 통합되는 한에서만 그 자리를 갖기 때문이다."[100] 라캉은 딕의 사례에서 주체가 상상적인 것으로 진입하는 것과 상징의 세계에 들어선 증거를 찾는다. 라캉은 상징적인 것에서 기거하는 주체의 모습을 대상들과의 관계를 통해 확증한다. 딕은 상징의 세계에 들어서면서 세상을 향해 열린 태도를 취한다. 이런 태도는 사랑의 태도다. 사랑은 사랑하는 쪽에서 얼마만큼 열렸느냐에 따라 그 강도가 결정된다. 딕은 갇힌 사랑에서 열린 사랑으로 이행하는 중이다.

닫힌 세계에서 열린 세계로 이동하고자 하는 사람에게 주어진 길은 넓고도 좁다. 이 길은 딕과 마찬가지로, 유부녀와의 불륜을 통해 불안과 강박 관념을 가졌던 〈절규〉의 화가 뭉크[101]가 내적으로 발생하는 불안, 강박 관념과 싸우면서 걸어간 바로 그 길이다. 이런 경험

---

99 같은 책, p.97.
100 같은 책, p.101.
101 김현화, 『성서 미술을 만나다』, 서울, 한길사, 2008, p.275. 〈절규〉라는 그림으로 유명한 노르웨이의 화가 뭉크(Edvard Munch)는 일생을 열린 삶으로 살고자 했던 인물이다. 젊었을 때의 연인 다그니 유엘(Dagny Juell)이 폴란드 출신의 문학가 프지비셰프스키(Stanislaw Przybyzewski)와 결혼한 뒤에도 뭉크는 그녀와 불륜의 관계에 빠진다. 이에 대한 프지비셰프스키의 반응은 뭉크가 그린 〈질투〉에 잘 묘사되고 있다. 증조할아버지와 할아버지가 개신교의 목사였던 뭉크는 어린 시절부터 기독교의 영향을 받았고, 특히 어릴 때 그렸던 아버지의 기도하는 모습은 다시 목판화(〈기도하는 노인〉)로 제작되기도 했다. 유부녀와의 불륜 관계는 뭉크 자신의 내면세계에 큰 요동을 불러일으켰다. 뭉크는 유부녀와의 불륜을 통해 불안과 강박 관념을 가졌다.

은 유아 시절에서 비롯되는데, 뭉크가 어렸을 적에 그의 어머니는 폐결핵을 앓다 죽었고, 그 후 같은 병으로 누이 또한 죽었다. 죽음에 대한 두려움은 뭉크를 더 넓은 세계로 데려가는 동력이 되는 동시에 뭉크를 불안하고 초조하게 만드는 에너지가 되기도 한다. 뭉크는 위안받기를 바라지만 자신을 위로해 줄 이가 없음을 〈골고다〉와 〈마돈나〉에서 보여 준다. 이 그림들에서 우리는 인간을 구원할 그리스도의 이미지를 읽을 수 없다. 왜 사랑의 화신인 예수 그리스도가 뭉크에게 구원자가 되지 못했을까? 뭉크는 스스로를 구원자라고 생각하는 사람도 아니었다. 끊임없이 불안해하고 죽음을 두려워했던 나약하고 연약한 사람이었다. 뭉크에게는 예수 그리스도뿐 아니라 그의 어머니 마리아마저도 사랑의 화신이 되지 못한다. 어디에도 뭉크의 고통을 들어주고 그에게 위안을 줄 존재는 없다. 이런 삶 속에서 그의 걸작 〈절규〉는 세기말의 사회적 불안을 반영한다. 뭉크가 깊숙이 관계한 19세기 말과 20세기 초의 삶은 어찌 보면 복잡한 자기 내면의 모습이 투영된 것일지도 모른다. 뭉크는 육체적인 사랑과 성적인 쾌락이 자신에게 오히려 두려움과 무기력, 절망과 죽음을 불러올 것이라는 강박 관념에 사로잡혀 살았다.

이렇듯 닫힌 세계에서 열린 세계로 이행할 때, 상상적인 질서에서 상징적인 질서로 이행할 때, 강박적인 요소에서 탈강박적인 요소로 이행할 때 나타나는 현상을 관찰한 에리히 프롬에 따르면 강박증 환자들은 여러 형태의 개인적 예배 의식을 보여 준다. 죄악에 대한 감정과 속죄를 향한 욕구가 생활의 중심을 이루는 사람은 세척 강박을, 재난을 피하거나 어떤 일을 성취하기 위해서는 문구들을 계속 암송하는 의식을, 그리고 일상생활에서 널리 퍼져 있는 개인적 종교의 또 다른 형태로 결벽증을 보인다.[102] 뭉크가 그린 우울하고 암울한 느낌의 그림은 어쩌면 자신의 어두운 내면을 드러냄으로써 사람들로부터 공감을 얻어 내고 위로를 받아서 보다 안정적인 내면의 질서를 얻기 위함일 수도 있다. 그의 그림 그리는 행위는 특수한 종교의 정결 의식과도 같다고 볼 수 있다. 이렇게 인간은 누구나 어딘가에 기댄다.

실존주의적 관점에서 뭉크의 행위가 인간의 한계 내에서 안정을 구한 휴머니스트의 행위로 평가받을 수 있을지는 모르나, 그가 누린 마음의 고통이 얼마나 컸는지는 그의 그림을 보는 사람이면 누구나 공감할 수 있을 것이다. 프롬이 말하듯이 정신분석이 의도하는 것은 "환자가 진리를 알고, 사랑하고, 자유롭고, 책임감을 가지고, 자기 양심의 소리에 민감해질 능력을 얻을 수 있도록 환자를 도와"[103] 주는 것이다. 정신분석은 복잡하고 어두운 내면에 반응할 능력이 약한 사람을 강하게 한다. 이 말은 언뜻 생각하면 자아의 힘을 굳세게 한다는 말로 들을 수 있다. 하지만 정신분석의 목적은 자아가 강한 사람을 만드는 데 있지 않다. 프롬의 말처럼 진리의 소리에 민감한 반응을 보이는 능력을 키우는 것이 정신분석의 본목적이다. 자아는 이드에서 올라오는 욕동을 방어하느라 진리에 귀 기울일 틈이 없다. 자아가 강하게 된다는 것은 이드와 싸울 태세가 강력하게 준비되었다는 말과도 같다. 프롬이 말한 것은 이런 자아의 힘과 능력이 아니다. 진리에 관심을 갖는 것은 자아가 아니라 이드 쪽이다. 이

---

102 에리히 프롬, 문학과사회연구소 엮음, 「정신분석과 종교」, 서울, 청하, 1983, pp.48-49.
103 같은 책, p.115.

드는 자신의 진리를 폭로하기 위해 자아와 겨룬다. 진리는 이드 편에서 요청하는 것이다. 그러나 매번 자아의 방해 공작 때문에 실패한다. 그러면 진리에 관심을 갖는 주체가 무엇인지를 이제부터 살펴보도록 하자.

사랑의 갈등이 해소되는 곳
— 안다고 가정된 주체

기호내용 없는 기호형식이 존재한다는 라캉의 주장은 대타자와 무의식의 주체가 어떻게 연관되는지를 잘 보여 준다. 이를 뒷받침이나 하듯이 그는 "기호형식의 실존과 그 결과들을 제외한 그 어떤 것도 주체에 대한 철학적 전통 관념을 지지할 수 없습니다"[104]라고 말한다. 기호형식의 실존과 그 결과들은 기의를 내포하지 않기 때문에 '나는 누구인가?'라는 질문에 답할 수 없고 단지 '나는 어디에 존재하는가?'만을 제기한다. 정신분석 영역에서 주체는 무의식의 주체다. 전통적 철학에 따르면 사고는 의식에서 시작된다. 그에 따른 철학은 반성철학 또는 의식철학이다. 반성철학의 대표적인 인물은 데카르트다. 윤성우는 코기토로 대표되는 반성철학의 계보를 이렇게 정리한다. "근대 반성철학의 핵심은 자신의 존립을 위해 다른 것에 의존할 필요가 없으면서 다른 것의 인식의 근거가 되는 자기정립적 주체의 등장이다. 결국 데카르트와 더불어 '근거(subjectum)로서의 주체 = 나(sujectum)로서의 주체'

---

[104] Jacques Lacan, *L'identification*, 1961년 11월 15일 강의.

라는 모종의 일치와 정체화가 성립된다. 이 점에서 후대의 칸트적 코기토와 후설적 코기토는 데카르트의 코기토에 의존하고 있다. 다시 말해, 데카르트가 말하는 코기토는 '나는 의식하는 한에서 존재한다'는 의미가 된다. 이것은 인간의 사유가 인간의 존재를 압도하는 순간이 아닌가? 계속해서 그는 '나는 무엇인가'라고 물으면서 나는 '하나의 생각하는 것이며, 즉 하나의 정신이며, 하나의 오성 내지 이성일 따름이다'라고 대답한다. 여기서 우리는 넓은 의미로 이해된 '생각,' 즉 의식을 원리로 삼는 근세의 관념론적 전통을 목격하게 된다. 이제 나에게 존재한다는 것은 생각한다는 것이며, '생각하는 나'의 정립이 제1진리로서 등장하게 된다."[105]

이렇게 데카르트에게 주체의 문제는 의식의 문제이며 급기야 '주체=의식'이 된다. 즉 생각하는 내가 존재한다는 그들의 주장은 정신분석의 담론에서는 질문거리가 된다. 그렇다면 코기토에 근거한 반성철학이 주장하듯, 생각하는 대로의 우리가 존재하는가? 우리의 답은 '그렇지는 않다'이다. 의식에 기반을 둔 철학은 위기에 봉착한다. 바로 이 지점에 프로이트가 있다. 의식은 기만이며 허위임을 이야기한 사람은 프로이트이다. 계속해서 윤성우의 이야기를 들어 보면, "프로이트는 우리가 생각하고 있는 것은 반드시 우리가 존재하는 모습과 일치하지 않는다는 사실, 즉 사유와 존재의 불일치를 무의식과 무의식적 욕망과 충동 등을 통해 체계적으로 주장한 최초의 사람이다."[106] 프로이트의 무의식과 의식 간의 구분은 반성철학 계열에서는 용납될 수 없는 것 같다. 프로이트 계열에서는 무의식과

105 윤성우, 「해석의 갈등. 인간 실존과 의미의 낙원」, 서울, 살림, 2005, pp.123-124.
106 같은 책, p.131.

의 관계에서 의식 또한 새롭게 이해되어야 한다. "이제 프로이트적인 위상학 속에서 의식은 예전의 데카르트에게서처럼 모든 의심에 굴복하지 않는 명증의 최고점을 확보하는 임무를 맡거나, 칸트에게서처럼 객관적 대상 인식의 형식적 근거를 차지하거나, 후설에게서처럼 대상의 의미 부여의 원리나 토대의 역할을 수행하는 것이 아닌, 자신으로부터 배제된 정신적 활동 및 내용을 담보하고 있는 무의식을 어떻게 대면하고 수용해야 하는지를 고민해야 하는 과제를 떠안은 것이다."[107] 이렇게 데카르트의 사유와 프로이트의 사유가 다르다는 것을 보인 윤성우는 결국 반성철학에서는 "무의식의 해독과 그것의 수용이 궁극적으로 일어나야 할 곳이 의식 속이라는 점은 무의식이 의식의 절대적인 타자가 아니라는 점을 말하는 것이다"[108] 라고 정리하면서 반성철학이 정신분석의 사유를 포함하는 것이라고 말한다.

그러나 정신분석은 이를 용납하려 들지 않는다. 정신분석에서 주장하길, 사고는 사색자의 무의식에서 나온다고 말한다.[109] 그래서 의식에서 유래하는 코기토의 사고는 정신분석의 것과는 다른 것이 된다. 이 지점에서 정신분석은 반성철학의 사유를 벗어난다.

이 '나는 생각한다'는 명제는 순수한 상상적 국면과 다른 그 무엇이 아닙니다. 엄격하게 말해, 이 국면에 사로잡힐 수 없습니다.[110]

---

107 같은 책, p.139.
108 같은 책, p.140.
109 Jacques Lacan, *L'identification*, 1961년 11월 15일 강의. "사고는 무의식에서 시작됩니다."
110 같은 곳.

코기토의 선입견은 데카르트 철학의 진정한 지지점이지만, 코기토의 한계는 인간이 상상적 국면에 사로잡혀 있다는 것을 보여 준다. 라캉은 철학적 선입견의 한계를 확신하면서 이렇게 말한다.

철학을 전개하는 진정한 지지대는 바로 우리가 한계라고 말할 수 있는 편견인데, 이 편견 너머로 우리 경험이 통과하고, 이 한계 너머로 무의식의 가능성이 시작됩니다.[111]

데카르트 철학에서, 라캉은 기호형식의 실존과 그 결과인 주체 개념을 찾지 못한다. 그러므로 순수한 상상적 세계로서의 코기토는 결합축 안에서만 그 가치를 지닌다. 이곳에서만 환유적 전개가 이루어질 뿐이다.

결국 라캉은 "안다고 가정된 주체"[112]에서 아래와 같이 새로운 주체를 설정한다. 이 틀은 이중기입 문제에 관계된다. 하나의 기호형식을 선택축과 동시에 결합축에 기입하는 것이다. 전자는 종적(↓)이고 후자는 횡적(→)이다. 라캉은 1962년 1월 10일 세미나에서 프로이트의 'Ψ 시스템'을 전개하면서 무의식과 전의식 간의 한계 문제를 취급한다. "전의식 안에서 무의식의 통로는 내가 자족하며 말할 수 있는 것입니다. … 무의식의 주체에 대하여 『현대』(Les Temps Modernes)에 실린 우수한 글들 가운데서, 라플랑슈(Laplanche)와 르클레르(Leclaire) ―나는 이 작업에서 그들 각각을 분리해서 생각하지 않는다― 는 프로이트의 언술 행위 속에 남아 있는 어떤 모호함에

---

111 같은 곳.
112 같은 곳.

대하여 질문합니다. 그 언술 행위란 우리가 무의식 안에 있었고 전의식 안으로 이행하는 무엇인가의 통로에 대하여 말할 수 있을 때 생기는 것에 관한 것입니다."[113] 그들은 이렇게 물어 온다. "리비도 방출의 변화가 문제시됩니까? 또는 이중기입이 나타납니까?"[114] 이에 답하여 라캉은 "그 두 저자들은 이중기입에 대한 그들의 편애를 숨기지 않고, 우리에게 그것에 관한 그들의 글을 소개하고 있습니다"[115]라고 말한다.

　라캉은 이중기입 원리로 무의식과 전의식을 어떻게 정의하는가? 그는 언급된 두 저자들의 확신을 거부하면서 'Ψ 시스템'을 수립한다. 우리는 프로이트의 사랑 담론에서, 꿈의 사상이 언어로써 구성된다는 것을 알았다. 또한 라캉은 전의식이 공동의 대화에서 분절된 언어로 구성된다는 한에서 무의식을 확인한다. 라캉에 따르면 전의식은 언어로 구성되고 "전의식적 대화는 전적으로 외부에 붙어 있는 무엇과 동질적인 것입니다"[116]라고 말한다. 다시 말해, 전의식적 대화는 무의식에서 나온다는 것이다.

　　전의식을 향한 무의식의 통로는 이처럼 무의식의 구성 안에서 떠도는, 말하는 주체로서 주체의 우선적이고 근본적인 통합 기능을 무의식 안에서 유지하는, 일종의 일상적인 빛을 발함의 결과일 뿐입니다.[117]

113　같은 책. 1962년 1월 10일 강의.
114　같은 곳.
115　같은 곳. Laplanche와 Leclaire에게는 원리상 전의식 안에서 무의식으로 향하는 무슨 통로가 없다고 말한다.
116　같은 곳.
117　같은 곳.

제1차 위상 때의 프로이트가 무의식의 체계를 대기실에 비유하듯, 라캉은 그것을 공간 개념으로 그린다. 그러나 2차 위상 때의 프로이트는 무의식-전의식-의식이라는 세 공간을 통합하여 모든 것이 무의식적 공간이라고 선언한다.[118] 앞으로도 계속해서 볼 것이지만 무의식-전의식-의식은 각각 분리되어 있다기보다 상호 연결되어 있고 특히 전의식은 무의식과 의식을 잇는 매개가 된다. 이에 따라 라캉은 무의식을 "ça(거시기, 그것, it)가 말하는 주체의 장소, … 말하는 주체의 심장"[119]이라고 말한다. 그는 무의식을 대문자 A로 표시되는 대타자(Autre)의 담론이라고 부른다. 대타자는 언어의 장소이다. 라캉은 아래와 같이 대타자에 관한 아름다운 구절을 남기고 있다.

대타자는 안다고 가정된 것의 표출이고 그 표출된 것의 표현 장소입니다. 그리고 대타자는 주체가 잃어버렸지만 알고 있다(savoir)는 가정에서 우리가 무의식이라 부르는 바로 그것입니다. … 대타자는 자신도 모르는 사이에 ça(거시기, 그것)를 유인합니다. ça는 이 대타자 속에서 그의 현실이 괴로워하는 것으로 그에게 되돌아오는 파편들, 다소 알아보기 힘든 파편들입니다.[120]

언어의 저장소인 대타자는 씨실과 날실로 직물이 짜이듯 짜여 있는데, 이를 '이중기입이다' 또는 '이중기입으로 짜여 있다'고 말한다. 씨실과 날실이 만나는 지점, 즉 이중기입되는 지점은 매듭으로 되어

118 강응섭, 『프로이트』, 서울, 한길사, 2010, 제6장 참조.
119 Jacques Lacan, *L'identification*, 1962년 1월 10일 강의.
120 같은 곳, 1961년 11월 15일 강의.

있다. 라캉은 이 매듭의 본질을 '안다고 가정된 주체'라고 부르면서 상세하게 설명한다. 대타자를 설명한 라캉은 '안다고 가정된 주체'의 기능에 대해 이렇게 설명한다.

> 지식을 가정하는 주체의 기능은 이러한 목적으로 전개되는 공시적 기능에 대하여 인정될 수 있는 효력을 갖습니다. 초기의 현상적인 의문들에서부터 어떤 한 점, 구조의 어떤 매듭에 나타나는 그 기능은, 우리를 절대적 인식으로 이끄는 것이라 여겨지는 통시적 전개에 의존하도록 허락합니다.[121]

'안다고 가정된 주체'에서의 '안다'는 것은 그것이 모든 것에 대한 앎도 아니고 대타자에 대한 앎도 아님을 의미한다. '지식(앎)은 상호주관적이다'라고 라캉은 말한다. 앞서 보았듯이 주체는 진리를 갖고 있으며 이 진리를 드러내고자 한다. 그러나 자아가 방해하기 때문에 자신의 진리를 드러내지 못한다. 진리를 가졌음에도 진리를 자아 밖으로 드러내 본 적이 없는 것이 바로 주체의 운명이다. 비유를 강화하여 말하자면, 태양이 존재하지만 태양에서 우리에게 온 생명체는 아무것도 없듯이, 진리는 존재하지만 우리에게 주어지지 않았다.

이렇듯이 진리를 안다고 가정된 주체는 실제로 주체가 진리를 알고 있음에도 자아의 방어선을 뚫고 나와 그 진리를 자아 밖으로 던져 준 적이 없다. 진리를 안다고 가정된 주체와 진리가 밖으로 나오지 못하도록 강력한 방어선을 구축하고 있는 자아는 지금도 대치 중

---

121 같은 곳, 1962년 1월 10일 강의.

에 있다. 정신분석은 자아의 방어선을 피해(이 방어선을 부순다는 것은 생각할 수 없는 일이다) 진리를 담지하고 있는 주체에게 말을 거는 작업이다. 이 작업은 주체의 진리를 몰래 빼내 오는 것이다. 이 진리만 빼 온다면 강박 관념적 신경증에 시달리는 사람의 영혼은 자유와 해방을 맞이하게 된다. 정신분석은 그 진리가 어떤 비밀을 담고 있는지를 밝혀낸다. 밝혀낸 그 결과가 바로 대타자이다.

대타자는 안다고 가정된 것이 표출된 것이자 표현된 장소이다. 자아의 증언에 의하면 주체는 진리를 잃어버렸지만, 대타자는 주체가 말하려고 한 진리를 보여 준다. 그것은 프로이트가 말한 무의식에 해당한다. 대타자는 제1차 위상학(무의식-전의식-의식)에서 볼 때 무의식이고, 제2차 위상학(이드-자아-초자아)에서 볼 때 이드에 해당한다. 공간 개념으로서 대타자는 이드가 보내오는 파편들, 진리의 파편들, 자아의 방어선 너머로 보내오는 것들을 저장하는 곳이다. 이 진리가 지닌 비밀은 종교적 체험에서 얻을 수 있는 '궁극적 관심'과도 비교될 수 있다. "삶의 의미와 인간의 자기실현 및 인생이 우리에게 부과하는 과제를 달성하는 데 대한 '궁극적 관심'이다. 온갖 욕망과 목적이 영혼의 행복과 자아실현에 기여하지 못하는 한, 궁극적인 관심에서는 이것들이 단지 부차적인 요소로 다루어진다. 실제로 이 '궁극적 관심'의 대상과 비교해 볼 때 이것들은 거의 무의미한 것이 된다. '궁극적 관심'은 필연적으로 세속적인 것과 성스러운 것 사이의 구별을 배제한다. 왜냐하면 세속적인 것은 '궁극적인 관심'에 종속되고 그것에 의해 형태가 지어지기 때문이다."[122] 주체가 갖고

---

122 에리히 프롬, 문학과사회연구소 엮음, 「정신분석과 종교」, 서울, 청하, 1983, p.117.

있는 진리의 비밀을 밝히는 작업은 영혼의 행복과 자아실현에 기여할 만큼의 중요한 일로 볼 수 있다.

프롬이 말하는 '궁극'은 라캉이 말하는 '알고 있지만 표현할 수 없는 앎'(inscientia)과 비교해 볼 수 있을 것이다. 라캉이 『세미나 8』에서 플라톤의 『향연』을 풀이하면서 전이에 대해 말하는데, 이때 말하는 사랑도 '모르는 것(amathia)에 대한 사랑(sophia)'이다. 프로이트가 『문명 속의 불편함』에서 사랑은 받는 것이 아니라 하는 것이라고 했듯이, 라캉도 『향연』을 분석하면서 그것을 '사랑의 은유'라는 말로 표현한다. 사랑을 받는 자에서 사랑을 하는 자로 대체되는 것, 이것이 바로 '전이'다. 이렇게 전이는 알 수 없는 것을 아는 것이고, 받는 것이 아니라 주는 것이다.[123]

사랑의 유형 제2장르는 상징적인 것에 근거한다

'도식 L'에 따른 주체 설명은 라캉이 프로이트의 『꿈의 해석』 제7장에서 「꿈 과정의 심리학」을 연구함으로써 밝힌 것이다. 이전의 거울 단계와는 다르게, 그는 프로이트의 복잡한 현미경으로부터, 주체의 비밀을 밝힐 수 있는 거울 장치를 만들어 낸다. 이 장치를 통해 그 제조자는 실재 영상 i(a)와 자아 간의 상상적 관계를 찾는다. 그리고 말의 장소인 대타자와 주체 사이의 상징적인 것을 추적한다. 그는 더 이상 상징적인 것과 관

---

123 사랑의 은유에 관해 강응섭은 『자크 라캉의 『세미나』 읽기』 제7장 8절과 9절에서 자세하게 설명한다.

계없는 상상적인 것을 찾지 않는다.

여기서 우리는 허상과 현실 간의 복잡함을 그려 볼 수 있다. 원시적 자아는 내부 세계에서만 형성되지만, 자아 이상은 외부 세계와의 분리에서 형성된다. 우리는 거울 장치로부터 라캉이 '상상적 놀이'라고 부른 양자택일 메커니즘을 얻는다. 아이에게 상징 세계는 중요하다. 내부 세계와 외부 세계를 나누면서, 아이는 상징 부분이라 불리는 '말의 세계' 안으로 끌려 들어간다.

우리가 정체화의 구조를 확인했던 '도식 L'을 사용하여 라캉은 사랑 담론을 전개한다. 이 '도식 L'이 보여 주는 것은, 주체는 아이의 상징적 놀이, 일련의 말의 행군, 그리고 닮은 것과 상상적 관계를 맺어 특수한 동공에 의해 태어난다는 것 등이다. 자아가 소타자(autre)에게 말을 거는 반면, 주체는 정체화의 두 번째 틀 안에서 대타자(Autre)에게로 얼굴을 돌린다. 코기토로서의 주체는 '나는 생각한다 그리고 나는 존재하지 않는다'로서 연결된다. '나는 생각한다'의 '나'(Je)와 '나는 존재한다'의 '나'(Je), 또는 '내가 존재하지 않는 곳에서 나는 생각한다'와 '내가 생각하지 않는 곳에 나는 존재한다'는 엄연히 구분되어야 한다. 관건은 이 두 '나'의 단절이다.

'A=A' 방정식은 '사랑의 유형 제1장르'에서의 방식으로 이해되지 않고, '사랑의 유형 제2장르'에서 기호형식의 다름으로 이해되어야 할 것이다. 자동적으로 실행되는 반복은 우리를 유일한 특성의 공간으로 인도한다. 주체는 반복된 경험을 통해 체득한 기호형식적 차이로써만 방정식 'A=A'를 이해한다. 그 결과 그 방정식에서 유일한 특성을 지닌 기호형식은 주체를 또 다른 하나의 유일한 특성을 가진 기호형식에게로 인도한다. 이렇게 자동적으로 반복되는 과정을 통해 무의식의 주체는 매번 새롭게 그 모습을 드러낸다.

앞서 우리는 자아와 주체 간의 나눔을 이해할 수 있도록 해 주는 딕의 경우를 분석했다. 딕은 처음부터 현실에서 동떨어지거나 고립되어 있었다. 딕에게는 세상이 고정되어 있다. 외부 대상과 관계를 맺지 않던 아이는 분석을 통해 점점 새로운 대상에게 관심을 돌리게 된다. 클라인과의 만남 덕분에, 딕의 자아는 고정된 세상 속에 멈추어 있지 않고, 상상적인 것을 향해 열리게 된다. 그리고 상징 세계에 편입하게 된다.

바로 여기서 중요한 질문이 제기된다. 참된 진리는 어디에 있는가? 우리는 그 진리가 대타자에게 있다고 말한다. 그 진리는 정신분석적 무의식의 경험에서 유래한다. 라캉은 새로운 주체를 '안다고 가정된 주체'라고 못 박는다. 그 형식은 결합축과 동시에 선택축 안에서 기호형식의 이중기입 문제에 관계된다. 라캉에게서 무의식은 대타자의 대화처럼 표현되며, 대문자 A로 시작되는 대타자(Autre)로 표기된다. 이것은 몸의 장소가 아니고 언어의 장소이다. 이것은 앎을 가정하는 상징적 표현법에 따른 언어의 저장소이다. 상징적인 것에 진입한 주체는 대상에 대하여 상호 관계적이고, 대상은 또한 다른 대상에 대하여 동일한 관계를 갖는다. 그러므로 라캉의 '사랑의 유형 제2장르: 상징계의 첫사랑'은 우리에게, 무의식의 주체는 한편으로 항상 상상된 현실과 '사랑의 유형 제1장르'에서의 부조화에 의해 발생된 헛된 일치를 거부하고, 또 다른 한편으로 주체는 늘 대타자로부터 오는 말의 행렬에 의해 상징화된다는 것을 말하고 있다.

사랑의 유형 제3장르: 실재계의 첫사랑

마침내 우리는 라캉이 말하는 사랑의 유형 세 번째 장르에 이르렀다. 이 장에서, 우리는 대타자(Autre)를 가정하고 소타자(autre)를 겨냥하는 무의식적 주체의 본질을 탐구할 것이다. 물론 라캉은 '도식 L'을 고안할 때부터 이 계획을 알고 있었던 것으로 여겨지지만, 아홉 번째 세미나 '정체화'(1961-1962)에서 정체화의 세 번째 장르를 더 깊이 설명하면서 사랑의 세 번째 유형에 접근한다. 이를 위해 라캉은 오일러(Euler)의 원, 이중의 원, 거꾸로 된 아라비아 숫자 8, 그리고 크로스 캡(cross cap) 등을 이용한 개념적 장치를 갖춘다. 이런 장치를 설명해 가면서 사랑의 세 번째 구조를 파악해 보자.

사랑은 놀이다

라캉은 1962년 3월 7일과 4월 11일 세미나에서 재미난 놀이를 한다. 그는 환형(가령 구멍 뚫린 도넛) 하나를 가지고는 "이것이 무엇인지 여러분은 알 것이라 생각합니다. 나는 이 환형으로 괴상한 형태를 만들 것입니다. 이것이 고무라면 모양 만들기 놀이를 할 수 있을 것입니다. 이것은 매우 쉽게 변형되어 둥글게도 되고, 팽팽하게 불어나기도 합니다. 기하학적으로 말해서, 한 축을 중심으로 회전시켜서 모양을 만들 수도 있습니다. 그것을 회전하면 원주 모양의 '홀라후프'가 됩니다."[124] 이렇게 라캉은 세미나 시간에 고무풍선 놀이를 시작한다. 이 놀이는 원하는 건 모두 이루어진다는 사랑 논리와 비교되지만, 이루어지지 않는 사랑도 있다는 논리를 보여 준다.

라캉은 홀라후프처럼 생긴 모양을 만들고는 '요구(demande)의 구조'에 대해 설명한다. 아래의 그림을 보자.

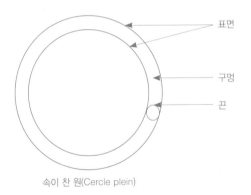

속이 찬 원(Cercle plein)

---

124 그림을 포함한 각주. *L'identification*, 1962년 3월 7일 강의. 라캉의 기하학에 관하여, 우리는 Marc Darmon의 훌륭한 작업을 참조할 수 있다. Marc Darmon, *Essais sur la topologie lacanienne*, Paris, Ed. de l'association Freudienne, 1990.

라캉이 제시하는 대로 놀이를 해 보자. 우선 라캉은 고무 재질로 된 훌라후프의 안쪽 표면과 바깥쪽 표면을 끈으로 묶어 보라고 말한다. 끈을 묶어 보면 위 그림에서 '끈'이라고 표기한 부분이 된다. 즉 살짝 묶으면 원모양의 고리가 된다. 그런데 이 훌라후프는 고무 재질이라 끈을 더 꽉 조이면 아주 조그마한 원이 될 것이다. 이보다 더 꽉 조이면 이쪽과 저쪽으로 공기가 통하지 않을 정도로 고무 재질의 훌라후프가 쪼그라들게 된다. 마치 하나의 점처럼 아주 조그마한 원이 될 것이다. 라캉은 이를 "속이 찬 원"(Cercle plein 또는 Cercle engendrant)[125]이라 부른다. 즉 이 원에는 구멍이 채워져 있기에 결여가 없다는 뜻이다. 끈으로 묶었기 때문에 이쪽 면과 저쪽 면은 합쳐져서 폐쇄된다. 이는 '도식 L'에서 'a→m'(오른쪽 위 a에서 왼쪽 아래 m으로)에 관계된다.

이를 사랑의 심리에 적용하면 어떻게 될까? 사람은 자신과 유사한 것을 좋아한다. 자신의 것과 타인의 것이 완전히 동일하다고 생각될 때, 자아와 대상 간에는 완전한 일치가 이루어진다. 라캉은 이런 일치를 상상적 일치, 허상적 일치라고 부른다. 왜냐하면 절대로 그렇게 될 수 없는 것을 그렇게 될 수 있는 것처럼 착각하기 때문이다. 즉 내가 누군가를 좋아해서 프러포즈를 한다면, 그 프러포즈가 반드시 받아들여질 것으로 생각하는 것이다. 왜냐하면 내가 요구하는 것을 타인 또한 요구할 것이라고 생각하기 때문이다. 그러나 우리는 이런 기대가 헛된 것임을 안다. 설령 기대가 이루어진다고 해도 그건 진정한 얻음이 아니라는 것을 알아야 한다.

---

125 Jacques Lacan, *L'identification*, 1962년 3월 7일 강의.

이런 논리를 사랑 담론에 연결해 보면 아주 상식적인 결론이 도출된다. 즉 내가 사랑하는 사람은 나의 사랑을 받아들여야만 하고, 내가 원하는 모든 것을 해 주어야 한다는 논리가 성립된다. 우리가 이런 사랑을 꿈꿀 때도 있다. 이런 사랑을 요구하는 사람도 물론 있다. 보통 자녀가 부모에게 자신의 필요나 욕구를 제시하면 일반적으로 그것이 채워진다. 그러나 이 사랑 논리는 한계를 갖는다. 왜냐하면 내가 사랑하고자 하는 사람이 있을지라도, 그 사람은 자기 나름대로 사랑하는 방식이 있기 때문에 나의 요구대로 나의 사랑을 받아들이지는 않을 것이다.

그러나 만약 내가 사랑하고자 하는 사람이 내가 그를 사랑하는 만큼 나를 사랑한다면 어떨까? 그러면 서로 완전한 사랑을 할 수 있지 않을까? 서로의 요구가 같아서 그것이 이루어지면 더 이상 욕망할 것이 없기 때문에 사랑은 멈추게 된다. 요구가 채워진 사랑의 결말은 헤어짐이다. 이 헤어짐의 결말은 다양하게 나타날 수도 있다. 이별의 종류에는 공간적인 이별과 시간적인 이별, 이승과 저승에서의 이별 등 다양한 유형이 있을 것이다. 자살이나 타살은 이런 관점에서 이해가 가능하다.

라캉이 만든 홀라후프에 따라 이해해 보면, 충만한 원이나 결여없는 한 점에 귀결되는 원은 그것이 더 이상 욕망할 것이 없는 상태에 이르렀음을 의미한다. 이 원의 속성은 사랑의 착각 구조이다. 우리 주위를 돌아보면 착각의 구조 속에서 사랑의 관계를 이루어 가는 모습을 많이 발견할 수 있다. 가령 연예인이나 운동선수를 일방적으로 좋아하는 사람이나 자기 주위의 어떤 사람을 짝사랑하는 경우가 여기에 해당한다. 이런 사랑의 유형이 지속되는 이유는 자기가 사랑하는 그 대상도 자신에게 어떤 대가를 주기 때문이다. 가령 연예인은 자신을 위해 좋은 작품을 계속해서 만들어 내고, 운동선수는 좋은 성적을 내며, 짝사랑하는 사람은 아직 다른 사람을 사귀지 않고 자신을 기다린다고 생각하기 때문이다. 그런데 연예인이 작품활동을 하지 않거나 극단적인 예로 자살을 시도했을 경우, 운동선수가 부진한 성적을 내거나 은퇴할 경우, 짝사랑하던 사람이 결혼을 하게 될 경우, 큰 충격을 받게 된다.

얼마 전 TV 프로그램에서 한때 시대를 풍미했던 가수들의 이야기를 들은 적이 있다. 그들이 결혼했을 때 팬들로부터 받은 선물에 대해 이야기를 들려주었는데, 자신이 발매했던 음반이 모두 깨진 채 배달되거나 데뷔 때부터 결혼 발표 때까지의 모든 기사를 스크랩한 파일을 받는 등 심상치 않은 이야깃거리가 있었는데, 이들을 사랑한 사람들 가운데에는 사랑의 제1장르에 해당하는 인물이 있다는 사실을 알 수 있었다. 이런 에피소드를 통해 그 팬들이 입은 상처가 어떤 성격인지를 짐작할 수 있다.

이와는 달리 라캉은 또 다른 모양의 원 하나를 제시하고는 '욕망(desir)의 구조'에 대해 설명한다. 아래의 그림을 보자. 이것은 조금 전에 본 것과 똑같은 재질의 훌라후프이다. 그런데 이 원을 가지고 노는 방식이 좀 다르다. 조금 전에는 안 표면과 겉 표면을 끈으로 묶었지만, 이제는 안 표면과 겉 표면 사이에 있는 훌라후프 내부의 빈 공간에 끈을 집어넣고는 안쪽 표면과 바깥쪽 표면에 닿지 않게 둥근 띠 모양의 고리를 만드는 놀이이다.

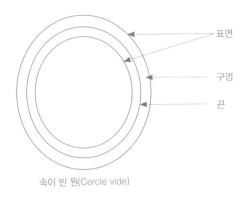

속이 빈 원(Cercle vide)

이 원을 자세하게 살펴보자. 여기서는 바로 위에서 놀이한 것과는 다른 방식의 놀이가 도입된다. 안쪽 표면과 바깥쪽 표면 사이에 있는 원(끈)에 주목하자. 이 원(끈)은 안쪽 표면에도 닿지 않고 바깥쪽 표면에도 닿지 않는다. 이 원(끈)은 안쪽 표면과 바깥쪽 표면이 만들어 내는 구멍 가운데를 통과한다. 라캉은 환형의 표면에 닿지 않는 이 원(끈)을 '속이 빈 원'(Cercle vide)이라 부른다. 이 원(끈)의 속성은 계속해서 안쪽 표면과 바깥쪽 표면 사이의 공간을 질주한다. 그러나 마치 유성이 그 꼬리의 흔적을 남기지 않고 사라지듯이, 회전 후에는 그 흔적을 남기지 않고 소멸된다. 속이 빈 원은 욕망을 부추기는 원천이며, 주체의 무의식에 관계한다. 이는 '도식 L'에서 'A→S'(오른쪽 아래 A에서 왼쪽 위 S로)축에 관계된다.

이는 주체가 대타자(Autre)에서 유래함을 보여 준다. 주체는 기호형식의 결과로 '존재'한다. 앞서 보았듯이 베르나르 베르베르의 소설 주인공이 공원에 있는 비둘기에게 다가가자 비둘기가 기호로 바뀌어서 "비둘기(327그램, 수컷, 깃털은 암회색, 울음소리의 음은 C와 E 플랫, …)" 등으로 보인 것처럼 말이다. 기호형식은 '유일무이한 반복'을 거듭한다. 라캉이 말하는 주체는 '욕망을 포기하지 않는 주체'이다. 안쪽 표면과 바깥쪽 표면에 닿지 않고 무한히 회전하는 원은 마치 욕망을 포기하지 않고 끊임없이 욕망하다가 소진하는 주체의 모습과도 같다.

라캉이 제시한 '봇짐이냐 생명이냐'라는 유명한 예가 보여 주듯, 인간은 자아의 요구와 대타자의 욕망 간의 진퇴양난에 처한 존재로서 기술된다.[126] 한 여행객이 깊은 산속을 지나다가 산적을 만났는데 봇짐을 주든지 목숨을 주든지 한 가지를 선택하라는 요구를 받는다. 이때 여행객은 살기 위해 온갖 궁리를 하여 어떤 길을 선택할지 난감해한다. 그러나 어느 쪽을 택하더라도 생명에 위협을 받기는 마찬가지다. 일단 목숨을 구하기 위해서는 봇짐을 주어야 할 것이다. 그러나 빈털터리로 산중에서 여행을 지속하기란 쉽지 않을 것이다. 주체의 모습도 이와 동일하다. 주체에게 만족을 주는 현실은 없다. 타자의 욕망 앞에서 끊임없이 갈등하게 된다. 주체는 타자가 원하는 것을 할 뿐이다. 그러나 주체가 어떤 선택을 하든지 그것은 타자의 원함을 채워 주지 못한다. 타자는 주체가 어떤 선택을 하든 개의치 않는다. 반면 주체는 어떤 치명적인 손상을 입게 된다. 타자의 욕망에 완전히 응했을 때 자신의 요구는 사라지는 것이고, 자신의 요구만 추구했을 때 타자의 욕망은 끊임없이 자신을 괴롭힐 것이다. 이런 주체의 마음을 표현한 것이 바로 '속이 찬 원'과 '속이 빈 원'이다. 이렇게 언제나 '꽉 찬 구조'를 유지하는 것이 '요구의 구조'

---

126 Jacques Lacan, *Ecrits*, Paris, Seuil, 1966, p.841 참조.

이고, 언제나 '구멍 난 구조'를 유지하는 것이 '욕망의 구조'이다.

라캉이 볼 때 사랑의 유형 제3장르는 자아와 관계하는 것이 아니라 주체와 관계한다. 즉 자아(moi)는 나의 필요나 나의 요구에 의해 누군가를 원할 수 있고 그 누군가에 의해 나의 필요나 요구가 채워진다. 여기에는 부족함이 없다. 부족함이 없는 곳에서는 사랑이 싹트지 않는다. 단지 고용과 의무가 있을 뿐이다. 그러나 무의식의 주체는 타자의 필요에 응해야 한다. 타자는 계속해서 주체에게 무엇인가를 요구하지만 주체는 타자의 요구에 부응할 수 없다. 그래서 주체는 타자 앞에서 타자의 요구에 부응하지 못한 채 늘 긴장된 상태로 남게 된다.

그렇다면 이제 앞서 본 두 원을 동시적으로 살펴보자. 즉 '속이 꽉 찬 원'과 '속이 텅 빈 원'을 동시적으로 고려할 때, 한편으로는 끈으로 꽉 조이면 마치 구멍이 없는 한 점처럼 귀결되는 '원'(1)이 나오고, 다른 한편으로는 안쪽 면과 바깥쪽 면 사이의 구멍으로 계속해서 회전하는 '원'(2)이 나온다. 원 1과 원 2를 동시적으로 관찰해 보자. 첫번째 원은 속이 차 있고 그 구멍은 막혀 있다. 두 번째 원은 속이 비어 있고 그 구멍으로 왕래할 수 있다. 속이 찬 원은 의식에 비유되고, 속이 빈 원은 무의식에 비유된다. 의식과 무의식이 만났을 때 무슨 일이 일어나는가? 라캉은 그 두 원 간의 관계를 다음과 같이 기술한다.

하나는 만원(滿圓)이고, 또 하나는 허원(虛圓)인데, 후자는 욕망과 어떤 관계를 가집니다. 이 두 원들은 환원될 수 없는 두 형태의 고리에 부여하는 기능으로 여러분을 안내하는 것입니다. 왜냐하면 여러분은 연속되어 회전하는 만원과 요구의 모든 원들을 통합하며 일종의 원 고리 안에 있는 허원을 구별해야 하기 때문입니다.[127]

여기서 우리는 속이 찬 원과 속이 빈 원이 만날 때 생기는 두 원 사이의 '접점'을 생각할 수 있다. 간단하게 생각해서 열쇠고리에 열쇠를 끼워 보자. 그러면 열쇠고리 면과 열쇠 면이 만나게 된다. 이 만남 지점을 라캉은 '한 점에 모이는 네 개의 점'이라 부른다. 의식과 무의식이 만날 때 모든 것은 무의식적인 것으로 귀결되면서도 의식적인 것으로 귀결된다. 이 둘은 동시적인 것이 된다. 의식과 무의식을 무 자르듯이 구분할 수는 없다. 의식을 자르면 거기에는 무의식이 묻어나고 무의식을 자르면 거기에는 의식이 묻어난다. 이 둘이 만나는 접점을 그림으로 표현하면 아래와 같다.

어찌 보면 이 그림은 한 점에 모이는 두 개의 점으로 보일 수도 있지만, 분명 한 점에 모이는 네 개의 점이다. 그림에서 보듯이 두 직선이 만나지만, 사실은 네 직선이 만나는 것이다. 정신분석에서 이 점이 갖는 특성은 아주 중요하다. 이는 '도식 L'에서 'a→m' 직선과

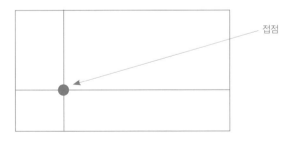

접점

127 Jacques Lacan, *L'identification*, 1962년 3월 7일 강의.

'A→S' 직선이 만나는 지점이다. 이 지점에서 의미가 생성된다. 아래에서 이를 부연해 보자.

환상 방정식과 실재의 사랑
— 헛사랑

영국의 계관 시인 알프레드 테니슨은 『이노크 아아든』[128]에서 삼각관계의 사랑 이야기를 하고 있다. 그는 어느 조그마한 어촌에서 어릴 때부터 함께 자란 이노크, 필립, 그리고 귀여운 소녀 애니 사이의 사랑 관계를 서정적으로 노래하고 있다. 어릴 때부터 이노크는 활달한 성격이고, 필립은 숫기가 부족한 성격이었다. 청년이 되어 남자답고 씩씩한 이노크는 애니와 사랑을 약속한 후, 배를 타고 항해를 떠난다. 그러나 항해 도중에 배가 파선되어 되돌아오기로 한 날이 되어도 그는 오지 않는다. 이노크를 기다리는 애니 곁에서 필립은 더 이상 오지 않는 이노크를 대신하여 애니와 결혼한다. 오랜 세월이 흐른 후 이노크는 고향을 찾아오는데 주막에서 필립과 애니가 함께 산다는 말을 듣고는 견딜 수 없는 감정에 휩싸인다. 하지만 애니가 사는 집을 멀리서 지켜보면서 애니의 행복을 지켜 주고자 결심한다. 그 후 얼마 있다가 이노크는 객사한다. 이 서사시는 삼각관계의 전형을 보여 주는 아름다운 이야기다. 이노크의 애니를 향한 사랑을 어떻게 이해할 수 있을까? 우리는 라캉의 사랑에 대한 제3장르의 유형에서 이 이야기를 이해

---

128 알프레드 테니슨, 이정기 편, 『이노크 아아든』, 서울, 계원출판사, 1979.

하기 위한 실마리를 찾고자 한다.

라캉은 "접점"[129]을 정의하기 위해 오일러의 원을 도입한다. 이 두 원 간에는 세 가지 가능성, 즉 합, 교, 그리고 대칭적 다름이 있다. 두 집합을 가정해 보자. 집합 A는 1, 2, 3, 집합 B는 3, 4, 5라고 가정해 보자.

첫째로, 합의 작동(∨)은 구조적으로 덧셈과 유사하다. 예를 들어, 우리가 분리된 두 원을 결합할 때, A와 B의 합은 '1, 2, 3, 4, 5'이다.

둘째로, 교차 작용(∧)은 또한 곱셈과 유사하다. A와 B의 교집합은 '3'이다.

셋째로, 두 원의 관계에서 교차 영역을 뺀 영역이 있을 수 있다. 라캉은 이 영역을 '대칭적 다름'(différence symétrique), 또는 차집합이라 부른다.[130] A와 B의 차집합은 '1, 2, 4, 5'이다.

두 집합은 더하여 합집합이 되고, 다른 것을 빼고 같은 것만을 남기면 교집합이 된다. 그리고 같은 것만 빼고 다른 것만을 남기면 차집합이 된다. 라캉은 마지막 집합을 '대칭적 다름'이라 부른다. 즉 가운데 부분은 공집합이고, 공집합 좌우는 대칭이 된다. 라캉은 공집합(Ø)의 모양이 마름모꼴을 닮았다고 본다. 그래서 Ø을 ◇로 표현한다.

---

129 Jacques Lacan, *L'identification*, 1962년 4월 11일 강의. 환상 개념은 이해하기 쉬운 것이 아니다. 라캉의 열네 번째 세미나를 참조할 수 있다. 2차 자료로 사용할 책 두 권을 소개하자면 Juan David Nasio, *L'hystérie ou l'enfant magnifique de la psychanalyse*, Paris, Ed. Rivages, 1990 그리고 Juan David Nasio, *Cinq leçons sur la théorie de Jacques Lacan*, Paris, Ed. Rivages, 1992.

130 Jacques Lacan, *L'identification*, 1962년 4월 11일 강의. "대칭적 다름이 뜻하는 것은 교집합의 영역을 나타내는, 제외라고 부를 수 있는 오일러의 두 원 안의 공동 접합 지역을 지칭합니다. 다른 두 원에 관계되는 대칭적 다름은 양자택일 개념이 아닌 범위에서 '또는'을 사용하고, 합집합에서 이 제외 지역을 뺀 영역이 됩니다."

그리고 라캉은 우리에게 마름모의 본질을 보이기 위해 재미난 변형을 제시한다. 1962년 4월 11일 세미나를 보자.

> 만약 오일러가 이 원을 사용하는 대신, 오늘 내가 여러분께 소개할 '나의 거꾸로 된 8'(Mon huit inversé)을 그림으로 표현한다면, 무슨 일이 일어나겠습니까?

'거꾸로 된 8'은 숫자 8에서 위의 동그라미를 아래의 동그라미 안으로 접어 넣은 것이다. '거꾸로 된 8 또는 내부에 있는 8'은 원의 '내부에 다른 원을 가질 수 있는 가능성'이라고 라캉은 말한다. 간단하게 말해 숫자 8은 동그라미가 두 개 겹쳐져 있다. 위의 동그라미를 아래 동그라미 안으로 접어 넣으면 아래 그림과 같이 되는데, 이것을 '거꾸로 된 8'이라고 말하고 좀 더 폭을 좁혀서 말하자면 안에 있는 원을 '거꾸로 된 8'이라고 말할 수 있다.

그러니까 내부에 있는 원인 거꾸로 된 8은 'E¹ 자신을 포함하지 않는 전체' 안에 위치한다. 라캉은 E¹ 자신을 포함하는 전체(E¹)와 E¹을 포함하지 않는 전체(E²)를 같은 방식으로 기술하지 않는다. 외부

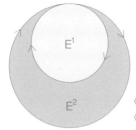

〈E¹: E¹ 자신을 포함하는 전체〉: 욕망의 구조
〈E²: E¹을 포함하지 않는 전체〉: 요구의 구조

의 원(E^2)은 '거꾸로 된 8'에서 외부 원에 해당하고, 내부의 원(E^1)은 외부의 원(E^2)에서 제외된다. E^1은 합집합의 기능에도 기여하지 않고, 교집합 기능에도 사용되지 않으며 또한 외부 원을 반영할 수 없고 차집합 또는 대칭적 다름에 관계된다. 그러니까 두 원 E^1과 E^2 간에는 역설이 존재할 뿐이다. "교차 영역이 두 원이 만나는 지점과 관계된다면, 비영역(non-champ)은 두 원의 만남을 벗어나는 지점과 관계된다."[131] 즉 두 집합의 교집합인 가운데 부분과 두 집합의 차집합인 가운데 부분은 동일한 지점이지만 성격이 다르다. 교집합이 두 원과 관계되는 곳이라면, 차집합은 두 원과 관계되지 않는 곳이다. 외부 원은 내부 원을 한바퀴 회전하여 다시 외부 원으로 이어진다. 그리하여 이 내부 원은 외부 원에 의해 구성되는 경계에 닿는다. 바로 이 경계에 기호형식의 기능이 자리 잡는다. 라캉은 이 경계를 '차이의 자동성'이라 부르고, 이 경계를 설명하기 위해 E^1과 E^2를 도입한다. '차이의 자동성'이란 두 집합이 만나는 지점의 성격인데, '거꾸로 된 8'을 도입하여 만든 E^1과 E^2로 설명된다. 또한 그것은 뫼비우스의 띠처럼 앞면과 뒷면을 끊임없이 회전하는 성질을 갖는다. 여기서 두 집합이란 의식과 무의식, 주체와 대타자 등을 가리키고, 이 두 항이 만나는 지점(경계)의 성격은 E^1과 E^2 또는 뫼비우스의 띠처럼 다른 두 집합(항) 사이를 자동적으로 반복 운동한다.

하지만 E^1과 E^2로 구성되는 '거꾸로 된 8'은 뫼비우스의 띠와 다르다. 뫼비우스의 띠가 뒤틀린 하나의 원이라면, '거꾸로 된 8'은 두 개의 원이다. 뫼비우스의 띠가 앞면과 뒷면의 연속이라면, '거꾸로

---

131 같은 곳, 1962년 4월 11일 강의.

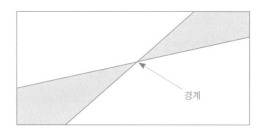

경계

된 8'에서 내부의 원은 외부의 원에 포함되지 않는다. 뫼비우스의 띠가 연속을 말하지만 결여를 보여 주지 못하는 반면, '거꾸로 된 8' 은 연속과 아울러 결여를 동시에 보여 준다. 차이의 자동성에 의해 정의된 도식과 '거꾸로 된 8'로 그려지는 도식은 위와 같이 표현될 수 있다.

그리고 라캉은 경계의 본성에 대해 기술한다. 경계는 스스로를 취하고, 자기 스스로에게 정체화된다. 그것은 외부 원과 내부 원을 분리하는 거리가 된다. 그 경계의 본성은 자신에 대한 어떠한 고찰 도 제외시킨다. 경계는 열리는 순간 닫힌다. 라캉은 크로스 캡(cross cap), 또는 마름모 모양(poinçon)으로 이 경계를 지시한다. 왜냐하면 이것은 논리적 기호 또는 마름모 상징 '〈 , 〉, ∧, ∨'으로 나타나기 때문이다. 마크 다르몽은 마름모(◇)의 기호를 이렇게 설명한다.

만약 두 원들이 주체와 대타자를 표시한다면, 교집합 지역은 대상이 환형 둘레를 어떻게 빠져나갈 것인가를 보여 준다. 바로 이곳에서 교 집합 지역을 설명하는 마름모꼴의 의미를 알 수 있게 된다.

주체와 대타자를 지칭하는 두 원으로 만든 이중 고리는 라캉이 오일러의 원에 대하여 기하학적 변형을 가한 결과이다. 이것은 자신과 다른 시니피앙의 잘림 또는 대상관계를 통해 만들어지는 요구의 잘림을 보여 준다. 결국 이 이중 고리는 요구와 관계된 욕망에 의해 이중화된다. 환형에서의 잘림은 어떠한 대상도 포위하지 않고, 크로스 캡 위에서의 잘림은 이중 고리에 의해, 즉 뫼비우스의 띠 표면에서 생긴 주체 S, 또는 대상 a(오브제 아)의 잘림에서 분리된다.[132]

다르몽에 따르면, 두 원은 각각 주체와 대타자를 지칭한다. 앞서 본 '도식 L'에 따르면, 왼쪽 위의 S와 오른쪽 아래의 A에 해당한다. S와 A를 각각 원으로 간주할 때, S와 A의 교차 지점으로 a→m이 지나간다. 이 지점이 경계이다. 이 지점에서 대상은 S와 A를 빠져나갈 궁리를 한다는 것이다. 여기서 S와 A는 마치 두 개의 톱니바퀴처럼 맞물려 있다. 맞물려 있는 두 지점을 통과하려면 두 바퀴가 회전을 해야 한다. 두 바퀴가 회전하는 틈을 이용하여 대상은 두 바퀴 사이를 빠져나갈 수 있다. 그런데 이때 대상 자체가 아무런 흠집도 없이 통과하지는 않는다. 대상은 바퀴에 눌려서 상처를 입게 된다. 이것이 바로 '잘림'이다. 즉 시니피앙의 잘림이고 요구의 잘림이다.

여기서 말하는 '잘림'은 한편으로는 뫼비우스의 띠와 유사하게 상상할 수 있는 '비대칭적 표면'이고, 또 다른 한편으로는 상상할 수 없는 '대칭적 표면'이다. 경계를 지칭하는 이 잘림 부분에서 마름모의 열림과 닫힘을 관찰하는 것이 중요하다. 조엘 도르는 이 불가능한 점을 "선 밖의 점"[133]이라고 표현했다. 라캉은 수수께끼 같은 경계의

132 Marc Darmon, *Essais sur la topologie lacanienne*, Paris, Ed. de l'association Freudienne, 1990, pp.255-256.

잘림의 본성을 이렇게 설명한다.

잘림의 기능과 그것이 예로서 보여 주는 것은, 그 본성과 기능이 우리에게 완전히 수수께끼 같은 절단면입니다. 우리가 그 표면을 공간에 위치시키기란 어려운 일이며, 그 표면은 내가 방금 거울상에 환원되지 않는다고 말한 그런 특유한 기능으로 나타납니다. 그 표면의 모든 특성을 나타내면서도 그 면은 거울상에 나타나지 않습니다.[134]

잘림은 논리적인 표현일 뿐이다. 무엇이 잘렸는지 그 흔적은 실제로 보이지 않는다. 가령 뫼비우스의 띠를 보자. 앞뒷면의 구분이 있는 듯하지만, 뫼비우스의 띠를 한 바퀴 돌아보면 앞뒷면의 차이는 없다. 그렇기에 칼로 뫼비우스 띠 중간 부분을 자르더라도 앞면이 잘렸는지 뒷면이 잘렸는지 알 수가 없다. 잘리긴 했지만 실제로 어느 부분이 잘렸는지는 알 수 없는 것이다. 설명이 복잡하지만 현실에서 예를 찾아보면 쉽게 이해가 간다.

앞서 프로이트의 '사랑의 유형 Ⅲ'에서 본 한스의 사례를 라캉의 시각으로 보자. 한스가 고추를 자주 만지자 어머니는 혼을 내면서 자꾸만 그런 행동을 하면 의사 선생님께 데려가서 고추를 자르겠다고 말한다. 이 사례에서 잘린 것이 있는가? 실제로 잘린 것은 없다. 그 후로 한스가 고추를 만졌는지는 알 수 없지만 설령 만졌다고 해도 고추는 잘리지 않았을 것이다. 왜냐하면 어머니의 말은 혼내

133 Joël Dor, *Introduction à la lecture de Lacan, tome 2. La structure du sujet*, Paris, De-noël, 1992, p.215.
134 Jacques Lacan, *L'identification*, 1962년 6월 6일 강의.

기 위한 것이지 실제로 그렇게 하겠다는 것은 아니기 때문이다. 그러나 정말 잘린 것은 없는 것일까? 확신할 수 없다. 왜냐하면 한스의 마음에는 어머니의 위협으로 인하여 상처가 생겼을 수 있기 때문이다. 날쌘 말(馬)이 휙 하니 지나가면 남는 것은 땅에 푹 파인 발자국이듯이, 위협적인 말(言)이 지나가면 상처가 남는다. 여기서 한스는 무의식의 주체인 S이다. 위협적인 태도로 발설한 어머니의 말은 A이다. 아이를 위협한 것은 어머니의 말이지, 어머니 자체가 아니라는 점을 기억해야 한다. 아이는 사물로서의 어머니와 기호로서의 어머니를 분리하여 생각할 줄 안다. 즉 몸 자체로서의 어머니와 말로서의 어머니를 분리할 줄 안다. 이렇게 기호의 세계로 들어온 아이는 분열된 주체로서 어머니를 갖는다. 이와 같이 한스는 말로서의 어머니와 소통하는 무의식의 주체로서의 아이이다. 그렇기 때문에 한스는 어머니의 위협적인 말의 개입으로 고추라는 대상을 잃게 된다. 실제로 고추가 잘린 것은 아니지만 고추가 잘리는 아픔을 갖게 된다.

대타자로서 어머니의 말에 따르면 한스의 고추는 잘려야 한다. 왜 어머니는 자기 자식의 고추를 자르려고 하는가? 참 살벌한 모자지간을 보여 주는 표현이다. 우리가 알기로 모자지간은 누구도 방해할 수 없는 근친상간적 사랑의 관계이다. 그런데 왜 어머니는 아들에게 이런 표현을 하는가? 꼭 이 사례에서만 그런 것은 아니다. 어머니는 자식에게 좋은 말을 사용하기도 하지만 그렇지 않은 경우가 많다. 이는 어머니가 자식에게 주는 훈계이다. 우리는 정신분석을 통해 훈계가 지니는 가치에 대해 생각할 수 있게 된다.

고전 문구에는 자식을 위한 부모의 따끔한 충고의 말이 즐비하다. 가령 『구약성서』에는 불륜을 경고하는 아비의 마음을 표현할 때 이런 경구를 사용한다. "사람이 불을 품에 품고서야 어찌 그의 옷이 타지 아니하겠으며 사람이 숯불을 밟고서야 어찌 그의 발이 데지 아니하겠느냐 남의 아내와 통간하는 자도 이와 같을 것이라."[135] 이런 충고는 부모가 자식에게 주는 사랑의 표현으로 볼 수 있다. 훈계하는 대타자로부터 오는 시니피앙을 받아들인 결과 훈계를 듣는 주체가 형성된다. 그러나 말로 표현된 훈계는 말이 사라지면 실재적인 흔적을 남기지 않고 공중으로 사라진다. 바로 위에서 인용한 글에 비추어 볼 때, 아들이 통간을 했다고 해도 옷에 불이 붙거나 발에 화상을 입지는 않는다. 그렇다고 주체에게 아무런 영향이 없는 건 아니다. 아버지의 말은 아들의 마음에 남아서 살아 움직인다. 주체는 그 말로 인하여 반응한다. 설혹 아들이 아버지가 염려하는 그런 상황 가운데 있다면 아버지의 말 때문에 괴로워하며 전전긍긍할 것이다. 아버지의 말이 주체에게 깊은 흔적을 남긴 것이다.

사랑에는 방정식이 있다. 그 사랑은 환상의 방정식에 따라 이루어진다. 환상의 방정식은 의식과 무의식이 결합되어 전개되는 마음의 모습을 묘사한다. '속이 찬 원'과 '속이 빈 원'을 동시적으로 고려한다는 것은, 채워진 요구와 채워지지 않은 욕망을 동시적으로 고려한다는 의미이다. 채워진 듯하지만 채워지지 않은 상태는 어떤 상태를 일컫는가? 이는 역설적인 상태를 보여 준다. 자신을 포함하는 전체(E^1)와 자신(E^1)을 포함하지 않는 전체(E^2)를 동시적으로 생각해

---

135 『구약성서』의 「잠언」 6장 27-29절.

보자. 앞서 본 '거꾸로 된 8'에서 외부의 원은 E^1을 포함하지 않는 전체(E^2)이고, 내부의 원은 자신을 포함하는 전체(E^1)이다. E^1은 '속이 빈 원'이기 때문에 끊임없이 욕망한다. 이는 욕망의 구조다. 하지만 E^2는 '속이 찬 원'이기 때문에 더 이상 욕망하지 않는다. 이는 요구의 구조다. 이렇게 요구의 구조와 욕망의 구조가 동시적으로 표현되는 곳이 바로 '거꾸로 된 8'이다.

'거꾸로 된 8'로서의 원을 사랑의 유형 제3장르에 비유하는 이유는 무엇인가? 주체는 욕망만 하다가 죽는 인간이 아니다. 때로는 채워진 요구로 인하여 잠시나마 행복한 삶을 누린다. 이 행복이 착각의 구조에 속한다고 할지라도 이 구조에 속하는 때가 있다. 그러나 행복하지 않은 순간이 온다. 그렇다고 해서 이 순간이 마냥 불행한 상태만은 아니다. 행복해지기 위한 준비 기간일 수도 있고 행복을 염원하는 단계일 수도 있다. 어쨌든 이런 순간이 있기에 인간은 끊임없이 활동하게 된다. 완전하게 채워진 순간을 맛보기 위해 지금의 결여된 현실을 견뎌야 하는 것이다.

앞서 본 알프레드 테니슨의 『이노크 아아든』을 다시 고려해 보자. 항해를 떠나기 전, 이노크에게는 사랑하는 애인 애니가 있다. 그때는 그것이 모든 것이 채워진 완전한 삶이라 생각된다. 그런데 항해를 떠난 후 이노크는 사고로 오랜 기간 동안 애니 앞에 나타나지 않는다. 이때는 행복을 주었던 대상과 함께하지 못하고 행복했던 순간의 그 행복을 느낄 수 없다. 다만 애니와 함께했던 생활을 떠올리면서 어려운 순간을 넘기고 있었다. 오랜 시간이 흘러 그가 애니 앞에 다시 나타난 순간, 애니는 어릴 적 친구인 필립과 함께 살고 있다. 이노크는 괴로워한다. 행복했던 시절을 떠올리면서 애니와의 관계를 이전처럼 회복할 것인가, 아니면 지금 애니의 행복을 지켜 줄 것인가를 고민한다. 그런데 그가 선택한 것은 애니의 행복을 지켜 주기 위해 그녀 앞에 나서지 않는 것이다. '애니와의 행복이냐, 지금 애니의 행복이냐'에서 이노크가 선택한 것은 현실의 애니의 행복을 지켜 주는 것이었다. 이노크에게 현실이란, 죽음과도 같은 것이다. 왜냐하면 애니는 필립과 함께하고 있고 자신은 그 틈에 끼어들 수가 없기 때문이다. 이런 실재 앞에 이노크가 할 수 있는 것은 실재를 인정하는 것뿐이다. 이 모습이 바로 욕망의 구조와 요구의 구조가 동시적으로 혼재된 상태이고, '속이 찬 원'과 '속이 빈 원'이 만나는 지점이며, '거꾸로 된 8'이 작동되는 시기이다. 자신이 나타나면 애니의 행복은 깨어질 것이고, 가만히 있자니 자신이 죽을 판이다. 결국 이노크는 객사한다. 이것은 무슨 죽음인가? 이노크는 죽음으로써 애니를 대한다. 살아서 대하지 못했던 애니를 죽어서 대한 것이다. 애니가 보는 이노크는 죽은 사람이고, 이노크가 보는 애니는 살아 있는 사람이다. 우리는 이것을 실재의 만남이라고 부를 수 있을 것이다. 단순한 한 사람의 죽음이 아니라 상징적인 세계에 의해 틈이 벌어져 와해된, 실재적인 것의 귀환인 것이다.

'거꾸로 된 8'의 내부 원을 그대로 따라가 보면 외부 원으로 이어진다. 또한 외부 원을 따라가 보면 다시 내부 원으로 이어진다. 이렇게 내부 원과 외부 원은 이어져 있다. 현실도 이런 모습으로 이루어져 있는 것 같다. 완전한 사랑이라고 느끼는 순간, 그 순간이 영원하기를 바라는 마음이 바로 사랑의 제1장르이고(E^2), 영원히 그런 순간이 오지 않을 것 같아 계속해서 욕망하고 갈등하는 순간이 사랑의 제2장르라고 한다면(E¹), 이 둘이 동시적으로 나타날 때의 모습을 사랑의 제3장르로 볼 수 있다(E¹-E²). 이노크에게 영원히 행복할 것 같던 시기가 있었고 또 영원히 회복할 수 없는 현실이 있었던 것처럼, 영원할 것 같으면서도 영원히 부재하는 상황이 이노크 앞에 자리하고 있다. 이것은 이노크가 직면한 실재이다. 실재의 현실을 견디기란 매우 힘들다. 주체에게 실재란, 말로 다가갈 수 없는 죽음과도 같은 곳이다. 실재 앞에 주체는 말 대신 몸을 던질 뿐이다. 이것이 실재 앞에서 하는 주체의 행동이다. 이노크의 죽음은 '실재의 도래'이다.

이와 동일한 맥락에서 프로이트의 『꿈의 해석』 제7장 첫 부분에 나오는 사례를 들어 보자. "내가 불에 타고 있어요. 아빠 안 보여요?" 이 말은 아들이 열병으로 죽은 뒤, 잠든 아버지가 꿈에서 들은 아들의 음성이다. 죽은 아들은 침대 위에 있고, 한 노인이 촛불이 켜진 방에서 그 아들을 지키고 있다. 아버지는 잠깐 눈을 붙인 상태이다. 이때 아버지는 꿈에서 아들의 목소리를 듣는다. "내가 불에 타고 있어요. 아빠 안 보여요?" 이 말을 들은 아버지는 빨리 잠에서 깨어나 아들을 구해야 하지만 잠에서 깨어날 줄을 모른다. 아버지는 꿈에서 아들의 음성을 듣고 있다. 아버지가 잠에서 깬다면 아들과의 대면은 끝이 나고 아들은 사라질 것이며, 아버지가 계속 잠을 잔다면 아들은 계속해서 구해 달라고 소리치며 아버지에게 구호를 요청할 것이다. 이것이 실재로서의 꿈에서 아버지와 아들의 만남이다. 라캉은 『세미나 11』에서 이 사례를 해석하면서 아버지로서의 그 아버지를 제외한 그 누구도 아들의 죽음을 말할 수 없기에 유일한 의식, 언제나 반복되는 행위는 기억할 수 없는 만남을 기념한다고 말한다. 실재에서의 죽음은 반복해서 상징적인 세계로 출몰하는데, 그 출현 방식은 상상적인 세계나 상징적인 세계에서는 불가능한 것이지만 결여된 방식의 만남을 허용한다. 그것은 꿈처럼 실재적인 방식으로 역설적이게 나타난다. 이것이 바로 실재의 귀환, 아들이 다시 돌아오는 방식이다. 그리하여 아버지와 아들의 사랑과 미움이 되풀이되는 것이다. 이렇게 꿈속에서의 사랑, 실재에서의 사랑은 헛사랑이다. 헛사랑이 사랑이 아닌 것은 아니지만 그렇다고 사랑인 것도 아니다.

사랑은 환상이다
─ 여성 동성애자의 슬픈 사랑

　　　　　　　　　　　　주체의 환상적 형태를 전개하기 위해 우리는 '욕망에 대한 전복적 노선'[136]을 검토한다. 이 글에서 라캉은 프로이트의 세 본문[137]을 다루면서 '도식 L'의 'A→S' 관계를 설명한다. 라캉의 글은, 한편으로는 프로이트의 글을 해석하는 방식을 보여 주며, 또 다른 한편으로 구멍 난 대상에 대한 자신의 생각을 보여 준다. 앞서 우리는 프로이트의 '사랑의 유형 Ⅲ'에서 '도라의 경우'를 살피면서 구멍 난 대상에 대해 살펴보았다. 여기서는 프로

136　Jacques Lacan, *La relation d'objet*(Séminaire Ⅳ), *op. cit*, pp.95-147.
137　첫째로 「성적 도착의 기원에 대한 인식에의 공헌, 매 맞는 아이」(1919), 둘째로 「여성 동성애자의 심리 기원에 대하여」(1920), 셋째로 「히스테리에 대한 분석 단편(도라)」(1905).

이트의 사례인 '젊은 동성애자'들의 경우와 연관 지어서 다시 분석해 볼 것이다. 라캉은 프로이트가 분석한 동성애 환자를 다시 분석하면서 환상 방정식 문제를 해결하는 데 성공한다.

우선 「여성 동성애자의 심리 기원에 대하여」에서 프로이트는 우리에게, 고위층의 자녀이며 적어도 열 살 위의 여인을 사랑하는 '18세 소녀의 경우'를 들려준다. 부모는 딸이 그 여자를 만나지 못하게 하지만, "어떠한 금지도, 어떠한 감시도, 소녀가 그 여인이 어디 있는지 찾거나 그녀의 습관을 알아내는 것을 방해하지 못한다. 더욱이 그 소녀는 좀 더 적극적으로, 그 여인의 집 앞이나 전철역에서 기다리거나 그녀에게 꽃을 보내는 것이다."[138] 소녀의 부모는 자기 딸이 또래의 소년들에게 관심을 갖지 않는다는 점은 전혀 고려치 않는다. 어느 날 길거리에서 소녀의 아버지는 그 여인과 동행하는 자기 딸과 마주치고는 노려보면서 지나갔다. "그 즉시 소녀는 동반자의 팔을 뿌리치고는, 난간을 넘어 아래쪽 도시철도 길로 뛰어들었다."[139] 이 일로 소녀는 병원 신세를 지게 된다. "회복된 후, 소녀는 이전보다 더 자기 욕망에 부합하는 상황을 찾게 되었다."[140]

프로이트가 이야기하길, 그 소녀는 갓 태어난 자기 남동생에게 강한 애정을 갖고 있다고 한다. 프로이트는 소녀에게 "어머니가 되어 아이를 갖고 싶어 하는 강한 욕망"[141]이 있다고 해석한다. 잠재되어 있던 소녀의 욕망은 어머니가 아이를 갖게 되자 현실화된다. 여기서 어머니가 갖게 된 아이가 아버지의 아이라는 점이 중요하다.

---

138 Sigmund Freud, *Névrose, psychose et perversion*, Paris, P.U.F., 1973, p.246.
139 같은 곳.
140 같은 곳.
141 같은 책, p.254.

왜냐하면 소녀의 욕망은 아버지에 관한 것이기 때문이다. 그러나 어머니가 아버지의 아이를 갖게 되자 소녀의 욕망에는 충격이 가해진다.

> 남자의 성을 가진 아이를 갖고 싶다는 욕망은 그녀에게 확실히 의식적인 것이 된다. 그것은 아버지의 아이가 되어야 하고 그의 형상을 따라 만들어져야 한다. 그러나 아이를 가진 것은 자신이 아니라, 무의식적으로 그녀가 미워하는 경쟁자인 어머니이다. 기분이 상한 소녀는 분개하고 좁게는 자기 아버지에게, 넓게는 남자에 대한 관심을 거둔다. 첫 번째로 겪은 이 크나큰 실패는 그녀로 하여금 자기의 여성됨을 포기하게 하고, 자신의 리비도를 다른 곳에 돌려 대상을 찾게 했다.[142]

소녀는 아버지의 아이를 갖고 싶어 했으나 정작 아버지의 아이를 가진 것은 어머니다. 이 사실은 소녀에게 큰 충격으로 다가온다. 소녀는 아버지와 남자에 대한 관심을 거두면서 자신의 여성성을 포기한다. 그래서 소녀는 남성의 위치에 서게 된다. 남성의 위치에 서게 된 소녀는 아이를 갖고자 하는 욕망을 지속적으로 간직한다. 이에 대해 프로이트는 다음과 같이 해석한다. "소녀는 남자로서의 역할을 하게 되고 사랑의 대상으로서 어머니를 아버지의 자리에 둔다." 소녀는 남자의 위치에 서서 어머니를 사랑의 대상으로 취한다. 소녀에게 어머니가 문제시되는 이유는 어머니와 양가적 감정의 관계를 맺기 때문이다. 소녀는 어머니와 동성애적 관계로 빠져들게 된

---

142 같은 책, p.256.

다. 소녀가 동성애자가 된다는 것은 아버지를 비롯해 모든 남자를, 어머니를 비롯한 여자들에게 양도하는 것을 의미한다. 이렇게 함으로써 소녀는 어머니와 화해하게 된다. 프로이트의 말을 들어 보자. "동성애자가 되면서, 자기 어머니에게 남자들(아버지를 포함하여)을 양보하게 된 소녀는 그때까지 어머니에 대하여 품었던 미움과 증오의 마음으로부터 탈피하게 된다."[143] 어머니에게 양가감정을 갖고 있던 소녀는 사랑의 관계로 돌아서면서 그 대상으로 어머니를 선택한 것이다. 그러나 현실에서 이것은 불가능하다. 그렇기에 소녀는 어머니와 동일한 성을 가진 다른 여성을 사랑의 대상으로 삼게 된다.

동성애자로서 소녀의 경우를 다시 다루면서, 라캉은 두 가지 요소에 주목한다. 그것은 바로 아버지의 아기를 갖는 데 실패한 것과 자살 시도이다. 라캉은 동성애의 직접적 요인으로 첫 번째 요소를, 그리고 첫 번째 요소의 현상이자 결과로 두 번째 요소를 지적한다.

딸은 아버지에게 매우 공격적이다. 동지처럼 가까운 딸의 애착 대상(아버지)이 딸(의 동성애)을 반대함으로 인해 실망감이 생겨 (딸의) 자살 시도가 발생한다. 관건은 그것(자살 시도)이 반(反)-공격 현상이라는 것이다. 즉 아버지에 맞서는 공격이 주체(딸) 자신에게 발생하여 자살 시도가 된다는 점이다.[144]

자살은 반공격성의 현상이다. 소녀는 욕망의 대상으로서 아버지

---

143 같은 책, p.257.
144 Jacques Lacan, *La relation d'objet*, *op. cit.*, p.106. 필자가 ( ) 안에 설명을 넣었다.

를 취하고 있다. 소녀는 아버지와 아주 밀착된 관계를 유지한다. 그러나 어느 순간 소녀는 아버지로부터 버림받게 되었다고 느끼고 크나큰 실망에 빠진다. 그 결과 소녀는 아버지를 향해 공격적인 태도를 취하다가 곧 적대적인 행동을 거둔다. 아버지에게 내품었던 적대적인 감정은 오히려 소녀 자신에게로 되돌아온다. 되돌아오는 강도는 아주 강하다. 소녀가 처음부터 아버지와 가졌던 친밀감은 친밀감이 붕괴된 이후에 그 강도만큼 역전이 되어 소녀의 내부로 향한다. 그 에너지는 자살 시도에 이용된다. 라캉은 이를 두고 "욕망의 대상에서 기인한 실망이 완전히 위치 전환"[145]되는 것이라 말한다. 여기서 욕망의 대상은 아버지이고, 아버지에게 향했던 욕망은 위치가 전환되어 소녀에게 실망감으로 밀려온다.

라캉에 의하면 소녀가 이렇게 생각하게 된 이유는 아버지의 아이 갖기를 실패했기 때문이다. '근본적 위기' 이후에, 소녀는 사랑의 대상으로 여성을 선택한다. 라캉은 이 관계를 '상징화된 사랑의 관계'라 부른다.

제도, 준거 그리고 봉사 같은 사려 깊고 상징화된 사랑 관계의 가장 높은 수준에서 젊은 소녀와 여인의 관계가 설정됩니다. 이것은 단지 감수하는 태도가 아니라 한편으로 만족을 또 다른 한편으로 불만족을 겨냥하는 사랑입니다. 이 질서 안에서, 대상과의 관계에서 부재의 구성이라는 이상적 사랑은 펼쳐질 수 있습니다.[146]

---

145 같은 책, p.105.
146 같은 책, p.109.

라캉은 동성애 관계에서 구멍 난 대상을 관찰한다. 소녀는 자신에게 아이를 갖게 할 수 있는 대상으로서 아버지를 잃게 되자 자신의 처지를 대체할 수 있는 대상을 찾는다. 이 대체 대상은 아이를 갖게 할 수 있는 아버지를 대상으로 취한다는 면에서는 소녀와 다른 위치에 서 있지만, 소녀가 갖지 않은 것을 갖지 않았다는 점에서는 소녀와 동일한 위치에 서 있다. 그래서 소녀가 찾은 것은 바로 자신의 어머니이다. 소녀에게는 어머니 또한 자신의 결핍처럼 사랑의 대상을 상실한 사람으로 이해된다. 여기서 라캉은 소녀에게도 없지만 어머니에게도 없는 것이 있다고 한다. 그 공통 대상이 바로 '팔루스'(phallus)이다.

> 그 여인에게서 (소녀가) 찾는 것은 그 소녀에게 결여된 무엇입니다. 그녀 저 너머에서 찾는 것은 모든 리비도적 구조의 중심적인 대상 ― 즉 팔루스입니다.[147]

페니스는 일상생활에서는 팔루스와 비슷한 개념으로 사용된다. 즉 남자의 성기와 관련된다. 그러나 라캉식 정신분석에서 페니스는 생물학적이고 해부학적인 의미에서 남자의 성기를 지칭하고 팔루스는 여성에게 부재하는, 여성에게는 거세당하여 없는, 거세당한 남자의 성기를 지칭한다. 그러니까 어머니와 소녀는 모두 거세당하였기에 남자의 성기를 가지지 않는다. 이렇게 갖지 못하였기에 갖고자 하는 성기를 팔루스라고 표현한다. 팔루스라는 대상은 없는 대

---

147 같은 책, p.110.

상이다. 없지만 갈구하는 대상이다. 이 갈구는 소녀만 하는 것이 아니라 소녀가 볼 때 어머니도 하고 있는 갈구이다. 이 대상이 발견되는 것은 오이디푸스 콤플렉스 단계에서다. 유아는 젖을 주는 어머니의 존재로 완전한 상태에 있다. 그러나 어머니는 반복적으로 아이를 떠나 다른 것에 주의를 기울인다. 즉 어머니에게 유아는 전부가 아니라는 것이다. 어머니에게 완전한 상태가 주어지려면 아이 이외에 다른 대상이 필요하다. 그 대상이 바로 팔루스이다. 아이가 생각할 때 어머니는 유아 자신뿐 아니라 팔루스라는 대상이 있어야만 완전한 상태가 된다. 그러나 그 팔루스가 딱히 무엇인지는 알 수 없다. 어떨 때는 아버지가 되기도 하고 어떨 때는 자신의 형제자매가 되기도 하는 등 수많은 대상이 팔루스가 된다. 특정하게 정해진 대상이 아니기 때문에 팔루스를 구멍 난 대상이라고 부른다. 이 대상은 구멍이 나 있기에 신기루처럼 모호하다. 이 대상의 본성은 환상화된 것이다.

프로이트는 소녀의 위치가 전환되어 동성애 구도가 발생하고, 어머니에게 정체화되는 소녀를 발견한다. 그는 소녀가 정체화되는 어머니에게 구멍 난 대상이 있다고 보았다. 하지만 라캉은 이런 정도에 머물지 않고 프로이트식 오이디푸스 콤플렉스를 더 깊이 진전시킨다. 라캉에 따르면 소녀가 16세 때 어머니가 실제로 아이를 낳았으며 이 때문에 소녀는 오이디푸스 콤플렉스 너머로 이행하지 못했다고 해석한다. 오이디푸스 콤플렉스 너머로 이행한다는 것은 아버지를 다른 남자로 대체한다는 것을 뜻한다. 라캉은 이 대체 대상을 팔루스적인 성격을 지닌 대상이라 명명한다. 팔루스적 대상은 앞서 보았듯이 특정한 대상이 아니라 부재하는 대상이다. 이 대상에는 어떤 것이 우연하게 올 수도 있다. 팔루스적 대상이 될 수 있는 사물이 특정적이지 않아도 그 대상의 본성은 동일하다. 바로 자신에게 없기에 타인의 것에서 찾아야 한다는 것이다. 이것이 팔루스적 결여이다. 소녀는 그것을 어머니에게서 찾고 어머니는 또 다른 이에게서 찾는다. 이렇게 팔루스적 대상은 여러 겹으로 쌓인 대상이다. 마치 양파 껍질을 벗기면 또 한 꺼풀의 껍질이 나오듯이 대상의 본성은 동일한 양파지만 또 다른 층위의 양파가 나오는 것과 같다. 그러나 이런 팔루스적 결여를 프로이트가 간과했다는 것이 라캉의 주장이다. 여성 동성애자를 분석하면서 라캉이 프로이트보다 섬세하게 분석했다고 볼 수 있는 것은 바로 팔루스적 결여의 대상으로서 여성 동성애자를 본 데 있다.

앞서 프로이트의 '사랑의 유형 Ⅲ'에서 본 도라의 경우처럼 동성애자로서 소녀의 경우도 은유적 기능이 문제시된다. 도라에게 K씨와 K씨의 부인은 은유이다. 도라는 그녀 자신에게 부재하는 것에 정체화된다. "도라는 어디에 위치해야 하고, 어디에 자신이 존재하며, 무엇에 봉사해야 할지, 사랑이 무엇에 소용이 있는지를 알지 못한다."[148] 도라가 겨냥한 위치는 K씨 부인의 위치이다. K씨의 부인은 "도라가 거주해야 할 곳"뿐 아니라 "이 상황을 인식하지도 깨닫지도 못하고 있다"[149]라는 것을 보여 준다. 그러나 도라는 K씨 부인의 위치에 정체화된다. 왜냐하면 도라가 무의식중에 생각할 때 K씨의 부인은 도라의 아버지가 욕망하는 대상이기 때문이다. 도라는 초자아

---

148 같은 책, p.146.
149 같은 책, pp.141-142.

로 인해 아버지를 직접적으로 욕망하지를 못한다. 그저 K씨 부인의 자리에 와서 그 부인을 욕망하는 아버지를 욕망할 뿐이다. 그래서 도라는 K씨의 부인에게 정체화된다.

그러니까 도라와 아버지는 둘 다 K씨의 부인이라는 하나의 대상에 정체화된다. 이 대상은 무엇인가? "K씨의 부인은 도라의 아버지가 도라 저 너머로 사랑할 수 있는 무엇으로 나타난다. 도라는 이 무엇에 집착한다. 도라는 그것이 무엇인지 모르는 한도 내에서 아버지에 의해 사랑받는 타자 속의 그 누구에게 밀착되어 있다."[150] '이 무엇'이란 무엇인가? 이것은 팔루스이고 라캉은 이것을 환상화된 대상, Φ라 불렀다. 이 대상은 '+, −, +, −' 또는 '〈 , 〉, ∧, ∨'로 표현된다. 이 대상의 본성은 앞서 본 네 점이 만나서 이루는 접점의 본성과도 같다. '〈 , 〉, ∧, ∨'를 합치면 마름모(◇)가 된다. 라캉은 이 마름모를 환상의 방정식을 설명하는 도구로 사용한다. '도식 L'의 'S◇a'에서 보듯이 무의식의 주체와 소타자가 만나는 방식과도 같다. 무의식의 주체는 소타자를 물질적 또는 육적 대상으로 인식하지 않는다. 즉 언어의 세계에 들어선 유아는 어머니의 젖가슴을 빨면서 젖을 단순한 몸의 부분으로 인식하지 않는다. 유아에게 젖은 기호가 된다. 베르나르 베르베르의 소설 속에서 주인공에게 공원의 '비둘기'가 기호로 변형되어 보이다가 정신을 차려 보니 날아가는 비둘기로 보이듯이, 유아는 어머니의 젖이 기호로 변형되어 보이고, 잠시 후에는 또다시 몸의 부분인 젖으로 보이게 된다. 이렇게 몸과 기호 사이를 왔다 갔다 하는 정신현상을 '〈 , 〉, ∧, ∨'

---

150 같은 책, p.141.

로 보고, 이것이 결합되면 ◇로 보는 것이다. 그러니까 ◇의 본성은 '〈, 〉, ∧, ∨'의 결합이다.

　사람들은 예수의 삶을 한마디로 사랑이라고 정의한다. 예수의 삶을 그리는 복음서는 예수와 여인 간의 사랑을 보여 주는 일화를 담고 있다. 『신약성서』의 「누가복음」 10장에는 예수 그리스도와 젊은 여인 마리아, 그녀의 언니 마르다 사이에 벌어진 이야기가 나온다. 예수와 그의 제자들은 여행 중에 마르다의 식사 초대를 받는다. 마르다는 식사 준비에 분주하지만, 마리아는 예수 옆에 앉아 그의 말을 듣고 있다. 이때 동생의 행동을 못마땅하게 생각한 마르다는 예수께 이렇게 말한다. "주여, 내 동생이 나 혼자 일하게 두는 것을 생각지 아니하시나이까? 저를 명하사 나를 도와주라 하소서!"라고 말한다. 이에 예수는 답하길 "마르다야! 마르다야! 네가 많은 일로 염려하고 근심하나 몇 가지만 하든지 혹 한 가지만이라도 족하니라. 마리아는 이 좋은 편을 택하였으니 빼앗기지 아니하리라"라고 말한다. 이것이 대화의 전부다. 일반적으로 이 이야기는 예수의 말씀 듣는 것이 우선이고, 봉사는 그 이후의 일임을 의미하는 것으로 해석된다. 그러나 마광수 교수는 이 이야기를 다르게 해석한다. "나는 마리아와 예수의 관계를 단순히 진리의 말을 전하고 듣는 스승과 제자 사이로서가 아니라, 30대 초반의 젊은 남자와 20대의 젊은 처녀 사이에 오간 이성 간의 교류 관계로 보고 싶다."[151] 전통적으로 신학에서는 예수를 완전한 신이면서 완전한 인간으로 본다. 마광수 교수의 견해처럼 완전한 인간으로서 예수가 자신을 따르는 제자인 젊

151　마광수, 『사랑의 다른 기술』, 서울, 여원, 1992, p.33.

은 여인을 사랑한다는 것에 동의하기는 어려운 일이 아니다.

하지만 우리는 이런 해석에 만족하지 않는다. 우리가 지금까지 살펴보았듯이 사랑에는 제1장르, 제2장르, 제3장르의 유형이 있는데, 우리가 다루는 예수와 마리아의 관계는 제3장르의 유형에서 살펴볼 수 있을 것이다. 예수는 여인을 진리로 이끌고자 하고, 여인은 예수를 통해 진리를 보고자 하기 때문이다. 이렇게 상호적인 작용이 발생하여 이루어지는 사랑에는 사랑의 대상이 없다. 예수가 여인의 몸을 겨냥하지도 않고 여인 또한 예수의 몸을 겨냥하지 않는다. 또한 이들이 겨냥하는 것은 기호로서 설명할 수 없는 어떤 것이다. 라캉이 이를 대상 a라고 표현하듯이, 이들 간에는 대상 a가 자리하고 있다. 여인이 겨냥하는 것은 무엇이며, 예수가 겨냥하는 것은 무엇인가? 이 둘 간에는 하나의 대상이 있을 수도, 둘 이상의 대상이 있을 수도 있다. 그러나 이 대상은 우리의 눈에 보이는 것과는 다른 성격의 대상이다. 팔루스가 어떤 가시적 대상을 대체한 가시적 대상이라면, 대상 a는 욕망을 일으키는 원인이 되기도 하고 욕망의 대상이 되기도 하며, 어떤 이에게는 평범한 사물이지만 어떤 이에게는 주체를 실재와 대면하게도 한다.

이런 면에서 여인과 예수가 사랑한 것은 서로의 몸이나 기호라기보다 또 다른 차원의 것으로 볼 수 있다. 그것이 무엇인지를 살펴보기 위해 예수와 관련된 또 하나의 이야기를 보자.

『신약성서』의 「요한복음」 12장에는 값진 향유를 예수의 발에 붓고는 정성스럽게 자신의 머리칼로 닦는 한 여인의 모습이 나온다. 주위에 있던 사람들은 이렇게 값비싼 것을 판다면 가난한 사람들을 도울 수 있을 것이라면서 여인의 행동이 무모한 짓이라고 비난한다. 그러나 예수는 여인이 자신을 기념하고 있다고 말한다. 즉 곧 죽음에 처하게 될 예수의 장례를 기념하고 있다는 것이다. "저를 가만 두어 나의 장사할 날을 위하여 이를 두게 하라. 가난한 자들은 항상 너희와 함께 있거니와 나는 항상 있지 아니하리라." 예수 자신을 사랑하는 한 여인의 행동에 대해 예수는 비난하지 않는다. 일반적으로 예수는 부자보다는 가난한 자의 편에서 서서 말씀하시고 이웃에 대한 희생을 강조한 분임에도 말이다.

그러나 마광수 교수는 남녀 간의 사랑 문제는 가난한 자에 대한 연민이나 이웃에 대한 봉사보다도 훨씬 소중한 가치를 담고 있다고 예수의 사랑론을 정리하고 있다. 그러면서 마 교수는 "예수가 말하는 하나님의 진리란 다름 아닌 사랑이고, 사랑에만 의지하면 먹는 일, 입는 일 등은 아무 걱정할 것이 없다는 의미이다"[152]라고 평가한다. 우리는 마광수 교수의 입장 또한 평범한 사랑에 관한 해석이라고 본다. 가난한 자에게 모든 것을 나누어 주라고 말한 바 있는 예수이기 때문에 예수가 이 여인의 행위를 인정한다는 것은 이례적인 일이다.

예수는 여기서 사랑을 이야기하기보다 죽음을 이야기한다. 여인의 행동이 자신의 죽음을 미리 기념하고 있다는 것이다. 여인의 행동은 예수를 향한 사랑의 표현이지만, 더 정확하게 말하면 예수의 죽음을 향한 사랑의 표현이다. 죽음은 말로써 표현할 수 없는 것이다. 그래서 여인은 죽음이라는 실재에 향유를 붓는다. 예수의 죽음

---

152 같은 책, p.34.

은 실재에서의 죽음이다. 누구도 이 실재에 동참할 수는 없다. 오직 죽음을 통해서만 가능하다. 그러나 여인은 살아 있고 이 실재의 죽음에 가장 값진 것으로 동참하고 있다. 향유 붓는 행위에는 사랑할 수도 사랑하지 않을 수도 없는 여인의 심정이 담겨 있다. 예수를 따라 죽을 수 없는, 지극히 승화된 모습이 담겨 있는 것이다. 이런 여인의 사랑은 실재에 대한 사랑, 실재의 죽음에 대한 사랑이다. 이 여인의 행위에 이어 예수의 십자가에서의 죽음은 실재적인 것이다. 성경에서는 실재적인 죽음의 대상, 즉 십자가에서 죽게 될 예수의 죽음의 대상은 '모든 이'가 된다고 바울은 말하고 있다.[153]

> 한 사람이 모든 사람을 대신하여 죽었은즉 …. (「고린도후서」 5:14)
> 저가 모든 사람을 대신하여 죽으심은 …. (「고린도후서」 5:15)

이렇게 숭고한 사랑이 겨냥하는 대상은 '모든 것'이다. 여기서 '모든 것'이란 자신을 제외한 전부를 말한다. 그러나 주어 자신이 포함되지 않는 모든 것은 모든 것, 전부가 될 수 없다. 그것은 전체에서 하나가 결여된 전체일 뿐이다. 이처럼 완전한 대상은 없다. 완전한 것을 추구할지라도 거기에는 늘 결여가 내재되어 있다. 라캉의 대상 개념은 이렇게 결여의 대상에 있다. 하나가 결여되어 있기에 이 하나가 부재한 곳에서 욕망은 작동된다. 고은 시인은 '욕망'을 제목으로 한 글 한 편을 남긴다.[154]

---

153 「고린도후서」 5장 14절 "그리스도의 사랑이 우리를 강권하시는도다. 우리가 생각건대 한 사람이 모든 사람을 대신하여 죽었은즉 모든 사람이 죽은 것이라." 「고린도후서」 5장 15절 "저가 모든 사람을 대신하여 죽으심은 산 자들로 하여금 다시는 저희 자신을 위하여 살지 않고 오직 저희를 대신하여 죽었다가 다시 사신 자를 위하여 살게 하려 함이니라."

욕망으로 더욱 가난해진다.

욕망으로 더욱 풍부해진다.

욕망이란 무덤 아니고는 어디에도 파묻을 곳이 없다.

시의 내용으로 볼 때 고은이 말하는 '욕망'은 '욕심'에 가까울 듯하다. 이것은 라캉에게 '요구의 구조'인 '속이 찬 원'에 해당한다고 볼 수 있다. 그런 의미에서, 욕심을 무덤에 파묻는다고 그것이 사라질까? 욕심을 지닌 자가 무덤에서 잠든다고 그것이 사라질까? 아마도 그럴 수 있을 것이다. 하지만 라캉이 말하는 욕망은 '속이 빈 원'에 해당한다. 그것은 완전하게 채워지지 않기에 비록 무덤에서 잠을 잘지라도 뫼비우스의 띠를 맴돌고, 또한 E^1과 E^2를 질주한다. 예수의 발에 향유를 부은 여인의 욕망이 지금도 우리에게 전해지듯이, 욕망은 무덤에도 문자에도 감금되지 않고 나돌아 다닌다. 그래서 어떤 이를 만나면 그와 함께 욕망을 추구한다. 이처럼 실재의 사랑은 상징계에서 만족을 얻지 못하고 실재에 기거하면서 '타자의 욕망'이 되어 주체에게 온다. 실재의 사랑은 주체로 하여금 계속해서 욕망하게 한다. 모든 것이 채워지는 순간까지 실재의 사랑은 영원히 작동하게 된다. 이것은 바로 앞에서 본 차집합, 대칭적 가름, 거꾸로된 8, 환상 방정식 등으로 설명이 가능하다. 앞의 내용을 다시금 상기하면 좋을 것이다.

154 고은, 『개념의 숲』, 서울, 신원문화사, 2009, p.66.

사랑에도 불안이 스며든다
─ 무의식적 주체와 불안

라캉은 아홉 번째 세미나 '정체화'에서 주체의 탄생을 가르친 후, '불안'이라는 주제로 열 번째 세미나를 연다. 라캉은 자신의 불안을 키르케고르의 '불안'(l'angoisse), 사르트르의 '진정한 정신'(l'Esprit de sérieux), 하이데거의 '근심'(le souci)과 구별하면서, 프로이트가 『억압, 증상 그리고 불안』에서 말한 불안의 본질적 개념을 뽑아낸다. 라캉은 주체가 불안해하는 이유를 "타자가 갖고 있는 욕망"[155] 때문이라고 정의한다. 이 불안은 키르케고르 또는 토마스 아퀴나스가 끌어낸 결과와 일치하지 않는다. 헤겔이 말하는 욕망에 대한 욕망은 주체의 소환에 응답하는 욕망에 대한 욕망이다. 반대로, 라캉이 말하는 대타자에 대한 욕망은, 그가 i(a)로 표기하듯 욕망의 매개인 실재 영상이 갖고 있는 욕망, 다시 말해 영상을 통해 전달되는 대타자가 가지는 욕망을 뜻한다. 무의식의 주체는 대타자의 욕망과 관계를 맺는다.

사람의 욕망은 대타자의 욕망입니다.[156]

결국 라캉은 욕망에는 전복이 있다고 말한다. 나의 욕망은 내가 하는 것이 아니라, 타인이 나에게 강제하는 욕망이라는 것이다. 그

---

155 Jacques Lacan, *L'angoisse*(Séminaire X, 1962-1963), 1962년 11월 21일 강의. Gérôme Taillandier, "Présentation du séminaire de J. Lacan sur l'angoisse," in *Esquisses psychanalytiques*, 1987, n° 7 참조.

156 같은 곳. 1962년 11월 21일 강의. 다시 부연하자면, 사람이 갖는 욕망은 바로 대타자가 갖는 욕망이다. 즉 욕망의 주체는 대타자이다.

런 의미에서 라캉의 유명한 선언인 '욕망의 전복'이 등장한다. 욕망은 불안과 밀접한 관계가 있다. 발자크는 '나귀 가죽'을 매개로 인간의 욕망과 그에 따른 불안을 그려 낸다. 발자크는 소설 『나귀 가죽』에서 도박으로 재산을 탕진한 라파엘이 자살을 결심한 상황에서 읽게 된 특이한 '문구'를 소개한다. 이 문구는 골동품 가게에서 발견한 '나귀 가죽'에 새겨져 있는데, 산스크리트어(또는 아랍어)로 쓰인 그 문구에 따르면, 그 '나귀 가죽'을 소유하면 원하는 것은 다 이룰 수 있지만, 이룬 만큼 운명이 단축된다.[157]

이 조건을 받아들인 라파엘은 용기를 내어 결단하고 나귀 가죽을 얻게 된다. 골동품 가게에 진열된 '나귀 가죽' 문구에 불과하지만, 신기하게도 라파엘은 그 '문구'로 인해 자살하고자 하는 마음을 거두고 살려는 의지를 갖게 된다. 하지만 그는 이룬 만큼 잃게 된다는 원리에 순응해야 한다. 따라서 라파엘은 욕망하는 만큼 불안에 직면한다. 라파엘이 추구하는 것이 욕심일 수도 있고 욕망일 수도 있는데, 불안이 동반된다는 면에서 '욕망의 구조,' '속이 빈 원'에 해당한다. 이런 면에서 라파엘로 하여금 욕망하게 만드는 그 '문구'는 '대타자의 욕망'을 담고 있다고 볼 수 있다. '이룰 수 있다'는 문구에만 꽂혀 있을 때는 알지 못했지만 차츰 그 다음의 문구도 생각하게 되면서 그는 욕망에 따르는 불안에 처하게 된다. 이 모습은 앞서 보았듯이 마치 '봇짐이냐 생명이냐'를 강요받은 여행객의 모습과도 같다. 이처럼 주체는 자아의 요구와 대타자의 욕망 간의 진퇴양난에 처한 채 불안해하는 존재이다. 또한 주체는 '속이 찬 원'과 '속이 빈

157 오노레 드 발자크, 이철의 옮김, 『나귀 가죽』, 서울, 문학동네, 2010, pp.69-70.

원' 사이에서, '요구의 구조'와 '욕망의 구조' 사이에서 불안해하는 존재이다. 이 불안을 제거하기 위해 필요한 것은 무엇인가? 불안을 설명하기 위해 라캉은 두 기호 i(a)와 Φ[158]를 설명한다.

첫 번째 기호 i(a)는 실재 영상을 의미한다. 여기서 a는 소타자의 약자이고, i는 이미지(image)의 약자이다. 실재 영상은 허구 영상 i′(a)와 구분된다. 두 번째 기호 Φ는 팔루스를 의미한다. 이는 상상의 단계에 나타나지 않는 그 무엇이고, 거울상의 영상으로부터도 잘리고 단절된 것이다. 즉 그것은 "대상 a가 부재하는 자리에 나타난다"[159]라고 라캉은 말한다. 거울에 나타나지 않는 팔루스는 욕망을 일으키는 대상 a가 부재하는 곳에 나타난다. 앞서 보았듯이 팔루스는 환상화된 대상, 부재하는 대상, 없지만 있는 대상이다. 라캉은 대상 a의 본질을 정의하고, 실재 영상과 허구 영상 간의 알력을 설명한다.

환상 안에서 욕망의 매개인 대상 a는 사람에게 욕망의 영상을 구성하는 것 속에서 보이는 것이 아닙니다. 대상 a의 나타남, 이것은 욕망의 시작(Initium)입니다. 바로 여기에서 허구 영상 i′(a)는 환각을 얻습니다. 그러나 인간이 자기 욕망의 대상이 있다고 믿는 것에 접근할수록 그는 이 욕망의 대상 안에서 거울상의 영상을 묘사하는 것으로부터 우회하고 탈선합니다.[160]

라캉은 우리가 욕망하는 대상에 가까이 갈수록 그것으로부터 더

---

158 같은 책, 1963년 7월 3일 강의 참조.
159 같은 책, 1963년 1월 16일 강의.
160 같은 책, 1962년 11월 28일 강의.

멀어진다고 말한다. 이를 '욕망의 대상으로부터의 탈선'이라고 표현할 수 있다. 여기서 불안이 등장한다. 앞서 보았듯이 동성애자로서 소녀가 동성애의 대상으로서 어머니에게 가까이 가는 길에 불안이 등장한다. 그 결과는 자살 시도로 이어진다. 도라가 K씨의 부인에게 가까이 갈 때도 불안이 등장한다. 그 결과 신경증적 기침은 심해진다. 이렇게 사랑의 대상은 주체에게 행복과 만족을 주기보다는 불안을 가져다준다. 왜냐하면 사랑의 대상은 고정된 것이 아니기 때문이다. 사랑의 대상은 팔루스처럼 부재하며, 없는 것 같지만 있는 것이기 때문이다. 도라가 아버지에게 가려면 K씨의 부인을 거쳐 가야 하기에, 한편으로 동성애적 대상을 사랑해야 한다는 사회적 불안이 등장하고, 다른 한편으로 도라가 사랑하는 참사랑의 대상은 K씨의 부인이 아니기에 불안이 등장한다.

마찬가지로 동성애자 소녀가 사랑하는 대상은 아버지인데, 그 대상을 취할 수 없게 되자 우회 노선을 택한다. 즉 어머니를 거쳐 아버지에게 가고자 한다. 그러나 소녀가 어머니를 사랑의 대상으로 택하게 되면 동성애자가 되므로 한편으로 사회적 시선에 의해 불안이 등장하고, 또 다른 한편으로 동성애의 대상으로서 어머니가 자신이 욕망하는 참사랑의 대상이 아니기 때문에 불안이 등장한다.

주체가 미궁에 빠지면 대상 a와 불안 간에는 어떤 관계가 생기는가? 주체의 자리는 어디인가? 라캉은 프로이트가 『꿈의 해석』에서 분석했던 것처럼 독일어 Unheimlichkeit를 분석한다. 'heim'은 집 또는 국가를 뜻한다. "사람은 대타자 안에 위치한 한 지점에서 자기 집을 발견한다. 그 이미지 너머에서 우리는 만들어지며, 이 자리는 우리가 존재하는 곳으로서 부재를 묘사한다."[161] 그 지점은 "욕망의 지점 또는 불안의 지점"[162]이라 불리는 대상 a이다. 우리는 대상 a를 육안으로 볼 수 없다. 두 눈과 구분 지으면서, 라캉은 '제로 지점'이라 불리는 "제3의 눈, 환상"[163]을 기술한다. 제3의 눈은 대타자의 단계에 있고, 결함은 무의식의 영역에 있다. 라캉은 어머니와 아기의 관계로 대상 a의 본성을 설명한다.

어머니의 신체 구조는 우리에게 대상 a가 아이의 기관에서 분리된 대상임을 보여 주는 인체학에 대한 고찰로 구조화된 것입니다. 이 단계에서 어머니와의 관계는, 대상 a가 분리되는 기관적 전체성과의 관계에 의해 고립되고 묘사되는 본질적인 관계입니다. 이 대상으로부터 고립된 것과 같이 어머니와의 이 관계, 부재와의 관계는 욕망의 관계 안에서 가능한 것처럼 부분적 대상과의 분별이 작용하는 자리 너머에 위치합니다.[164]

대상 a는 유아에게 어머니의 신체 일부분이다. 그것은 어머니의 젖이나 입술일 수 있고 손일 수도 있다. 처음에 유아는 어머니의 젖이 어머니 전체라고 파악한다. 어머니의 입술이, 어머니의 손이 어머니 그 자체라고 생각하기도 한다. 그래서 아이는 어머니의 전체를 의미하는 그 대상에 사로잡혀 고립된다. 그러나 차츰 이 대상이 어머니 신체의 일부분임을 깨닫고는 그 대상으로부터 분리된다. 유

---

161 같은 책, 1962년 12월 5일 강의.
162 같은 곳.
163 같은 책, 1963년 5월 15일 강의.
164 같은 곳.

아는 어머니의 젖, 입술, 손으로부터 소외된다. 소외된 것은 유아에게 기호가 된다. 유아는 전체로서 어머니를 표상하는 대상으로부터 분리된 후 그것을 욕망한다. 유아는 어머니와 분리되기 전에 어머니가 갖고 있는 대상과 완전한 합일을 이루지만, 이제는 그 합일을 이루어 낼 수 없다. 왜냐하면 이제 그 대상이 어머니 전체를 표상한다고 믿지 않기 때문이다. 그래서 그 대상이 자신에게 오면 불안을 느끼게 된다. 불완전한 부분 대상이 주는 것은 불완전한 행복이기 때문에 불안하다. 라캉은 임상에서 얻은 대상 a를 승격하여 대상 a를 철학적 전통 안에 도입한다.

> 변증법의 잔류로 작용하는 대상 a를 정의하기 위해서는 그것을 예전과 다르고 우리가 아는 것과도 다른 욕망의 분야 안에서 취급해야 합니다. 즉 넓게 보아서 시각 범위 안에서 떠오르는 어떤 단절이고, 전통적인 철학으로 이미 자리매김하고, 의식의 틀 아래서 칸트에 의해 결합된 근본적 확신이라는 특성을 되찾는 곳이 바로 이 대상입니다. 우선 대상 a라는 틀은 정언적 명령의 형식 아래 지금까지 수수께끼같이 나타나는 것을 자리매김할 수 있도록 우리에게 허락합니다.[165]

유아는 어머니가 갖고 있는 부분 대상과 변증법적 놀이를 한다. 불완전한 부분 대상이 자신에게 올 때, 그리고 그 대상이 자신으로부터 멀어질 때, 아이는 반응한다. 그것이 올 때는 불완전한 것이 오기에 완전한 사랑을 줄 수 없을 것이라는 불안감을 느끼게 된다. 그

---

165 같은 곳.

것이 되돌아갈 때는 다시 그 대상이 자신에게 오도록 욕망한다. 불안은 대상 *a* 앞의 불안이다. 불안은 향락의 신호이자, 오르가즘의 신호로 이해된다. 불안이 등장한다는 것은 (욕망의 주체가 사망했다는 측면에서) 향락에 근접했음을 뜻한다.

대상 *a*의 출현에서, 아이를 불안하게 하는 것은 어머니 젖의 부재가 아니라 그것의 다가옴이다. 초기에 라캉은 그것을 대타자의 욕망(le désir de l'Autre)으로 표현하고, 나중에는 대타자의 욕망의 부재라고 강연한다. 이렇게 라캉의 불안 개념은 세미나 '불안'에서 내용의 변화를 겪는다. 대타자의 욕망 안에는 신비가 있다. 라캉이 환상을 무의식의 주체와 대상 *a* 간의 관계로 이해하듯이, 그는 대상의 있음과 그것의 부재 간에 상관성을 발견한다. 라캉은 그것을 상호 관계적인(interrelatif) 구멍으로 묘사한다. '도식 L'에서 무의식의 주체와 소타자 간의 관계(S◇a)에는 불안이 스며 있다. 불안을 일으키는 요인은 언제나 대상 *a*이다. 대상 *a*는 규정될 수 없고 언제나 관계 속에서 해석되며, 상징을 통해서만 그 모습을 보인다. 라캉은 향락, 욕망, 그리고 불안에 관한 아름다운 문장을 이렇게 남기고 있다.

향락에 욕망이 부재(béance)하다는 것은 향락과 욕망 간에 발생하는 불안이 자리함을 의미합니다.[166]

주체가 불안을 겪은 결과 "구멍투성이"[167]의 실재적인 것(le réel)이 드러난다. 불안에 떠는 주체와 대상 *a*에 의해 구멍 난 실재는 끊

---

166 같은 책, 1963년 3월 13일 강의.
167 같은 곳.

임없이 관계를 맺는다. 이런 맥락에서 롤랑 바르트는 "사랑하는 사람은 사랑의 대상을 아토포스로 인지한다"[168]고 말한다. 아토포스(atopos)란 어떤 장소에 고정될 수 없고 정체를 헤아릴 수도 없는 것을 뜻한다. 아토포스는 유일하고 독특한 이미지이다. 그래서 분류될 수 없다. 라캉은 『세미나 8』에서 『향연』을 분석하는 가운데, 아갈마(agalma)와 아토포스(atopos → utopia)를 설명하는데, 라캉식 대상 a는 이 두 희랍어의 첫 글자를 따서 라캉이 고안한 개념어이다. 계속해서 바르트는 말하길, "분류될 수 없는 그 사람은 언어를 흔들리게 한다. 어느 누구도 그 사람에 대해, 그 사람에 관해 말할 수 없다. 모든 수식어는 거짓이며 고통스럽고 잘못된 것이며 추잡스러운 것이다. 그 사람은 무어라 특징지을 수 없다(아마도 이것이 아토포스의 진짜 의미인지도 모른다)."[169]

고정되지도 않고 분류되지도 않는다면 사랑하는 사람과 사랑받는 대상의 관계는 어떻게 설명될 수 있는가? 바르트는 "독창성의 진짜 처소는 그 사람도 아니고 나 자신도 아니고, 바로 우리 관계"[170]라고 말한다. 상투적인 수식어를 모두 벗어 버리고 독창적인 관계를 유지하는 것이 바로 사랑의 유형 제3장르이다. 어떤 고정된 자리도 없고, 내려진 결론도 없고, 담론도 부재하는 곳이 바로 나와 너의 관계이다.

채호기는 「지독한 사랑」[171] 첫 부분에서

168 롤랑 바르트, 김희영 옮김, 『사랑의 단상』, 동문선, 2004, p.60.
169 같은 책, p.62.
170 같은 곳.
171 채호기, 『지독한 사랑』, 서울, 문학과지성사, 1992, p.61.

기차의 육중한 몸체가 순식간에 그대 몸을 덮쳐누르듯
　　레일처럼 길게 드러눕는 내 몸

이라고 읊고 있다. 즉 그대 몸과 내 몸이 합쳐진다는 의미다. 그다음
행에서 시인은

　　바퀴와 레일이 부딪쳐 피워 내는 불꽃같이
　　내 몸과 그대의 몸이
　　부딪치며 일으키는 짧은 불꽃

이라고 말한다. 기차 바퀴와 레일이 만나듯 내 몸과 그대 몸이 만나
는 것을 그리고 있다. '내 몸=그대 몸'이 '기차 바퀴=레일'과 충돌하
는 심각한 상태를 두고 세 번째 행에서는

　　이 지독한 사랑

이라고 말하고 있다. '내 몸=그대 몸'은 실재적인 사랑이다. 상징적
인 질서에서는 가능하지 않은 사랑이다. 몸과 기차의 충돌은 산산
이 조각나는 파멸이다. 시인이 말하는 지독한 사랑은 어느 한쪽만
의 수동적인 데 있지 않다. 지독한 사랑은 상호적이다. 사랑이 그 둘
을 죽음으로 이끈다고 해도 이때의 죽음은 쌍방의 죽음이다. 마치
줄리엣의 죽음을 보고 로미오가 죽음을 택했듯이 말이다.
　　이 시의 마지막 부분에서 시인은 상호적인 사랑이 무엇인지를 우

리에게 밝히고 있다.

내 자궁 속에 그대 주검을 묻듯
그대 자궁 속에 내 주검을 묻네

화자(話者)는 내 몸과 타자의 몸이 하나가 되는, 역동적이며 치열한 하나 되기 과정을 죽음에서 보고 있다. 자궁은 생명을 말한다. 생명 속에 죽음을 묻는다. 죽음은 다시 생명이 된다. 이렇게 실재적인 질서 속에서 생명과 죽음은 정체화된다. 이 말은 거듭나려면, 즉 새롭게 태어나려면 어머니의 모태로 다시 들어가야 되느냐고 질문한 니고데모의 이야기를 상기하게 한다. 「요한복음」 3장에서 예수는 사람들의 눈을 피해 밤에 자신을 찾아온 니고데모에게 하나님 나라를 보려면 거듭나야 한다고 말한다. 니고데모는 거듭난다는 말을 모태로 다시 들어가야 한다는 말로 이해한다. 그러나 예수는 물과 성령으로 나지 않으면 하나님 나라에 들어갈 수 없다고 말한다.

채호기는 니고데모와 같은 주장을 하고 있다. 그 주장, 즉 모태회귀설은 마광수가 주장한 내용이기도 하다. 마광수 교수는 여성으로부터 태어난 남성에게서 자궁회귀본능(子宮回歸本能)[172]을 더 많이 발견한다고 말한다. 남성 화자인 채호기는 자궁을 갖지 않았기에 자

---

172 마광수, 『자궁 속으로』, 서울, 사회평론, 1998 참조. 이 소설에서 마광수는 '자궁회귀본능'을 심리적 모티브로 삼아 한 남성이 한 여성에게 바치는 긴 세월 동안의 사랑 이야기를 그려 나가고 있다. 소설의 주인공은 모성에 대한 그리움과 모성으로부터의 탈출 욕구 사이에서 갈등하며 자유로운 삶과 자유로운 사랑을 꿈꾼다. 자궁 속으로 돌아가 숨고 싶은 우울한 시대에 자궁 속 같은 포근함과 애틋함을 맛보게 해 주는 소설이다. 한편으로 이 소설은 모성에 대한 양가감정을 그리고 있고, 다른 한편으로 모국에 대한 양가감정을 표현하기도 한다.

궁회귀본능을 더 강하게 나타낸다고 볼 수 있다. 장석주 또한 『비극적 상상력』에서 장정일의 『햄버거에 대한 명상』을 분석하면서 그가 사용하는 시어(詩語) "무덤, 지하도, 물속 세계로의 도피, 하강, 침잠은 정신분석학의 입장에서 보면 모태회귀본능의 표현이다"[173]라고 분석한다. 사랑의 대상이 고정되지도 않고 분류되지도 않는다면 사랑하는 사람과 사랑받는 대상의 관계는 상호적인 관계일 수밖에 없다. 사랑의 상호성은 사랑의 신비를 접해 본 사람이라면 그 표현 방식이 어떠하든지 간에 존재하지만 존재하지 않는 것처럼, 존재하지 않지만 존재하는 것처럼 표현하고 말한다.

사랑의 유형 제3장르는 실재적인 것에 근거한다

'사랑의 유형 제1장르: 상상계의 첫사랑'과 '사랑의 유형 제2장르: 상징계의 첫사랑'에 대해 요약하면서, 그리고 '사랑의 유형 제3장르: 실재계의 첫사랑'을 소개하면서 우리는 '속이 찬 원'과 '속이 빈 원'이라는 두 가지 원을 보았다. 전자는 홀라후프의 표면을 스쳐 지나고, 후자는 그것에 접촉되지 않는다.

우선, 우리는 이 홀라후프를 '상상적 측면'과의 관계에서 이해한다. 원환면의 안쪽 표면과 바깥 표면을 끈으로 조이면 두 면은 한곳으로 모여 매듭이 된다. 상상적인 것에서는 이 매듭이 완전히 봉합

173 장석주, 『비극적 상상력』, 서울, 청하, 1989, p.41.

된 것으로 간주된다. 그래서 이 지점에서는 결여로 생기는 욕망이 거론되지 않고, 오히려 충만을 추구하는 요구가 쟁점 사항이 된다.

그리고 우리는 이 홀라후프를 '상징적 측면'과의 관계에서 이해한다. 즉 홀라후프를 이용해 만든 매듭에 구멍이 있다는 점을 주목한다. 이 구멍으로 대상 a가 넘나들고 대상 a는 욕망의 원천이 된다. 이 구멍은 열렸다 닫혔다 하면서 욕망을 일으키는 대상을 통과시켰다가 저지하기도 한다. 이 구멍을 통과한 대상이 다시금 이 구멍을 통과하고자 행위를 반복하면서 회전 운동이 재개된다. 그 회전은 '속이 빈 원'이 무의식에서 유래한다는 의미에서 '-1'로 표시된다.

마지막으로 '실재적 측면'을 이해하기 위해서는 두 원 간의 교차 관계를 이해해야 한다. 라캉은 접점을 '한 점에 모이는 네 개의 정점'이라고 부른다. 접점의 성격을 표현하기 위해, 우리는 두 원 사이에 생길 수 있는 세 개의 위치를 공부했다. 합집합, 교집합, 그리고 대칭적 다름이 그것이었다. 주체와 대타자를 지시하는 두 원이 만나는 지점을 경계라고 불렀고, 그 경계 지점을 '내부의 8 또는 거꾸로 된 8'이라 불렀다. 두 원이 만나는 경계의 본성은 열리는 순간 닫히는 것이다. 라캉은 이를 '크로스 캡' 또는 '마름모'로 표현한다. 여기에는 두 개의 표면이 있다. 뫼비우스의 띠와 유사한 비대칭적인 표면, 그리고 생각할 수 없는 대칭적 표면이 바로 그것이다. 첫 번째 표면에서 마름모의 열림과 두 번째 표면에서 그것의 닫힘은 주체가 마름모라는 상징으로 표시된 대상 a에 정체화되기 때문에 중요하다.

우리가 여성 동성애자에게서 발견한 '구멍 난 대상'은 환상의 대상이다. '사랑의 유형 제3장르: 실재계의 첫사랑'에 따른 주체는 무의식적이고 불안한 주체이다. 대상 a, 실재 영상 i(a)는 제로점으로 불리는 제3의 눈(시각)이라는 환상처럼 기술된 욕망점이고 불안점이다. 불안은 대상 a 앞에서 느껴지는 것이고, 향락의 신호로서 이해된다. 불안은 대타자의 욕망이 등장하는 것인 동시에 대타자의 욕망이 부재함을 알리는 신호이다. 대상 a는 결국 그 모습을 상징을 통해서만 드러낼 수 있는 욕망을 일으키는 원인이라 할 수 있다.

첫사랑이 돌아왔을 때 마냥 행복할 순 없었다. 오히려 혹독한 아픔을 안게 되었다. 지금 와서 보니 그때 쓴 시(詩) 한편이 당시 겪었던 열병을 잘 보여 주는 듯하다.

　이 시는 그 당시 하나의 의례를 행하면서 겪는 어려움을 담고 있다. 이렇게 의례로서의 시 한 편은 의례가 언어활동처럼 짜인다는 것을 보여 준다. 라캉이 무의식과 증상이 언어활동처럼 짜인다고 말했듯이 의례 또한 언어활동처럼 짜였기에 그 당시 주체의 모습이 녹아 있다. 이렇게 보니 사랑은 체화의 열매인 듯하다. 나를 돌봐 주는 타인의 몸에 접해 있음으로써 체화하는 것이다. 그 타인은 나와 가장 가까운 곳에 있는 존재이다. 그는 나의 태곳적 시기부터 함께한다. 나에게 그 존재는 누구인가? 이는 성장기 소설이나 자전적 이야기에서 추구할 법한 주제이지만, 정신분석 또한 이를 소중하게 다룬다.

　그리고 사랑은 몸에 각인된 역사인 듯하다. 사랑은 몸이 자라면서 더불어 자란 몸의 증인이다. 우리가 그토록 사랑에 골몰하는 이유는 그 존재가 내 몸 깊은 곳에 뿌리내리고 있기 때문이다. 내 몸에

열 병

속살을 앓았던 여름가게, 문가에 앉아
말복더위 같은 가슴이 새벽을 뛰고 있다.
지나는 행인들은 교회당 비둘기와 눈인사하며
콧노래를 부르는데,
지난밤 내 잠결에 다가와 엽서를 읽어주던
그대는
나를 애타게 한다.
병명도 모르는 앓이를 하게 한다.
신경성으로 삭은 배만큼
그리움으로 곰삭은 수많은 세포들이
고개를 쳐들고 그대에게 손짓하며
사시나무처럼 흔들린다.
속살을 앓았던 우리엄마, 옆자리에 누워
뚝배기 같이 달아오른 내 몸은 설레고 …
그리워하는 만치 그대를 기이피 느끼고 싶다.
꺼지지 않는 목숨으로 그대 곁에 몸져눕고프다.

조각된 그것은 사랑의 양식이다. 평생토록 그것을 먹고 마시며 그것과 함께한다. 그 양식이 다 떨어지는 날, 우리는 죽음에 이른다. 죽음이란, 사랑이 끝나는 지점에서 나타난다. 하지만 사랑은 죽음과 동행한다. 산 사람은 죽은 사람을 먹고 마시며 산다. 우리가 사랑하는 대상인 그는 누구인가? 산 자인가, 죽은 자인가? 우리가 살았다고 생각하는 모든 사람들은 사실 죽은 존재이다. 몸으로서의 존재가 아니라 기호로서의 존재이다. 내가 이렇게 저렇게 생각하는 존재이지, 실제로 그런 존재는 아니다. 실상 산 자는 산 자의 모습 그대로가 아니라, 이미 죽은 것과 다름없는 존재이다. 2015년 봄이 이르기도 전에 하늘나라 아버지 곁으로 가신 어머니는 나에게 몸으로서의 어머니와 기호로서의 어머니를 다시금 보게 한다.

우리는 누구를 사랑하는 것인가? 사랑의 실체는 있는 것인가? 지금 누군가를 열렬하게 사랑하고 있다면, 그 실체는 무엇인가? 내 몸만 달아올라 열정이 솟아나는 것은 아닌가? 대타자로서 존재를 사랑하는 것일까?

나를 사랑한다는 것이 무엇인지를 안다면 타인을 사랑한다는 것이 무엇인지도 알 것이다. 그러나 나를 사랑한다는 것이 무엇인지를 말할 수 있는 자가 있을까? 어떻게 하는 것이 나를 사랑하는 것일까? 나를 사랑하는 방식으로 타인을 대하는 것이 타인을 사랑하는 것일까?

정신분석은 사랑의 처음과 사랑의 과정을 말하지만, 사랑의 끝을 말하지 않는다. 또한 혼자만의 사랑(됨의 첫사랑, 상상계의 첫사랑), 둘 간의 사랑(가짐의 첫사랑, 상징계의 첫사랑), 서로 간의 사랑(상호적 첫사랑, 실재계의 첫사랑)에서 사랑의 실체가 무엇인지도 말하지 않는다.

사랑앓이를 하는 환자의 분석을 통하여 만들어진 정신분석에서 그 실체를 제시하지 않다니 이 무슨 모순인가! 사랑의 실체를 모르기 때문에 사랑이 계속되고 있는지도 모르겠다. 모르기 때문에 계속하고 있는(계속할 수 있는) 것이 사랑이 아닐까 생각해 본다. 증상, 환상, 도착, 이런 곳에 사랑은 살고 있다. 이런 곳이 아니라면 사랑이 살 만한 곳이 있을까? 그곳은 어디일까? 알 수 없기 때문에 있다고 믿기는 사랑이 기거하는 '그곳'에서 우리는 살아가고자 소망한다. 새로운 하루가 시작되거나 하루가 저무는 시간 또는 특별한 기념일이 되면, 우리는 그런 소망을 담아 덕담을 전한다. 정작 그런 곳이 존재하지 않거나 오지 않을지도 모른다는 생각을 저버린 채, 습관처럼 그런 말을 반복하면서 살아간다. 이런 덕담은 의례처럼 재현된다. 사랑의 실체가 없는 한 사랑의 끝도 없다. 존재하는 사랑의 대상은 모호하지 않다. 그것은 '됨-가짐-상호적'으로 존재하며 '상상계-상징계-실재계'로 현재화하는 가운데 덕담에서 그 모습을 드러낸다.

정신분석은 분석가가 정신의 고통을 겪는 사람과 만나면서 비롯된다는 특성상, 주로 비극적이며 슬픈 사랑을 이야기한다. 경쾌하거나 행복한 사랑의 사례를 갖기는 어려운 공간이다. 그러니 정신분석이 이야기하는 사랑은 너무 적나라하다. 누가 감히 이러한 인류를 위대한 가치를 지닌 존재라고 포장할 것인가! 미물들이 이런 인류를 알게 된다면 얼마나 비소를 지을까! 낙원을 상실한 이후, 인류가 찾고 있는 것은 처음 그 모습 그대로 '그(그녀)'와 가졌던 '그것'(id, ça, es)이 아닐까! 정신분석은 '그(그녀)'와 '그것'을 지금 여기로 불러낸다.

정신분석은 다시 돌아올, 다시 돌아온 '그(그녀)'와 그것에 대한 담론'이다. 즉 다시 돌아올, 다시 돌아온 첫사랑에 관한 담론이다. 프로이트는 『꿈의 해석』을 마무리하면서 이런 말을 남긴다. "꿈은 소원을 성취된 것으로 보여 주면서 우리를 미래로 인도한다. 그러나 꿈을 꾸는 사람이 현재의 것으로 받아들이는 미래는 소멸될 수 없는 소원에 의해 과거와 닮은 모습으로 형성된다." 미래는 과거와 닮은 모습을 한다고 그는 말한다. 이 말은 여태껏 우리가 들었던 '다가오는 사랑은 첫사랑과 닮은 모습을 하고 있다'와 통하지 않는가. 미래는 욕망하는 과거에 닿아 있다.

이 글을 읽는 분에게 묻고 싶다. 혹시 첫사랑을 잃어버렸는지? 첫사랑에 대해 어떤 마음을 가지고 있는지? 혹은 기다리던 첫사랑이 다시 돌아왔는지? 그 사랑과 어떤 관계를 맺고 있는지? 그것도 아니면 다시 올 사랑을 기다리고 있는지? 어떤 방식으로 그것을 첫사랑처럼 맞이하려 하는지?

이 책은 한 번쯤 이런 생각을 해 본 분에게 프로이트와 라캉이 들려주는 첫사랑 이야기를 담고 있다. 자신의 첫사랑을 기다리고 만나서 살아가는 일에 이 책이 조금이라도 도움이 되었으면 하는 바람이다. 나의 첫사랑인 아버지와 어머니는 하늘나라에서 재회하셨을 것이다. 나도 언젠가는 그분들과 다시 면대할 것이다. 그때 참으로 고마웠다고 말씀드릴 것이다. 이 책이 마무리되는 동안 편찮은 몸으로 연구에 몰두하시면서 누구보다도 첫사랑을 고대하셨을 이명범 총장님께도 참 고마운 마음을 드린다.

2016년 3월 치개슬에서
강응섭

| 참고문헌 |

I. 1차 문헌

1. 지그문트 프로이트

1895 『과학적 심리학 초고』(이재원 옮김), 서울, 사랑의 학교, 1999. 그리고 "과학
     적 심리학 초고," 『정신분석의 탄생』(임진수 옮김), 서울, 열린책들, 2009.

1900 *L'interprétation des rêves*, Paris, P.U.F., 1967.

1905 *Le mot d'esprit et sa relation à l'inconscient*, Paris, Gallimard, 1988.

1905 *Trois essais sur la théorie de la sexualité*, Paris, Gallimard, coll.(Idées), 1985.

1905 "Fragment d'une analyse d'hystérie(DORA)," in *Cinq Psychanalyses*, Paris, P.U.F.,
     1992.

1907 "Les explications sexuelles données aux enfants," in *La vie sexuelle*, Paris, P.U.F.,
     1977.

1908 "Les théories sexuelles infantiles," in *La vie sexuelle*, Paris, P.U.F., 1977.

1908 "La moral sexuelle 'civilisée' et la maladie nerveuse des temps modernes," in *La vie
     sexuelle*, Paris, P.U.F., 1977.

1909 "Analyse d'une phobie d'un petit garçon de cinq ans(Le petit Hans)," in *Cinq
     psychanalyses*, Paris, P.U.F., 1992.

1910 "Contributions à la psychologie de la vie amoureuse. I. D'un type particulier de
     choix objectal chez l'homme," in *La vie sexuelle*, Paris, P.U.F., 1977.

1912 "Contributions à la psychologie de la vie amoureuse. II. Sur le plus général des
     rabaissements de la vie amoureuse," in *La vie sexuelle*, Paris, P.U.F., 1992.

1912-1913 *Totem et tabou*, Paris, Payot, 1989.

1912 "전이의 역동에 대하여," 『끝낼 수 있는 분석과 끝낼 수 없는 분석』(이덕하 옮김), 서울, 도서출판 b, 2004.

1912 "정신분석 치료를 행하는 의사에게 하고 싶은 조언," 『끝낼 수 있는 분석과 끝낼 수 없는 분석』(이덕하 옮김), 서울, 도서출판 b, 2004.

1912 "전이의 역동에 대하여," 『끝낼 수 있는 분석과 끝낼 수 없는 분석』(이덕하 옮김), 서울, 도서출판 b, 2004.

1913 "치료의 개시에 대하여," 『끝낼 수 있는 분석과 끝낼 수 없는 분석』(이덕하 옮김), 서울, 도서출판 b, 2004.

1914 "Pour introduire le narcissisme," in *La vie sexuelle*, Paris, P.U.F., 1977.

1915 "전이 사랑에 대한 소견," 『끝낼 수 있는 분석과 끝낼 수 없는 분석』(이덕하 옮김), 서울, 도서출판 b, 2004.

1916 "Ephémère destinée," in *Résultats, idées, problèmes 1*(1890-1920), Paris, P.U.F., 1984, pp.233-236.

1916-1917 "Deuil et Mélancolie," in *O.C.P.*(*Œuvres complètes psychanalyses*), Paris, Presses Universitaires de France, à partir de 1988, vol. XII, Paris, P.U.F., 1988 et in *Métapsychologie*, Paris, Gallimard, 1990.

1918 "A partir de l'histoire d'une névrose infantile," in *O.C.P.* vol. 12, Paris, P.U.F., 1988 et in *Cinq psychanalyses*, Paris, P.U.F., 1992.

1919 "Un enfant est battu. Contribution à la contradiction de la genèse des perversions sexuelles," in *Névrose, psychose et perversion*, Paris, P.U.F., 1973.

1920 "Sur la psychogenèse d'un cas d'homosexualité feminine," in *Névrose, psychose et perversion*, Paris, P.U.F., 1973.

1920 "Au-delà du principe de plaisir," in *Essais de psychanalyse*, Paris, Payot, 1993.

1921 "Psychologie des foules et analyse du moi," in *Essais de psychanalyse*, Paris, Payot, 1993.

1923 "꿈해석의 이론과 실천에 대한 소견," 『끝낼 수 있는 분석과 끝낼 수 없는 분석』(이덕하 옮김), 서울, 도서출판 b, 2004.

1926 *Inhibition, Symptôme et Angoisse*, Paris, P.U.F., 1975.

1930 *Malaise dans la civilisation*, Paris, P.U.F., 1983.

1933 *Nouvelles conférences d'introduction à la psychanalyse*, Paris, Gallimard, coll. Les Essais, 1984.

1939 *L'homme Moïse et la religion monothéiste*, Paris, Gallimard, 1986. 그리고 "인간 모세와 유일신교," 『종교의 기원』(이윤기 옮김), 서울, 열린책들, 1997.

2. 자크 라캉

1931 *De la psychose paranoïaque dans ses rapports avec la personnalité*, Paris, Éditions du Seuil, 1975.

1946 "Propos sur la causalité psychique," in *Ecrits*, Paris, Éditions du Seuil, 1966.

1948 "L'agressivité en psychanalyse," in *Ecrits*, Paris, Éditions du Seuil, 1966.

1949 "Le stade du miroir comme formateur de la fonction du Je," in *Ecrits*, Paris, Éditions du Seuil, 1966.

1957 "Instance de la lettre dans l'inconscient," in *Ecrits*, Paris, Éditions du Seuil, 1966.

1960 "Position de l'inconscient," in *Ecrits*, Paris, Éditions du Seuil, 1966.

1953-1954 *Les écrits techniques de Freud*(Livre I), Paris, Éditions du Seuil, 1975.

1954-1955 *Le moi dans la théorie de Freud et dans la technique de la psychanalyse*(Livre II), Paris, Éditions du Seuil, 1978.

1955-1956 *Les psychoses*(Livre III), Paris, Éditions du Seuil, 1981.

1961-1962 *L'identification*(Livre IX, 미출판).

1962-1963 *L'angoisse*(Livre X), Paris, Éditions du Seuil, 2004.

1963-1964 *Les quatre concepts fondamentaux de la psychanalyse*(Livre XI), Paris, Éditions du Seuil, 1973 et Paris, Éditions du Seuil, 1992(개정판).

1966-1967 *La logique du fantasme*(Livre XIV, 미출판).

1969-1970 *L'envers de la psychanalyse*(Livre XVII), Paris, Éditions du Seuil, 1991.

1973 "L'étourdit," in *Scilicet 4*, Paris, Editions du Seuil, 1973, pp.5-52.

II. 2차 문헌

가오리, 에쿠니, 김난주 옮김, 『냉정과 열정사이 Rosso』, 서울, 소담출판사, 2000.

강응섭, "라깡에게서 'structure'의 의미," 『라캉과 현대정신분석』, vol. 5, no. 1, 2003년 겨울호, pp.7-29.

_____, 『프로이트』, 서울, 한길사, 2010.

_____, 『자크 라캉과 성서 해석』, 서울, 새물결플러스, 2014.

_____, 『자크 라캉의 『세미나』 읽기』, 서울, 세창미디어, 2015.

고 은, 『사랑을 위하여』, 서울, 전예원, 1979.

_____, 『개념의 숲』, 서울, 신원문화사, 2009.

김 석, 『프로이트 & 라캉』, 서울, 김영사, 2010.

김인환, "라캉의 언어와 무의식," 『계간 현대시사상』, 서울, 고려원, 1990.

김현화, 『성서, 미술을 만나다』, 서울, 한길사, 2008.

김형효, "라캉의 반인간주의," 『계간 현대시사상』, 서울, 고려원, 1990.

김혜남, 『나는 정말 너를 사랑하는 걸까?』, 서울, 랜덤하우스중앙, 2004.

나나미, 시오노, 양억관 옮김, 『나의 인생은 영화관에서 시작되었다』, 서울, 한길사, 2008.

_____, 김난주 옮김, 『로마에서 말하다』, 서울, 한길사, 2010.

도노번, 조세핀, 김익두·이월영 옮김, 『페미니즘 이론』, 서울, 문예출판사, 1993.

도르, 조엘, 홍준기·강응섭 옮김, 『라캉 세미나·에크리 독해 I』, 서울, 아난케, 2009.

돌토, 프랑수아즈, 표원경 옮김, 『어린이는 어떻게 어른이 되는가』, 서울, 숲, 2004.

로스탕, 에드몽, 이상해 옮김, 『시라노』, 서울, 열린책들, 2008.

루디네스코, 엘리자베트, 양녕자 옮김, 『자크 라캉 1-라캉과 그의 시대』, 서울, 새
　　물결, 2000.

_____ · 플롱, 미셸, 강응섭 외 옮김, 『정신분석대사전』, 서울, 백의, 2005.

마광수, 『사랑의 다른 기술』, 서울, 여원, 1992.

마노니, 옥타브, 변지현 옮김, 『프로이트』, 서울, 백의, 1996.

민승기, "라캉의 타자," 『계간 현대시사상』, 서울, 고려원, 1996.

바디우, 알랭, 조재룡 옮김, 『사랑 예찬』, 서울, 길, 2010.

바르트, 롤랑, 김회영 옮김, 『사랑의 단상』, 동문선, 2004.

발자크, 오노레드, 이철의 옮김, 『나귀 가죽』, 서울, 문학동네, 2010.

베르베르, 베르나르, 이세욱 옮김, 『나무』, 서울, 열린책들, 2003.

보드리야르, 장, 배영달 옮김, 『유혹에 대하여』, 서울, 백의, 1996.

보뱅, 크리스티앙, 허정아 옮김, 『사랑은 죽음처럼 강하다』, 서울, 솔, 1997.

서정윤, 『홀로서기』, 서울, 문학수첩, 1993.

소칼, 앨런 · 브리크몽, 장, 이희재 옮김, 『지적 사기: 포스트모던 사상가들은 과학
　　을 어떻게 남용했는가』, 서울, 민음사, 2000.

소포클레스, 이근삼 옮김, "오이디푸스 王," 『희랍비극 1』, 서울, 현암사, 1993.

슬라보예 지젝 엮음, 라깡정신분석연구회 옮김, 『코기토와 무의식』, 서울, 인간사
　　랑, 2013.

윤성우, 『해석의 갈등, 인간 실존과 의미의 낙원』, 서울, 살림, 2005.

윤흥길, 『완장』, 서울, 현대문학, 2002.

이유섭, 『성관계는 없다―라캉 정신분석학의 이론과 실제』, 서울, 민음사, 1997.

임진수, 『환상의 정신분석(정신분석 세미나 4)』, 서울, 현대문학, 2005.

장석주, 『비극적 상상력』, 서울, 청하, 1989.

장정일, 『햄버거에 대한 명상』, 서울, 민음사, 1987.

정과리, "정신분석에서의 은유와 환유," 『문학이라는 것의 욕망―존재의 변증법 4』,
　　서울, 역락, 2005.

정철규, 『눈의 역사 눈의 미학』, 서울, 한길사, 2009.

채호기, 『지독한 사랑』, 서울, 문학과지성사, 1992.

탱, 루이-조르주, 이규현 옮김, 『사랑의 역사—이성애와 동성애, 그 대결의 기록』, 서울, 문학과지성사, 2010.

테니슨, 알프레드, 이정기 편, 『이노크 아아든』, 서울, 계원출판사, 1979.

포, 에드거 앨런, 홍성영 옮김, "도둑맞은 편지," 『우울과 몽상』, 서울, 하늘연못, 2002.

푸코, 미셸, 박혜영 옮김, 『정신병과 심리학』, 서울, 문학동네, 2002.

프롬, 에리히, 박갑성·최현철 옮김, 『자기를 찾는 인간, 윤리학의 정신분석학적 탐구』, 서울, 종로서적, 1982.

_____, 문학과사회연구소 엮음, 『정신분석과 종교』, 서울, 청하, 1983.

_____, 황문수 옮김, 『사랑의 기술』, 서울, 문예출판사, 2006.

플라톤, 최명관 옮김, 『플라톤의 대화—에우튀프론, 소크라테스의 변명, 크리톤, 파이돈, 향연』, 서울, 종로서적, 1996.

피천득, 『인연』, 서울, 샘터, 1999.

핑크, 브루스, 김서영 옮김, 『에크리 읽기, 문자 그대로의 라캉』, 서울, 도서출판 b, 2007.

하루키, 무라카미, 유유정 옮김, 『상실의 시대』, 서울, 문학사상사, 2002.

황명걸, 『韓國의 아이』, 서울, 창작과비평사, 1976.

히토나리, 츠지, 양억관 옮김, 『냉정과 열정사이 Blu』, 서울, 소담출판사, 2000.

Allouch, J., *Marguerite ou l'Aimée de Lacan*, posteface de Didier Anzier, Paris, E.P.E.L., 1990.

Ansaldi, J., *La patenité de Dieu. libération ou névrose?*, numéro spécial d'*Etudes Théologiques et Religieuses*, Montpellier, 1980.

Barthes, R., "éléments de sémiologie," in *Comunications*, Paris, Seuil, 1964/4, pp.91-135.

Bercherie, P., *Les Fondements de la clinique, vol. 2. Genèse des concepts freudiens*, Paris,

Editions Universitaires, 1991.

Darmon, M., *Essais sur la topologie lacanienne*, Paris, Editions de l'Association freudienne, 1990.

Dessuant, P., *Le narcissisme*, Paris, P.U.P., "Que sais-je(n° 2058)," 1983.

Donovan, J., *Feminist Theory: The Intellectual Traditions of American Feminism*, New York, Frederick Ungar Co., 1985.

Dor, J., *Bibliographie des travaux de Jacques Lacan*, Paris, InterÉditions, 1983.

_____, *Introduction à la lecture de Lacan, tome 1. L'inconscient structuré comme un langage*, Paris, Denoël, 1985.

_____, *Introduction à la lecture de Lacan, tome 2. La structure du sujet*, Paris, Denoël, 1992.

Florence, J., "Les identifications," in Sous la direction G. Taillandier, *Les identifications. Confrontation de la clinique et de la théorie de Freud à Lacan*, Paris, Denoël, 1987, pp.149-187.

Fromm, E., *La crise de la psychanalyse, essais sur Freud, Marx et la psychologie sociale*, Paris, traditions anthropos, 1971.

Girard, R., *La violence et le sacré*, Paris, Grasset, 1972.

Klein, M., *Essais de psychanalyse*, Paris, Payot, 1965.

Krutzen, H., *Jacques Lacan Séminaire 1952-1980: Index référentiel Broché*, Paris, Economica, 2009.

Laplanche J. et Pontalis, J.-B., "libido du moi-libido d'objet," in Sous de la direction de D. Lagache, *Vocabulaire de la psychanalyse*, Paris, P.U.F., 1967.

Nasio, J.-D., *L'hystérie ou l'enfant magnifique de la psychanalyse*, Paris, Rivage, 1990.

_____, *Enseignement de 7 concepts cruciaux de la psychanalyse*, Paris, Payot, 1992.

Ogilvie, B., *Lacan, la fomation du concept de sujet (1932-1949)*, Paris, P.U.F., 1988.

Poe, E., "La lettre volée," in *Histoires extraordinaires*, Paris, Librairie Générale Française (le livre de poche), 1972.

Ricœur, P., *De l'interprétation, essai sur Freud*, Paris, Seuil, 1965.

Roudinesco, E., Michel, P., *Dictionnaire de la psychanalyse*, Paris, Librairie Arthème Fayard, 1997, 2002.

Sartre, S.-P., *L'existentialisme est un humanisme*(une conférence faite au *Club Maintenant* de 1945, Paris, Les Editions Nagel, 1970(1946).

Saussure, F. de, *Cours de linguistique général*, Paris, Payot, 1949.

III. 영화

〈시라노; 연애조작단〉(Cyrano Agency, 2010, 김현석 감독)

〈애증〉(Senso, 1954, 루키노 비스콘티 감독)

〈크래쉬〉(Crash, 2005, 폴 해기스 감독)

〈포화 속으로〉(71 Into the Fire, 2010, 이재한 감독)

〈헤드윅〉(Hedwig And The Angry Inch, 2000, 존 카메론 미첼 감독)

IV. 라디오 방송

KBS 제1라디오, 성공예감 김방희입니다(2011년 1월 6일).

V. 성서

『성경전서 개역판』, 서울, 대한성서공회, 1998.

「창세기」 9장 25절, 11장 1-9절.

「잠언」 6장 27-29절.

「마태복음」 18장 23-35절.

「누가복음」 10장 38-42절.

「요한복음」 12장 1-8절.

「요한일서」 4장 18절.

첫사랑은 다시 돌아온다